工业和信息化蓝皮书
BLUE BOOK OF INDUSTRY AND INFORMATIZATION

2020—2021
中小企业发展报告

ANNUAL REPORT ON THE DEVELOPMENT OF SMALL AND MEDIUM-SIZED ENTERPRISES

赵 岩 主编

国家工业信息安全发展研究中心

电子工业出版社
Publishing House of Electronics Industry
北京·BEIJING

内 容 简 介

《中小企业发展报告（2020—2021）》是国家工业信息安全发展研究中心在对我国中小企业长期持续跟踪研究的基础上，总结研判中小企业领域一系列重大问题，编撰形成的研究报告。本报告分为综述篇、专题篇、政策篇、热点篇、大事记5个部分，从多个角度对 2020 年我国中小企业发展情况进行深度研究，包括中小企业总体面临的国内外环境、中小企业总体情况、对外合作、信息化、融资、双创等，对专精特新、产业链转移、政策扶持、新冠肺炎疫情对中小企业的影响等热点问题进行了专题论述，并对中小企业转型升级、技术创新、管理创新、数字化智能化等进行了深入分析。

本报告视角独特、内容翔实，可为相关主管部门、行业协会、企业等全面了解我国中小企业发展形势及进行科学决策提供参考。

未经许可，不得以任何方式复制或抄袭本书之部分或全部内容。
版权所有，侵权必究。

图书在版编目（CIP）数据

中小企业发展报告. 2020—2021 / 赵岩主编. —北京：电子工业出版社，2021.8
（工业和信息化蓝皮书）
ISBN 978-7-121-41934-8

Ⅰ. ①中… Ⅱ. ①赵… Ⅲ. ①中小企业－企业发展－研究报告－中国－2020—2021
Ⅳ. ①F279.243

中国版本图书馆 CIP 数据核字（2021）第 182508 号

责任编辑：刘小琳　　特约编辑：韩国兴
印　　刷：北京盛通印刷股份有限公司
装　　订：北京盛通印刷股份有限公司
出版发行：电子工业出版社
　　　　　北京市海淀区万寿路 173 信箱　邮编：100036
开　　本：720×1 000　1/16　印张：19　字数：292 千字
版　　次：2021 年 8 月第 1 版
印　　次：2021 年 8 月第 1 次印刷
定　　价：128.00 元

凡所购买电子工业出版社图书有缺损问题，请向购买书店调换。若书店售缺，请与本社发行部联系，联系及邮购电话：（010）88254888，88258888。
质量投诉请发邮件至 zlts@phei.com.cn，盗版侵权举报请发邮件至 dbqq@phei.com.cn。
本书咨询联系方式：liuxl@phei.com.cn，（010）88254538。

工业和信息化蓝皮书
编委会

主　　编：赵　岩

副主编：蒋　艳　　何小龙　　谢雨琦　　郝志强

　　　　　董大健　　吕　坚　　李　丽

编　　委：黄　鹏　　宋艳飞　　夏万利　　刘永东

　　　　　雷晓斌　　陈正坤　　李　君　　高　焕

　　　　　拓冬梅

《中小企业发展报告（2020—2021）》课题组

课题编写 　国家工业信息安全发展研究中心

　　　　　　　数据资源所

组　　长 　吕　坚

副 组 长 　陈正坤　郝建青　李琳琳

成　　员 　高卉杰　孙一赫　贾　丹　冯开瑞

　　　　　　　郜媛莹　黄凤仙　王予正　谢向丹

　　　　　　　范增杰　郭　鹏　李岚清　刘　娜

　　　　　　　鲁　萍　王　恒　晏晓峰　张洁雪

　　　　　　　赵　千　钟静薇　周卫红　贾战利

主编简介

赵岩,国家工业信息安全发展研究中心主任、党委副书记,高级工程师;全国信息化和工业化融合管理标准化技术委员会副主任委员;长期致力于科技、数字经济、产业经济、两化融合、工业信息安全、新一代信息技术等领域的政策研究、产业咨询、技术创新和行业管理工作;主持和参与多项国家和省级规划政策制定;主持多项国家科技安全专项、重大工程专项和国家重点研发计划项目;公开发表多篇文章,编著多部报告和书籍。

国家工业信息安全发展研究中心简介

国家工业信息安全发展研究中心（工业和信息化部电子第一研究所，以下简称"中心"），是工业和信息化部直属事业单位。经过 60 多年的发展与积淀，中心以"支撑政府、服务行业"为宗旨，构建了以工业信息安全、产业数字化、软件和知识产权、智库支撑四大板块为核心的业务体系，发展成为工业和信息化领域有重要影响力的研究咨询与决策支撑机构，以及国防科技、装备发展工业的电子领域技术基础核心情报研究机构。

中心业务范围涵盖工业信息安全、两化融合、工业互联网、软件和信创产业、工业经济、数字经济、国防电子等领域，提供智库咨询、技术研发、检验检测、试验验证、评估评价、知识产权、数据资源等公共服务，并长期承担声像采集制作、档案文献、科技期刊、工程建设、年鉴出版等管理支撑工作。中心服务对象包括工业和信息化部、中共中央网络安全和信息化委员会办公室、科学技术部、国家发展和改革委员会等政府机构，以及科研院所、企事业单位和高等院校等各类主体。

"十四五"时期，中心将深入贯彻总体国家安全观，统筹发展和安全，聚焦主责主业，突出特色、整合资源，勇担工业信息安全保障主要责任，强化产业链供应链安全研究支撑，推进制造业数字化转型，支撑服务国防军工科技创新，着力建设一流工业信息安全综合保障体系、一流特色高端智库，构建产业数字化数据赋能、关键软件应用推广、知识产权全生命周期三大服务体系，打造具有核心竞争力的智库支撑、公共服务、市场化发展3种能力，发展成为保障工业信息安全的国家队、服务数字化发展的思想库、培育软件产业生态的推进器、促进军民科技协同创新的生力军，更好地服务我国工业和信息化事业高质量发展。

序

当前世界正在经历百年未有之大变局,新一轮科技革命和产业变革深入发展,国际力量对比深刻调整。新冠肺炎疫情给世界经济带来的冲击正在进一步显现,全球经济一体化萎缩,贸易保护主义兴起。科技脱钩、网络攻击、规则博弈等冲突进一步加剧,使不同发展理念、体系、路径、能力分化加快。我们必须深刻认识错综复杂的国际环境带来的新矛盾和新挑战,增强风险意识和机遇意识,保持战略定力,趋利避害。习近平总书记强调,"要主动应变、化危为机,以科技创新和数字化变革催生新的发展动能"。

以网络和信息技术为代表的新一轮科技革命不断推动传统经济发展和产业模式的变革,数字经济成为新格局的重要标志。各国家和地区纷纷发布高科技战略,抢占未来技术竞争制高点。例如,美国的《关键和新兴技术国家战略》、欧盟的《2030数字指南针:欧盟数字十年战略》、韩国的《2021—2035核心技术计划》等,均大力布局人工智能、半导体、生物技术、量子计算、先进通信等前沿技术。2020年以来,我国也出台了《新时期促进集成电路产业和软件产业高质量发展的若干政策》和《工业互联网创新发展行动计划(2021—2023年)》等引导政策,鼓励5G、集成电路、工业互联网等重点IT产业发展。《中华人民共和国国民经济和社会发展第十四个五年规划和2035年远景目标纲要》(以下简称《纲要》)将加强关键数字技术创新应用,特别是高端芯片、操作系统、人工智能、传感器等关键领域的技术产品应用列为当前政策鼓励重点。

新冠肺炎疫情导致全球消费模式发生变化,根据麦肯锡2021年1月发布的报告,新冠肺炎疫情使超过60%的消费者改变了购物习惯,37%的消费者更多地选择在网上购物；企业开始使用在线客户服务、远程办公，并使用 AI 和机器学习来改进运营；数字化创业企业大量涌现，企业间并购重组行为增多。同时，新冠肺炎疫情揭示了许多企业供应链的脆弱性，全球供应链面临重构，未来的供应链链条将趋于区域化、本地化、分散化。从全球来看，发达国家尤其是美国一直高度重视供应链安全，美国近几年发布了《全球供应链安全国家战略》《建立可信 ICT 供应链白皮书》等多个文件，拜登政府在短短几个月内发布了 3 个相关行政令——《可持续公共卫生供应链行政命令》《确保未来由美工人在美制造行政令》《美国供应链行政令》，不断强化自主供应链建设，并联合盟友共同维护供应链安全。面对部分发达国家从供需两侧对我国供应链的限制，中央经济工作会议强调要增强产业链供应链自主可控能力，并做出一系列部署，强化高端通用芯片、机器人、高精度减速器、工业软件、光刻机等高端产品的自主性。《纲要》进一步提出实施"上云用数赋智"行动，推动数据赋能全产业链协同转型。

数字化的快速推进导致网络风险呈指数级增长。美国欧亚集团认为，未来 5 到 10 年内，网络安全将成为全球第三大风险。一方面，很多国家和地区纷纷通过加强数据保护等举措努力在维护公共利益和保护个人隐私之间寻求平衡。另一方面，网络漏洞、数据泄露等问题日益凸显，有组织、有目的的网络攻击不断增多，网络安全防护工作面临更多挑战。国家工业信息安全发展研究中心监测数据显示，2020 年全球工业信息安全事件涉及 8 大领域、16 个细分领域，其中，装备制造、能源等行业遭受的网络攻击最严重，交通运输、电子信息制造、消费品制造、水利等行业网络攻击呈现高发态势。2020 年以来，我国发布了《数据安全法》《电信和互联网行业数据安全标准体系建设指南》《工业互联网数据安全防护指南》《关于开展工业互联网企业网络安全分类分级管理试点工作的通知》等法律法规和规范文件，形成我国在数据安全、工业网络安全防护等方面的基本制度安排。

我们要围绕产业链部署创新链、围绕创新链布局产业链，推动经济高质量发展迈出更大步伐。进一步强调创新在现代化建设全局中的核心地位，把科技自立自强作为国家发展的战略支撑，以创新驱动引领高质量供给和创新需求，畅通国内大循环，促进国内国际双循环，全面促进消费，拓展投资空间，深入推动数字经济与实体经济融合，强化产业链安全，打造良好的产业生态，实现产业链各方"共创、共享、共赢"。

新时期，工业和信息化发展的着力点包括以下几个方面。

一是加强国家创新体系建设。打造国家战略科技力量，推动产学研用合作，强化科技创新与产业政策之间的协同效应。围绕创新链布局产业链，依托科技创新成果开辟新的产业和业态。创新链引发的创新行为既提升了产业各环节的价值，也拓展和延伸了产业链条。围绕产业链部署创新链，产业链的每个环节或节点都可能成为创新的爆发点，从而带动整个产业链中各环节的协同创新。这种闭环关系体现了创新链与产业链的深度融合、科技与经济的深度融合。

二是加快产业数字化转型。目前，我国消费端的数字化转型进程较快，但产业端数字化转型相对滞后，影响了数字经济的整体发展。通过深化数字技术在实体经济中的应用，实现传统产业的数字化、网络化、智能化转型，不断释放数字技术对经济发展的放大、叠加、倍增作用，是传统产业实现质量变革、效率变革、动力变革的重要途径。"十四五"时期要围绕加快发展现代产业体系，推动互联网、大数据、人工智能等同各产业深度融合，实施"上云用数赋智"，大力推进产业数字化转型，提高全要素生产率，提高经济质量效益和核心竞争力。

三是加快数字化人才培养。数字化转型不仅涉及数字技术的运用，而且涉及组织结构和业务流程再造。在这个过程中，数字化人才建设至关重要。数字化人才既包括首席数据官等数字化领导者，也包括软件工程师、硬件工程师、大数据专家等数字化专业人才，还包括将数字化专业技术与企业转型实践结合起来的数字化应用人才。这需要高校、企业、研究机构和社会各界力量积极参与，通过校企合作、产教融合、就业培训等多种形式，开设适应不同人群、不同层次的教育培训课程，提高全民的数字素养和数字技能。《纲要》要求，"加强全民数字技能教育和培训，普及提升公民数字素养"。针对劳动者的数字职业技能，人力资源和社会保障部研究制定了《提升全民数字技能工作方案》对数字技能培养提出了具体举措。

四是充分发挥市场与政府的作用。将有效市场与有为政府结合，企业是市场经济主体，但政府的作用也必不可少。工业互联网作为产业数字化的重要载体已进入发展快车道，在航空、石油化工、钢铁、家电、服装、机械等多个行业得到应用。基于工业互联网平台开展面向不同场景的应用创新，不断拓展行业价值空间，赋能中小企业数字化转型。为确保该产业健康发展，工业和信息化部等十部门已印发《加强工业互联网安全工作的指导意见》，明确建立监督检查、信息共享和通报、应急处置等工业互联网安全管理制度，建设国家工业互联网安全技术保障平台、基础资源库和安全测试验证环境，构建工业互联网安全评估体系，为培育具有核心竞争力的工业互联网企业提供良好环境。

五是大力支持中小微企业发展。中小微企业是数字化转型和数字经济发展的关键。中央政府层面已经推出多项减税降费举措，并鼓励金融资本服务实体经济，积极利用金融资本赋能产业技术创新和应用发展，打造多元化资金支持体系，努力形成产业与金融良性互动、共生共荣的生态环境。工业和信息化部通过制造业单项冠军企业培育提升专项行动、支持"专精特新"中小企业高质量发展等举措，大大提升了中小企业创新能力和专业化水平，有助于提升产业链供应链稳定性和竞争力。国家发展和改革委员会联合相关部门、地方、企业近150家单位启动数字化转型伙伴行动，推出500余项帮扶举措，为中小微企业数字化转型纾困。

2021年，面对日趋复杂、严峻的国际竞争格局，我们需要坚持以习近平新时代中国特色社会主义思想为指导，准确识变、科学应变、主动求变，积极塑造新时代我国工业和信息化建设新优势、新格局。值此之际，国家工业信息安全发展研究中心推出2020—2021年度"工业和信息化蓝皮书"，深入分析数字经济、数字化转型、工业信息安全、人工智能、新兴产业、中小企业和"一带一路"产业合作等重点领域的发展态势。相信这套蓝皮书有助于读者全面理解和把握我国工业和信息化领域的发展形势、机遇和挑战,共同为网络强国和制造强国建设贡献力量。

是以为序。

中国工程院院士

摘　要

当前，我国经济已由高速增长阶段转向高质量发展阶段，中小企业发挥着至关重要的作用，是新时代推动经济体系建设、构建发展格局和高质量发展的主力军。

自新冠肺炎疫情发生以来，我国中小企业面临着前所未有的压力和挑战。在国际层面，全球疫情持续蔓延、地缘冲突、金融市场动荡、数字经济发展不均衡、"去中国化"策略、单边主义和贸易保护主义等问题频出，中小企业尤其是外贸型企业外需环境形势不容乐观，在扩大出口、企业全球化运营等方面面临着诸多困难和风险。在国内层面，虽然我国加大了对中小企业的政策支持力度，中小企业的发展环境得到了大幅改善，但中小企业仍面临着自身"专精特新"发展能力较低、融资难融资贵、综合成本高、数字化转型难度大等诸多问题。

受上述因素的综合影响，2020年我国中小企业的发展整体呈现延续放缓态势。2020年四季度，中小企业发展指数为87.0，已升至2020年一季度以来的最高点，但仍未达到2019年的水平。2020年12月，中型和小型企业PMI指数（采购经理指数）分别为52.7%和48.8%，中型企业PMI指数运行在50%以上的景气区间，小型企业PMI指数降至荣枯线以下，原材料成本、劳动力成本和物流成本分别较2020年11月上升5.0%、1.5%和4.6%，小型企业经营成本增加，盈利能力有所下降。

面对国内外严峻的形势，在以习近平同志为核心的党中央的领导下，全国上下全面动员、全面部署、全面加强疫情防控。各地各部门坚决落实中央"六稳""六保"工作要求，积极推动中小企业复工复产，加快落实各项惠企政策，加大减税降费力度，深化"放管服"改革，打出政策"组合拳"，以更好的营商环境减轻中小企业负担，帮助中小企业纾困解难，助其渡过难关。

为全面把握 2020 年我国中小企业的发展态势，总结研判中小企业领域的一系列重大问题，国家工业信息安全发展研究中心对我国中小企业进行了长期的跟踪研究，编撰了《中小企业发展报告（2020—2021）》。《中小企业发展报告（2020—2021）》分为总报告、专题篇、政策法规篇、热点篇、附录 5 个部分，从多个角度对 2020 年我国中小企业发展情况进行深度研究，包括中小企业总体面临的国内外环境、中小企业总体情况、对外合作、信息化、融资、"双创"等，对"专精特新"、产业链转移、政策扶持、新冠肺炎疫情对中小企业影响等热点问题进行了专题论述，并对中小企业转型升级、技术创新、管理创新、数字化智能化等进行了深入分析。

面对世界百年未有之大变局，展望未来，我国将完善优质中小企业梯度培育，不断激发市场主体活力，促进中小企业高质量发展；坚持政策惠企、服务活企，持续优化中小企业发展环境；推动已有政策落地、落细、落实，健全政府公共服务、市场化服务、社会化公益服务相结合的中小企业服务体系，增强中小企业的获得感；聚焦数字化赋能，推进中小企业"专精特新"发展；加强中小企业专业化能力建设，打造"专精特新"小巨人企业和单项冠军企业；推进大中小企业融通创新，建立创新协同、产能共享、供应链互通的新型产业创新生态。

关键词：中小企业；政策法规；专精特新；数字化；创新；融资

Abstract

At present, our country's economy has been developed from rapid growth stage to high quality development stage, small and medium-sized enterprises (SMEs) play an irreplaceable important role in promoting employment and increase their income, a stable domestic demand, maintain industry chain supply chain security aspects. It is a new force for building a new pattern of development in the new era, building a modernized economy and promoting high-quality development.

Since the COVID-19 outbreak, Chinese SMEs have faced unprecedented pressure and challenges. At the international level, the global outbreak continues to spread, geopolitical conflict and turmoil in financial markets, the digital economic development is not balanced, "desinification" policy, unilateralism and trade protectionism and other problems mount, SMEs especially foreign trade type enterprise external environment situation is not optimistic. Expand exports and corporate globalization operation faces many difficulties and risks. At the domestic level, although China has increased policy support for SMEs and the development environment for SMEs has been greatly improved, SMEs are still faced with many problems such as low development ability of "specialization and innovation", difficult financing and expensive financing, high comprehensive cost, and difficulty in digital transformation.

Under the comprehensive influence of the above factors, Chinese SMEs will continue to slow down in 2020. In the fourth quarter of 2020, the SMEs Development Index was 87.0, which had risen to the highest point since the first quarter of 2020, but still failed to reach the level of 2019. In December of 2020, the PMI of medium-sized enterprises was 52.7 percent, running above the business climate range of 52 percent. The PMI of small enterprises was 48.8%, falling below the line between expansion and contraction. Compared with November of 2020, the proportion of small enterprises reflecting high raw material cost, logistics cost and labor cost increased by 5.0, 4.6 and 1.5 percentage points respectively. The operating cost of small enterprises increased, and their profit space was squeezed to a certain extent.

In the face of the grim situation at home and abroad, under the leadership of the Communist Party of China (CPC) Central Committee with Comrade Xi Jinping at its core, the whole country has mobilized, deployed and strengthened prevention and control of the epidemic. In order to better business environment lighten the burden of micro and help rescue SMEs, all departments resolutely implement the central "six stable" and "six protect" work requirements, return to work and production, and actively promote SMEs to speed up the implementation of the enterprise policy, intensify tax cuts JiangFei, deepening the reform of "pipes", play the policy "combination".

The Fifth Plenary Session of the 19th Central Committee of the CPC proposed that the focus of economic development should be on the real economy, the development of modern industrial system should be accelerated, the optimization and upgrading of the economic system should be promoted, the domestic circulation should be unblocked, and the domestic and international double circulation should be promoted. These important arrangements have pointed out the direction and provided fundamental guidance for the development of SMEs during the "14th five year plan" period.

In order to comprehensively grasp the development trend of Chinese SMEs in 2020, summarize and judge a series of major problems in the field of SMEs, China Industrial Control System Syber Emergency Response Team (CICS-

CERT) compiled the "*SMEs development report (2020—2021)*" on the basis of long-term follow-up research on Chinese SMEs. The book is divided into five parts: general report, thematic articles, policy and regulation articles, hot topic articles, appendice. It makes an in-depth study on the development of Chinese SMEs in 2020 from multiple perspectives, including the overall domestic and foreign environment faced by SMEs, the overall situation of SMEs, foreign cooperation, informatization, financing, and "innovation and entrepreneurship", as well as "specialization and innovation", industrial chain transfer, policy support, innovation and entrepreneurship. The hot topics of COVID-19 impact on SMEs and other hot topics were discussed, and in-depth analysis was made on transformation and upgrading, technological innovation, management innovation, digital intelligence, etc.

Facing the great changes unseen in the world in a century, looking into the future, China will adhere to the combination of optimizing the development environment and improving the service system, and the combination of improving the graded cultivation of high-quality SMEs and solving outstanding problems, so as to constantly stimulate the vitality of market subjects and promote the high-quality development of SMEs. We will continue to optimize the development environment for SMEs by upholding policies that benefit enterprises and providing services to them. We will promote the implementation, elaboration and implementation of existing policies, improve the service system for SMEs that combines government public services, market-based services and socialized public welfare services, and enhance their sense of gain. Focusing on digital empowerment, promoting the development of "specialization and innovation" of SMEs. Strengthen the construction of SMEs' professional ability, and create "specialized and innovative" small giant enterprises and individual champion enterprises. We will promote integrated innovation among large, medium and small enterprises, and establish a new industrial innovation ecosystem featuring innovation synergy, capacity sharing, and supply chain connectivity.

Keywords: Small and Medium-sized Enterprises; Policies and Regulations; Specialized Special New; Digital; Innovation; Financing

目　录

Ⅰ 总报告

B.1　2020年我国中小企业发展概况 ……… 高卉杰　孙一赫　范增杰 / 001

Ⅱ 专题篇

B.2　我国中小企业国际化发展现状及存在问题研究…… 贾丹　鲁萍 / 030
B.3　数字化成为推动中小企业转型发展的新动能‥ 王予正　高卉杰 / 040
B.4　我国中小企业"双创"发展现状及面临的挑战
　　　　　　　　　　　　　　　　…… 孙一赫　王恒　晏晓峰 / 053
B.5　数字金融缓解中小企业融资难题模式研究…… 郜媛莹　谢向丹 / 070
B.6　我国中小企业技术和管理创新现状及存在问题
　　　　　　　　　　　　　　…… 高卉杰　郜媛莹　贾战利 / 083

Ⅲ 政策法规篇

B.7　2020—2021年我国典型中小企业相关政策概览
　　　　……… 黄凤仙　郭鹏　刘娜　周卫红　赵千　钟静薇　孙一赫 / 099

XXI

B.8 我国与美、日、德、法中小企业支持政策对比分析
.... 孙一赫　李岚清　晏晓峰 / 137

B.9 日韩中小企业法律、创新、服务、金融举措及对我国的启示
.... 高卉杰　孙一赫　贾丹 / 149

B.10 我国中小企业相关政策发布总体与实施情况评估
.... 高卉杰　贾丹　孙一赫　冯开瑞 / 166

Ⅳ 热点篇

B.11 新冠肺炎疫情对我国中小企业的影响研究
.... 高卉杰　郜媛莹　谢向丹 / 182

B.12 产业链转移背景下制造业中小企业发展现状
.... 孙一赫　张洁雪　贾丹 / 201

B.13 我国"专精特新"优质企业梯度培育体系构建研究
.... 谢向丹　高卉杰　郜媛莹 / 210

B.14 我国上市中小企业发展现状及典型案例研究
.... 冯开瑞　高卉杰　贾丹 / 219

Ⅴ 附录

B.15 2020年中小企业大事记
.... 高卉杰　郭鹏　黄凤仙　周卫红　赵千 / 235

Ⅰ 总 报 告
General Report

B.1
2020年我国中小企业发展概况

高卉杰　孙一赫　范增杰[1]

摘　要：中小企业是我国经济社会发展的重要组成部分，在推动经济发展、稳定就业、改善民生等方面起着重要作用。在我国的所有企业中，中小企业贡献了超过50%的税收、超过60%的GDP、超过70%的技术创新、超过80%的城镇劳动就业，以及超过90%的企业数量。2020年，中小企业面对错综复杂的国际、国内环境，经历了"浴火重生"。随着我国中小企业应急救助机制不断完善、公共服务体系建设全面加强、企业类示范基地双创成效显著增强，大中小企业融通发展步入快车道，数字化、智能化转型升级不断深入。2020年12月，我国中小企业PMI指数（采购经理指数）稳中

---

[1] 高卉杰，国家工业信息安全发展研究中心工程师，北京科技大学博士（后），主要研究方向为中小企业、产业分析、创新管理、政策研究等；孙一赫，国家工业信息安全发展研究中心工程师，中国人民大学硕士，主要研究方向为宏观经济政策、中小企业发展等；范增杰，国家工业信息安全发展研究中心高级工程师，北京工业大学学士学历，主要研究方向为数据工程与知识组织体系建设、光电技术。

趋缓,中小型企业PMI指数分别为52.7%和48.8%。展望2021年,全球经济有望实现正增长,中小企业将曲折前行,但新冠肺炎疫情、贸易保护主义等制约经济增长的不确定性风险因素仍不容忽视。

关键词: 中小企业;发展指数;产业生态;政策扶持

Abstract: As an important part of Chinese economic and social development, small and medium-sized enterprises (SMEs) play an important role in promoting economic development, stabilizing employment and improving people's livelihood. Among all enterprises in our country, SMEs contribute more than 50 percent of tax revenue, more than 60 percent of GDP, more than 70 percent of technological innovation, more than 80 percent of urban labor employment, and more than 90 percent of the number of enterprises. In 2020, SMEs have experienced "rebirth from the bath of fire" in the face of complex international and domestic environment. With the continuous improvement of the emergency assistance mechanism for Chinese small and medium-sized enterprises, the comprehensive strengthening of the public service system, and the remarkable increase in the effectiveness of entrepreneurship and innovation in enterprise demonstration bases, the integrated development of large and medium-sized enterprises has stepped onto the fast track, the digitalization and intelligent transformation upgrading have deepened. In December of 2020, the PMI of Chinese small and medium-sized enterprises was stable and slowed down. The PMI of medium-sized enterprises was 52.7%, which continued to run in the boom range of 52.0% and above. The PMI of small enterprises was

48.8%, falling below the line between expansion and contraction, which is not optimistic. Looking ahead to 2021, the global economy is expected to achieve positive growth. Small and medium-sized enterprises will make torturous progress. Uncertain risk factors constraining economic growth cannot be ignored, such as the COVID-19 epidemic and trade protectionism。

Keywords：Small and Medium-sized Enterprises; Development index; Industrial ecology; Policy support

一、2020年中小企业国内外环境复杂严峻

2020年，受新冠肺炎疫情蔓延、中美对抗加剧、贸易保护和单边主义抬头等多种不利因素的影响，我国中小企业遭受了不同程度的"创伤"，有的行业甚至基本停滞。在党中央的坚强领导下，企业逐步有序复工复产，中小企业的财政金融扶持、公共服务和创新支持进一步加强，为我国中小企业营造了较好的发展环境。

（一）国际经济复苏压力较大

从国际环境来看，2020年，全球新冠肺炎疫情不断蔓延扩散，世界各国均出现不同程度的停工停产乃至经济衰退的情况，全球经济下滑、外部需求大幅萎缩。同时，以美国为代表的部分国家出现单边主义、反全球化势力抬头的现象，地缘政治波动和跨国贸易摩擦不断，给我国外向型中小企业带来了巨大的冲击。

一是全球政治生态不断恶化。2020年，在新冠肺炎疫情冲击、部分国家管控不力的背景下，一些外国政客为了转移国内矛盾，采取单边主义、贸易保护主义、"去中国化"的策略，导致跨国贸易、地缘政治风险加大。

例如，2020年，美国政府对华为、中芯国际等公司实施制裁，对利用美国技术生产的芯片进行极其严格的出口管制，导致我国部分芯片制造和终端消费品公司遭遇困境；印度政府以涉嫌威胁国家安全为名，下架大量中国App，对我国部分出海的创业企业和外向型中小企业造成了很大影响。随着美国新一届政府可能带来的政策转向，国际政治不确定性进一步加大。

二是海外疫情持续蔓延，经济复苏压力较大。自2020年一季度海外新冠肺炎疫情暴发以来，海外疫情始终未能得到有效的控制，部分国家推行的"全民免疫"策略已基本宣告失败。截至2020年12月31日，全球累计确诊新冠肺炎病例近9000万例，累计死亡超过150万人。随着秋冬季欧美疫情的再度恶化，许多国家再次启动封锁和限制，我国外向型中小企业进一步承压。新冠肺炎疫情不仅带来了全球普遍性的经济衰退，更引发了全球经济结构的深刻变化。在疫情后重建的过程中，逆全球化、制造业回迁、价值链重构等挑战有可能不断出现，给经济复苏带来更多的不确定性。

三是金融与实体经济分化加剧，全球经济维持脆弱平衡。在全球经济发展持续低迷的情况下，通过各国政府史无前例的逆周期调节，2020年全球金融资产价格获得了超级修复，各国股市更是迎来罕见的牛市。但金融市场与实体经济事实上处于一种"高债务—低利率"的脆弱平衡，政府债务不断膨胀、金融资产价格与惨淡的实体经济极不对称。高企的资产价格使得部分对产业链控制能力较弱的中小企业经营风险进一步加大。在非常规金融政策退出之后，有可能触发全球性的债务危机和金融危机，外部金融环境存在很大的"灰犀牛"风险。

（二）中小企业国内环境仍存在不确定性

从国内环境来看，在经历2020年一季度新冠肺炎疫情的洗礼之后，我国较快地控制住了疫情，大量中小企业实现复工复产。虽然部分线下业态受到了较为严重的冲击，一些中小企业出现经营困难，部分领域面临内需不足的结构性风险,但从长期来看,我国经济不断向好的基本面没有发生变化。从需求角度来看,我国拥有广阔的消费市场优势,消费升级、消费多元化需求不断释放,国内市场整体规模持续扩大,我国巨大的市场消费潜力成为"国内大循环"经济发展的强大动能。从供给侧来看,我国拥有世界上品类最为齐全、上下游最为完整的产业链,高质量、大规模的工业体系在全球形成了强大的市场竞争力。巨大的国内市场和完善的供应链为我国中小企业发展提供了强大的内生动力。

一是政府积极出台各种复工复产和救助策略,帮助企业共度难关。面对新冠肺炎疫情,在党中央的坚强领导下,政府部门和各地政府全力保障企业有序复工复产、进一步加强对中小企业的金融和财政扶持、进一步加强对中小企业的创新支持、进一步加强对中小企业的公共服务、进一步加强统筹协调等,帮助广大中小企业共度难关。

二是居民消费尚未恢复,国内消费市场尚未完全复苏。国家统计局数据显示,2020年1—9月,我国居民人均消费支出同比减少3.5%,人均可支配收入同比增长3.9%,消费增长低于收入增长。该统计数据表明,疫情的冲击不仅带来了供给侧的管控,更对社会心理和居民消费行为带来了较大影响。面临经济下行和失业风险增加、预期收入下降的压力,广大消费者趋于更加保守、更加理性地进行消费。尽管各级政府出台了一系列刺激消费——尤其是线下消费的政策,但相较于国外消费市场的快速复苏,我国国内消费市场仍需一段时间的复苏周期。

三是企业投资活跃度低,微观主体积极性不高。由于新冠肺炎疫情的冲击和国内消费市场的低迷,2020年不少中小企业遭遇了资金链紧张、经营风险增加乃至亏损破产的困境。尽管之后国内疫情得到有效控制,大量中小企业实现复工复产,情况得到了一定缓解,但在疫情防控常态化、国内消费未完全恢复的背景下,很多中小企业抗风险能力明显减弱,经营模式和投资意愿趋于保守。

四是我国经济长期向好的基本面没有变。我国拥有超14亿人口,其中包括4亿多中等收入群体,具有巨大的消费潜力和规模市场优势。在党中央加快构建以国内大循环为主体、国内国际双循环相互促进的新发展格局的号召下，我国制度优势大、经济韧性强、消费市场广的优势逐步得以发挥。广阔的市场空间带来巨大的经济回旋余地，我国经济长期向好。

二、我国中小企业划分标准

根据 2017 年国家统计局印发的《统计上大中小微型企业划分办法（2017）》，按照行业门类、大类、中类和组合类别，依据从业人员、营业收入、资产总额等指标或替代指标，将我国的企业划分为大型、中型、小型、微型 4 种类型（见表 1-1）。

表 1-1 我国大中小微企业划分标准

行业名称	指标名称	计量单位	大型	中型	小型	微型
农、林、牧、渔业	营业收入（Y）	万元	$Y \geq 20000$	$Y \geq 500$	$Y \geq 50$	$Y < 50$
工业*	从业人员（X）	人	$X \geq 1000$	$X \geq 300$	$X \geq 20$	$X < 20$
	营业收入（Y）	万元	$Y \geq 40000$	$Y \geq 2000$	$Y \geq 300$	$Y < 300$
建筑业	营业收入（Y）	万元	$Y \geq 80000$	$Y \geq 6000$	$Y \geq 300$	$Y < 300$
	资产总额（Z）	万元	$Z \geq 80000$	$Z \geq 5000$	$Z \geq 300$	$Z < 300$
批发业	从业人员（X）	人	$X \geq 200$	$X \geq 20$	$X \geq 5$	$X < 5$
	营业收入（Y）	万元	$Y \geq 40000$	$Y \geq 5000$	$Y \geq 1000$	$Y < 1000$
零售业	从业人员（X）	人	$X \geq 300$	$X \geq 50$	$X \geq 10$	$X < 10$
	营业收入（Y）	万元	$Y \geq 20000$	$Y \geq 500$	$Y \geq 100$	$Y < 100$
交通运输业*	从业人员（X）	人	$X \geq 1000$	$X \geq 300$	$X \geq 20$	$X < 20$
	营业收入（Y）	万元	$Y \geq 30000$	$Y \geq 3000$	$Y \geq 200$	$Y < 200$
仓储业	从业人员（X）	人	$X \geq 200$	$X \geq 100$	$X \geq 20$	$X < 20$
	营业收入（Y）	万元	$Y \geq 30000$	$Y \geq 1000$	$Y \geq 100$	$Y < 100$
邮政业	从业人员（X）	人	$X \geq 1000$	$X \geq 300$	$X \geq 20$	$X < 20$
	营业收入（Y）	万元	$Y \geq 30000$	$Y \geq 2000$	$Y \geq 100$	$Y < 100$
住宿业	从业人员（X）	人	$X \geq 300$	$X \geq 100$	$X \geq 10$	$X < 10$
	营业收入（Y）	万元	$Y \geq 10000$	$Y \geq 2000$	$Y \geq 100$	$Y < 100$
餐饮业	从业人员（X）	人	$X \geq 300$	$X \geq 100$	$X \geq 10$	$X < 10$
	营业收入（Y）	万元	$Y \geq 10000$	$Y \geq 2000$	$Y \geq 100$	$Y < 100$

续表

行业名称	指标名称	计量单位	大型	中型	小型	微型
信息传输业*	从业人员（X）	人	$X \geq 2000$	$X \geq 100$	$X \geq 10$	$X < 10$
	营业收入（Y）	万元	$Y \geq 100000$	$Y \geq 1000$	$Y \geq 100$	$Y < 100$
软件和信息技术服务业	从业人员（X）	人	$X \geq 300$	$X \geq 100$	$X \geq 10$	$X < 10$
	营业收入（Y）	万元	$Y \geq 10000$	$Y \geq 1000$	$Y \geq 50$	$Y < 50$
房地产开发经营	营业收入（Y）	万元	$Y \geq 200000$	$Y \geq 1000$	$Y \geq 100$	$Y < 100$
	资产总额（Z）	万元	$Z \geq 10000$	$Z \geq 5000$	$Z \geq 2000$	$Z < 2000$
物业管理	从业人员（X）	人	$X \geq 1000$	$X \geq 300$	$X \geq 100$	$X < 100$
	营业收入（Y）	万元	$Y \geq 5000$	$Y \geq 1000$	$Y \geq 500$	$Y < 500$
租赁和商务服务业	从业人员（X）	人	$X \geq 300$	$X \geq 100$	$X \geq 10$	$X < 10$
	资产总额（Z）	万元	$Z \geq 120000$	$Z \geq 8000$	$Z \geq 100$	$Z < 100$
其他未列明行业*	从业人员（X）	人	$X \geq 300$	$X \geq 100$	$X \geq 10$	$X < 10$

*大型、中型和小型企业须同时满足所列指标的下限，否则下划一档；微型企业只须满足所列指标中的一项即可。

三、2020年我国中小企业发展稳中向好

党中央、国务院高度重视中小企业的发展，特别是在新冠肺炎疫情发生以来，国家和地方出台了一系列惠企政策，对推动中小企业稳定发展起到了积极作用。2020年二季度以来，中小企业经济运行稳步向好，生产指标、效益都在逐步好转，企业信心也在恢复。统计局数据显示，2020年1—11月，全国规模以上中小企业的利润总额同比增长6.9%，连续4个月累计正增长。

（一）中小企业数量有所增加

国家市场监督管理总局数据显示，截至2020年9月末，全国实有市场主体稳定增长，登记在册的市场主体共计1.34亿户，较2019年年底增长9%。其中，企业为4200万户，增长8.9%；个体工商户为9021.6万户，

增长9.2%；农民专业合作社为222.2万户，增长0.9%。

根据国家统计局关于中小企业划型标准，以工业为例，国家统计局数据显示，2019年年末，共有37.0万户中小企业，较2018年增加268户，企业数量有所增加；占全部规模以上工业企业户数的97.8%。其中，中型企业为4.0万户，占中小企业户数的10.6%；小型企业为33.0万户，占中小企业户数的89.4%（见图1-1）。

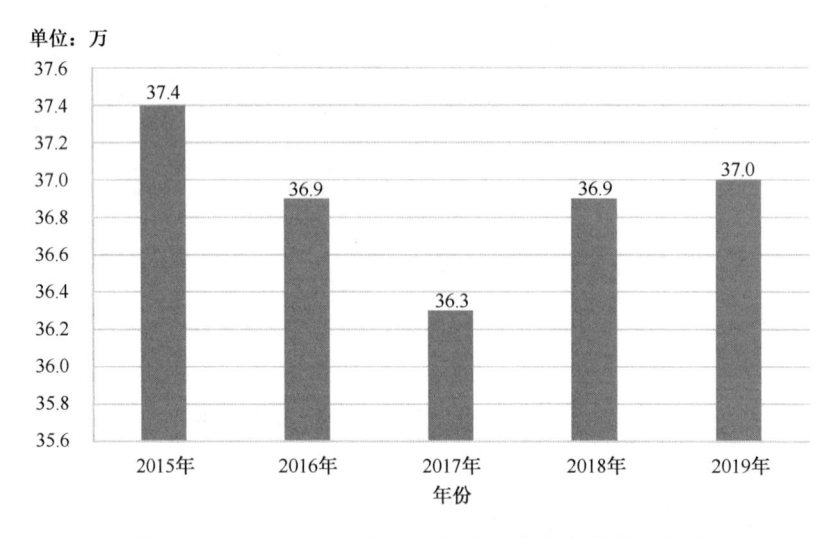

单位：万

年份	数量（万）
2015年	37.4
2016年	36.9
2017年	36.3
2018年	36.9
2019年	37.0

图1-1　2015—2019年我国制造业中小企业数量变化

资料来源：国家统计局。

（二）中小企业发展指数逐步回升

2020年第四季度，中小企业发展指数为87.0，比第三季度高0.2点，为2020年3月以来的最高点，但仍未达到2019年的水平（见图1-2）。

从分项指数来看，分项指数6升2降（见表1-2）。虽然劳动力指数（105.5）由升转降、成本指数（118.2）继续下降，但仍与宏观经济感受指数（101.4）和资金指数（101.6）一并保持在景气临界值（100）以上；综合经营指数（95.9）、市场指数（78.3）、投入指数（81.3）和效益指数（61.9）仍处于景气临界值（100）以下，但均比第三季度有所回升。从分地区来看，中部地区（87.3）、东部地区（87.0）、西部地区（85.6）和东北地区（84.7）指数依次降低。从指数变动情况来看，东部地区上升幅度最大，中部地区次之，西部地区指数下降，东北地区下降幅度最大。

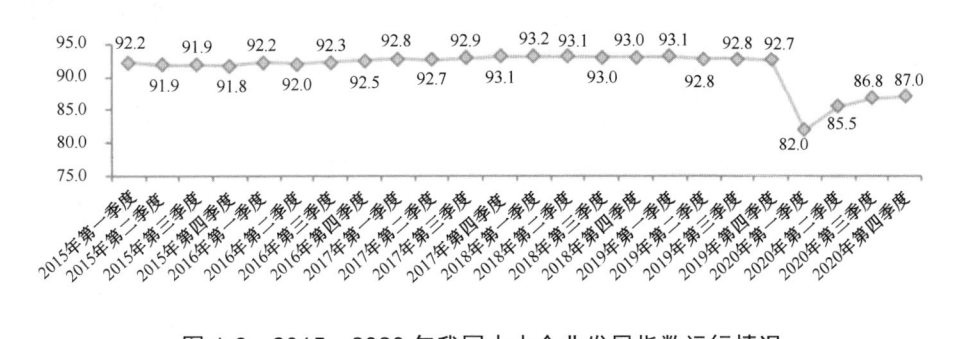

图 1-2 2015—2020 年我国中小企业发展指数运行情况

表 1-2 2020 年第四季度我国中小企业发展指数分项指数

分项指数	2020 第四季度	2020 第三季度	涨幅（第四季度～第三季度）
总指数	87.0	86.8	↑ 0.2
宏观经济感受指数	101.4	100.9	↑ 0.5
综合经营指数	95.9	95.5	↑ 0.4
市场指数	78.3	77.8	↑ 0.5
成本指数	118.2	118.5	↓ -0.3
资金指数	101.6	101.4	↑ 0.2
劳动力指数	105.5	105.7	↓ -0.2
投入指数	81.3	81.2	↑ 0.1
效益指数	61.9	61.6	↑ 0.3

2020 年第四季度中小企业发展指数表明：随着我国经济复苏，企业发展信心有所增强；市场预期持续改善；经营成本继续上升；资金紧张局面有所改善，但应收账款仍然居高不下；劳动力需求有所上升，供应有所下降，供需偏紧；企业投资意愿虽有回升，但仍然不高；企业效益有所改善，但仍处在历史较低位。

（三）援企惠企政策不断优化

受新冠肺炎疫情影响，国内交通运输、旅游、住宿、餐饮、租赁和商业服务等行业均遭受重创，各类企业延迟复产复工，上下游产业链反应迟钝。从企业规模上来看，首当其冲的是国内的中小微企业，规模小、资金周转困难、受创难以恢复。我国政府高度重视中小企业发展，出台了大量关于中小企业发展的举措和法律法规。国家中小企业政策信息互联网发布平台显示，2020年，国务院、国家发展和改革委员会、工业和信息化部等18个部门共出台促进中小企业发展政策391条，综合运用安排疫情防控重点物资生产企业复工复产、企业流动性资金支持和就业帮扶、阶段性减免企业社会保险费、贷款临时性延期还本付息、金融定向降准和再贷款再贴现等措施帮助企业尽快复工复产、走出困境；同时，通过加强卫生检疫工作，为中小企业提供健康的发展环境。

（四）融资活动进一步活跃

2018年以来，工业和信息化部积极贯彻落实《中华人民共和国中小企业促进法》，不断改善融资环境，创新融资模式，推进担保体系建设，使中小企业融资难融资贵的问题得到有效缓解。

受益于国家推出诸多针对中小企业的政策，2020年中小企业融资环境得以进一步优化。据艾媒咨询不完全统计，截至2020年12月17日，2020年各热门领域共发生了1808件融资事件，公开披露的总融资金额超过3961亿元。

从分领域来看，IT、大健康、大消费、企业服务、文化娱乐为融资笔数前五的领域。以5G、AI、互联网、芯片为主的IT领域融资笔数最多，为470笔，公开披露的总融资金额达748.76亿元。而以医药、医疗器械、科技医疗、医疗服务等为主的大健康领域融资笔数为337笔，公开披露的总融资金额达619.92亿元。

从企业类型来看，2020年小微企业融资呈现了量增、面扩、价降的良好趋势。据央行介绍，2020年前三季度小微企业融资新增3万亿元，同比增长1.2万亿元；支持小微经营主体3128万户，同比增长21.8%；前三季度新增429万户，这与2019年同期增量基本相当；2020年9月新发放的普惠小微企业贷款平均利率是4.92%，较2019年12月下降了0.96%。

（五）税费负担持续下降

2020年以来，聚焦疫情防控、减税降费、稳定外贸、扩大内需等方面，党中央、国务院陆续部署出台了7批28项税费优惠政策，支持和促进中小企业发展。

在延续2019年普惠性、实质性减税降费政策的基础上，2020年新出台的税费优惠政策力度有所加大，使纳税人在享受以前减税降费政策的基础上，还将享受新的优惠政策。措施主要集中在受疫情影响较大、抗风险能力较弱的行业上，如交通运输、旅游娱乐、餐饮住宿、文化体育等。在减税降费方式上，采用了直接减免、税前扣除、递延纳税等多种方式，减免了增值税、社会保险费、所得税和地方税种等，形成了具有特色的税费优惠"组合拳"，取得了良好效果。国家税务总局的数据显示，截至2020年11月，新增减税降费累计达23673亿元，使企业的市场信心和就业方面得到了稳定发展，显著地增强了市场主体和人民群众的获得感。

（六）企业类示范基地带动中小企业发展成效显著

自2015年李克强总理提出大力推进"双创"发展以来，示范基地成为"双创"发展的重要载体。2016—2017年，国务院累计建设了120家示范基地，截至2020年年底，120家示范基地各项建设任务基本完成，进入全面发展新阶段，有力地带动了中小微企业的深入发展。

一是企业类示范基地带动中小企业发展。企业类示范基地主要从搭建孵化服务平台、培育创客队伍、创新管理制度、营造创业文化等方面入手，探索大中小企业联合实施"双创"的制度体系和经验。例如，航天科工集团以商业模式创新为抓手，积极建设众创、众包、众扶、众筹支撑平台。据统计，截至 2020 年年底，航天科工集团拥有各级各类创新平台 200 余个，并倾力打造了以云制造为特色，跨行业、跨领域的国家级工业互联网平台——航天云网平台 INDICS，建设了 22 个省市级工业互联网平台，13 个行业云、园区云平台，面向全社会提供了智能制造、协同制造、云制造服务。另据统计，目前已有近四成民营企业被纳入了航天科工集团外协供方名录，六成民营企业被纳入了物资配套合格供方名录，外部协作配套中民营企业配套占比达到了 54%。

二是"双创"示范基地为中小企业发展提供新舞台。2020 年 12 月 24 日，为聚焦支持创新型中小微企业成长为创新的重要发源地，着力打造精益创业的集聚平台，大力弘扬科学家精神、劳动精神和工匠精神，倡导敬业、精益、专注、宽容失败的创新创业文化，构建专业化、全链条的创新创业服务体系，增强持续创新创业能力，加快培育成长型初创企业、"隐形冠军"企业和"专精特新"中小企业，国务院办公厅启动第三批"双创"示范基地建设共 92 个。其中，创新就业方向 25 个，融通创新方向 27 个，精益创业方向 32 个，全球化创业方向 8 个。"双创"示范基地数量如图 1-3 所示。

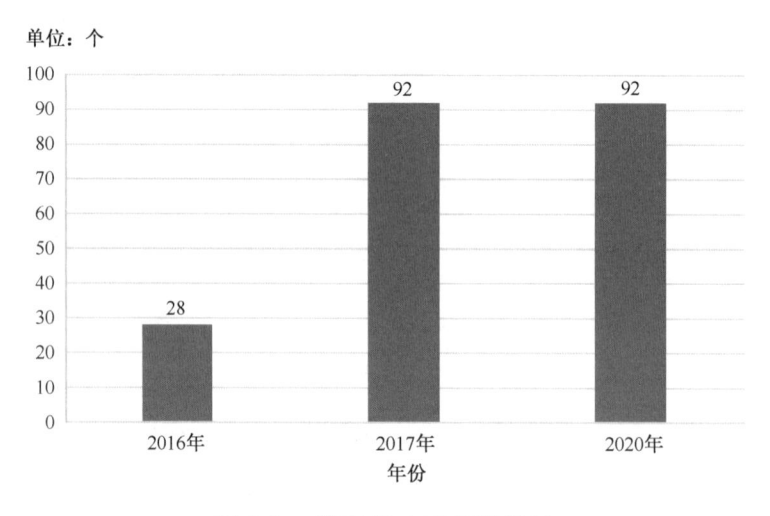

图 1-3 "双创"示范基地数量

（七）数字化、智能化水平正处于探索阶段

为深入贯彻习近平总书记关于统筹推进新冠肺炎疫情防控和经济社会发展工作的重要指示精神，落实党中央、国务院有关复工复产和提升中小企业专业化能力的决策部署，助推疫后中小企业通过数字化、网络化、智能化赋能实现复工复产，增添发展后劲，提高发展质量，2020年3月，工业和信息化部发布了关于印发《中小企业数字化赋能专项行动方案》的通知，以数字化、网络化、智能化赋能中小企业，助力中小企业疫情防控、复工复产和可持续发展。2020年5月，国家发展和改革委员会出台了《数字化转型伙伴行动（2020）》，就支持中小企业数字化转型、利用数字化手段助力抗疫复工推出了许多创新举措。

中国电子技术标准化研究院发布的《中小企业数字化转型分析报告（2020）》显示，我国绝大多数中小企业尚处于数字化转型探索阶段。在江苏、山东、浙江、广东等地具有代表性的2608家中小企业样本中，89%的中小企业处于数字化转型探索阶段，企业开始对设计、生产、物流、销售、服务等核心环节进行数字化业务设计；8%的中小企业处于数字化转型践行阶段，对核心装备和业务数据进行数字化改造；仅有3%的中小企业处于数字化转型深度应用阶段（见图1-4）。

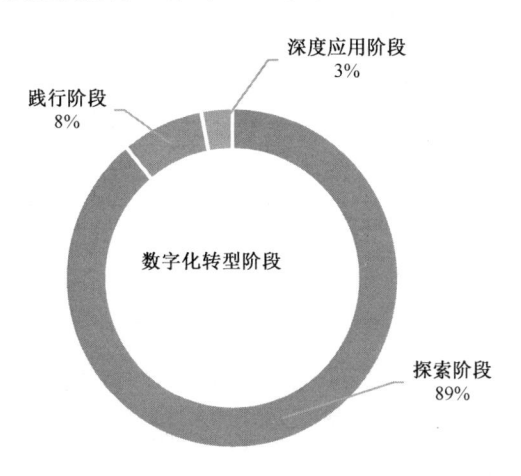

图1-4 中小企业数字化转型阶段

（八）公共服务体系建设全面加强

为深入贯彻落实党中央、国务院关于统筹推进新冠肺炎疫情防控和经济社会发展工作的决策部署，推动中小企业健康发展，2020年4月，工业和信息化部印发了《工业和信息化部办公厅关于开展2020年中小企业公共服务体系助力复工复产重点服务活动的通知》，全面加强中小企业公共服务体系建设，紧紧围绕中小企业复工复产和高质量发展开展重点服务活动，解难点、除痛点、疏堵点、补盲点，为中小企业恢复生产经营和可持续发展切实提供支撑和保障。

一是服务支撑体系进一步加强。2020年12月8日，工业和信息化部授予畅捷通信息技术股份有限公司、天纺标检测认证股份有限公司、河北天皓知识产权服务有限公司等214个平台"国家中小企业公共服务示范平台"，平台类别包含信息服务、技术服务、融资服务、创业服务、培训服务等，为广大中小企业提供公益性服务，提升中小企业产业链、供应链水平，做好各项支撑服务。此外，中小企业创业创新环境不断优化，公益性服务进一步开展；加强与其他中小微型企业创业创新基地的交流学习，充分发挥示范带动作用。2020年，工业和信息化部新认定赛欧小微企业基地等117家国家小型微型企业创业创新示范基地，为小微企业创业创新提供了有力支撑。2020年12月，在亚太经合组织（APEC）中小企业工商论坛上，工业和信息化部中小企业发展促进中心与中国质量认证中心签署了战略合作协议，旨在更好地服务中小企业提高质量，帮助实现以质取胜战略。

二是加大国有企业拖欠民营和中小企业账款清偿力度。违约拖欠中小企业款项登记（投诉）平台得到社会高度评价和企业普遍欢迎。截至2021年1月13日，该平台显示共登记债权人5845家，债务人11642家，登记量16170笔。2020年1—11月，全国累计清偿拖欠账款1841亿元。中国政府网显示，94%的企业对清欠工作表示满意，96%的企业反映2019年以后没有再增加新的拖欠。

（九）大中小企业融通发展步入快车道

当前，我国企业的创新模式有所改变，以前主要表现为单打独斗，目前正逐步向向众创、共创、广域协同模式发展，大中小企业以各种形式紧密连接在一起，不再是单个个体。2018年11月，工业和信息化部、国家发展和改革委员会等4部门联合印发了《促进大中小企业融通发展三年行动计划》，反复强调了大中小企业融通发展的重要性。工业和信息化部支持了200家优质实体经济开发区的建设，分三年共投入了100亿元，用于打造包括大中小企业融通型特色载体在内的创新创业特色载体。

在2018年批复36家实体经济开发区打造大中小企业融通型特色载体的基础上，2020年，各省市陆续开展了第二批特色载体建设工作，如江苏省印发了《关于做好2020年江苏省大中小企业融通型特色载体申报工作的通知》、山西省印发了《关于支持打造第二批省级大中小企业融通型创新创业特色载体的通知》、重庆市长寿经济技术开发区印发了《长寿经济技术开发区大中小企业融通型"龙头企业+孵化"特色载体认定管理办法》和《关于开展长寿经济技术开发区大中小企业融通型"龙头企业+孵化"特色载体建设的通知》等。此外，福建省、辽宁省等地也出台了促进大中小企业融通发展行动方案和细则，明确了未来3年促融通施工图，并将加快工业互联网建设、培育"专精特新""单项冠军"企业作为发力重点。截至2020年12月，我国已累计支持80余家开发区建设大中小企业融通型和专业资本集聚型特色载体。

（十）对外交流合作不断增强

中小企业领域的双边和多边合作取得重要进展，中国国际中小企业博览会和APEC中小企业技术交流暨展览会成为重要的对外合作平台。2020年6月，中国国际中小企业博览会在广东举行，汇聚了中国乃至世界的中小企业600余家，依托享誉海内外的佛山泛家居与装饰建材产业集群优势，以"产业联动，全能对接"为理念，旨在致力于"重构渠道供应链，打造高品质生活",积极推动产业融合和商贸繁荣,全方位对接国内外专业买家、经销商、消费者、设计师及电商平台资源,积极探索跨界融合与服务创新。该博览会在境外招展招商方面实现了新突破,联合主办力度更大,境外官方代表团数量多、规格高,"一带一路"参展国家增多,搭建了全球化合作共赢发展的国际平台。APEC中小企业工商论坛于2020年12月14日在深圳举行,与会各方表示将加强务实合作,化挑战为机遇,维护自由贸易体系,促进营商环境持续优化,努力为亚太中小企业发展营造开放、公平、非歧视和市场驱动的有利环境,同时拓宽中小企业合作领域,围绕新技术、新业态开展广泛交流,探索合作新模式,实现各经济体优势互补、协同发展,为亚太区域经济创造更多新增长点。

中外中小企业合作区建设成效显著。中小企业与"一带一路"沿线国家和地区的对外合作交流日益频繁,为中小企业对外发展、走向国际化奠定了良好基础。截至2020年年底,已有14个中外中小企业合作区。2020年11月19日,中国中小企业国际合作交流大会暨2020中德(欧)中小企业合作交流大会在济南举行,大会从往届的对德合作拓展为对欧合作,新签约11个中外合作项目,协议投资总额为101.3亿元,项目涉及电子信息、高端装备、生物医药、现代服务业等多个领域,合作方主要分布在德国、意大利、西班牙、瑞典、荷兰、中国香港等国家和地区。2015—2020年,中德中小企业合作交流大会已成功举办五届,中外参会企业超过2630家,累计签约项目94个,为中德乃至中欧中小企业合作交流搭建了桥梁。

(十一)应急救助机制不断完善

自新冠肺炎疫情发生以来,我国高度重视应急处置工作,不断总结工作经验,陆续制定了一些制度性文件,有效地帮助中小企业应对疫情,为中小企业稳定发展奠定了基础。新冠肺炎疫情严重冲击了我国中小企业的生存和发展,2020年,工业和信息化部会同国务院有关部门出台众多举措,帮助中小企业有序复工复产、共度难关,同时考虑以后不可抗事件对中小企业的冲击,创新性地提出建立健全中小企业应急救援救济机制,帮助中小企业应对自然灾害、事故灾难、公共卫生事件和社会安全事件等不可抗力事件。

此外,北京市、陕西省、辽宁省、吉林省、上海市等地也于2020年陆续修订颁布了各地方的《促进中小企业发展条例》,积极应对突发事件影响,对相关领域、特殊时期的中小企业给予应急救助支持,促进中小企业持续健康发展。

(十二)新业态、新模式加速发展

近年来,与大众消费相关的新业态、新模式发展迅猛。从直播带货、网上订单到配送到家、服务上门、社区团购,受新冠肺炎疫情影响,线下消费受阻,线上新型消费迅速补位,成为疫情防控常态化下中小企业发展的新契机。国家发展和改革委员会等13部门于2020年7月对外公布了《关于支持新业态新模式健康发展 激活消费市场带动扩大就业的意见》,提出加快数字经济15种新业态、新模式的健康发展,激活消费市场,带动扩大就业,打造数字经济新优势。2020年1—9月,海关跨境电商管理平台进出口取得显著增长,进出口总额达到1873.9亿元,增长52.8%;市场采购出口金额达5098.6亿元,增长35.5%。跨境电商等贸易新业态、新模式发展活力充沛、增势强劲,是当下稳住外贸基本盘的重要动能,为外贸企业有效应对疫情冲击发挥了积极作用。

(十三)民营企业进出口带动作用突出

民营企业对外贸带动作用更加突出,第一大外贸经营主体地位不断巩固。2020年前10个月,中国民营企业进出口总额为12.1万亿元,增长10.3%,大幅高出整体进出口增速9.2%,占进出口总额的46.6%,较2019年同期提升3.8%。其中,民营企业出口总额为7.98万亿元,增长10.9%,占出口总额的55.7%,较2019年同期提升4.3%;民营企业进口总额为

4.12 万亿元，增长 9.2%，占进口总额的 35.5%。外商投资企业进出口总额为 10.02 万亿元，下降 2.9%，占进出口总额的 38.6%。国有企业进出口总额为 3.83 万亿元，下降 11.7%，占进出口总额的 14.8%。

四、中小企业数字化转型、外贸、融资仍面临挑战

（一）数字化转型面临"不会转""不能转""不敢转""不善转""不愿转"五大挑战

在以国内大循环为主体、国内国际双循环相互促进的新发展格局下，我国中小企业高质量发展的机遇与挑战并存。埃森哲研究、国家工业信息安全发展研究中心的研究数据显示，中国只有 7% 的企业转型成效显著。国家信息中心信息化和产业发展部与京东数字科技研究院联合发布的报告显示，目前中小企业数字化转型普遍面临"不会转""不能转""不敢转""不善转""不愿转"五大挑战。

一是数字化转型能力不够导致"不会转"。中小企业信息化、专业化程度较低，核心数字技术供给不足，数据采集率低，产业链协同难，难以依靠自身实现数字化转型，需要龙头企业、科技平台、数字化转型促进中心等赋能。我国只有约 10% 的中小企业实施了 ERP（企业资源计划）和 CRM（客户关系管理）方案，约 6% 的中小企业实施了 SCM（供应链管理）方案，进入了信息化的高级阶段。绝大多数企业的信息化水平仍停留在文字处理、财务管理等办公自动化及劳动人事管理阶段，大数据、企业云、数字化会议等在企业中的普及率仍然不高。此外，目前市场上提供的科技平台多是通用型解决方案，无法满足企业、行业的个性化、一体化需求。

二是数字化改造成本偏高导致"不能转"。企业数字化转型是一项周期长、投资大的复杂系统工程，从软硬件购买到系统运行维护，从设备更新换代到人力资源培训，都需要资金的持续投入。以美的数字化转型为例，2012—2019 年，其累计投入已超过 100 亿元。尽管部分地方政府对于企

业上云、智能工厂建设等提供了一定支持，但我国多数传统企业面临着生存的压力，导致数字化转型的投入远远不足。我国数字化转型投入超过年销售额5%的企业占比仅为14%，近七成企业的数字化转型投入低于年销售额的3%，其中42%的企业数字化转型投入低于年销售额的1%。

三是数字化人才储备不足导致"不敢转"。随着产业数字化转型发展，人才成为企业将数字化转变为自身优势的决定性因素。企业的数字化转型要求对人力资源结构进行适应性调整，掌握数字技术的专业人员需要满足企业数字化转型的技术需求。据统计，中国企业 ICT（信息与通信技术）员工占总员工的比例为1%~1.5%，而欧盟的这个数据为2.5%~4%。据 Gartner 估计，由于数字化人才短缺，2020年将有30%的技术岗位空缺。当前，无论是政府部门，还是传统企业，人才短缺成为数字化转型发展的主要瓶颈。

四是数字化转型战略不清导致"不善转"。数字化不仅是技术的更新，更是经营理念、战略、组织、运营等全方位的变革，需要做好战略性、整体性、规范性、协同性、安全性和可操作性的顶层设计，明确发展目标、推进步骤和工作举措。然而，部分企业数字化转型思路不清、意志不坚定，没有从企业发展战略的高度进行谋划，认为只要买硬件、上系统就会取得立竿见影的成效，短期看不到经营的提升就打退堂鼓，导致转型失败。此外，部分企业缺乏对数字化战略的系统性思考，往往仅进行局部数字化改造，难以发挥整体效应。

五是多层级组织模式不灵导致"不愿转"。数字化转型要求基于小型化、自主化、灵活化的决策单元，构建扁平化、平台化的新型组织架构。数字化时代要求更快的信息交互，缩短数据生产、流通、加工等周期。而传统企业层级复杂、多重领导和反应迟缓的组织模式已不适应数字化转型的要求，人为割裂数据链条势必造成数据流通不畅。此外，多数企业没有强有力的制度设计和组织重塑，部门之间数字化转型的职责和权利不清晰，缺乏有效的配套考核和制度激励。

（二）外贸面临下行压力

短期来看，新冠肺炎疫情仍在海外持续蔓延，中小企业外贸发展面临着前所未有的风险和挑战。联合国贸发会议报告指出，2020年全球货物贸易额同比下降5.6%，是自2008年国际金融危机以来的最大同比降幅；相对于货物贸易，服务贸易受新冠肺炎疫情打击更为严重，贸易额已降至20世纪90年代水平，全年同比下降15.4%，是1990年以来的最大降幅。

各方统计和研究显示，新冠肺炎疫情对中小企业尤其是外贸型企业的影响主要体现在以下方面。

一是出口订单需求短缺。我国的贸易伙伴几乎全部发生了新冠肺炎疫情，国际市场需求萎缩。国家统计局数据显示，2020年12月，新出口订单指数和进口订单指数分别为51.3%和50.4%，虽位于景气区间，但低于2020年11月的0.2%和0.5%，外贸企业仍面临在手订单取消或延期、新订单签约困难等问题。

二是供应链存在风险。新冠肺炎疫情在全球扩散蔓延，贸易保护主义、逆全球化有所抬头，全球产业链、供应链遭受冲击，不确定、不稳定因素显著增多，我国众多经济体也受到严重的冲击和影响。一是由于全球新冠肺炎疫情蔓延，主要经济体生产大面积停摆，我国企业上游供应链受阻或断裂，其中汽车、电子等行业受到中间品、资本品供应冲击最大，部分进口原材料、关键设备和零配件供应出现困难、价格持续上涨。二是海外企业需求下降，给外贸企业有效恢复生产和贸易供给造成两难的局面。三是新冠肺炎疫情促使全球出现产业链缩短和分散化、多元化趋势，降低对中国供应链的依赖性。四是美国对中国芯片产业的制裁加剧了我国半导体和电子信息产业供应链的风险。

三是运输通道不畅加剧物流风险。根据世界贸易组织的保守估计，受疫情影响，要将货物运送至国境另一边，贸易成本将增加25%。这给中国外贸带来国际运输迟滞、物流成本增加等问题。新华网调研显示，多家受访企业表示由于国际物流运输的空运、海运班次的减少,造成货物周期变长和运费上涨,企业生产经营所需的进口设备、零部件及原材料、出口产品产生了较高的运输、滞留费用和时间成本,企业负担有所加大。亚洲出口到欧洲的货物随着欧洲封闭的缓慢解除而激增,欧美港口因为大量的集装箱滞留导致港口拥堵,集装箱无法返回,导致我国海运集装箱数量出现大规模的短缺,进而影响我国外贸企业产品出口。

(三)融资难、融资贵问题持续存在

中小企业融资难、融资贵是长期存在的问题,也是一个世界性的难题。一是因为中小企业的经营具有高度不确定性,中小企业多处在发展的早期,经营稳定性差,抗风险能力弱;二是因为中小企业资产难以准确定价,多数中小企业固定资产少,缺乏足够的资产抵押物;三是中小企业的融资需求差异比较大。

因为新冠肺炎疫情影响,我国中小企业资金压力进一步加大。国家统计局数据显示,2020年12月小型企业中反映原材料成本、物流成本和劳动力成本高的比例分别较2020年11月上升5.0%、4.6%和1.5%,小型企业运营成本有所增加,盈利空间受到一定程度的挤压,加大了企业的资金链压力和现金流负担。在整体经济回稳态势向好的同时,行业分化和结构失衡的问题仍然比较突出,特别是相对于大型企业,处于产业链末端的中小企业受疫情的冲击更为严重,经营压力更大,融资方面也存在不少薄弱环节,所以需要完善体制机制的安排,形成支持服务中小企业发展的合力。

(四)知识产权意识薄弱

当前,国内的许多中小企业已意识到科技创新的重要性,注重针对科技创新的投入。但是,很多企业对科技创新中形成的知识产权缺少维权和保护意识,对具有自主知识产权的技术成果缺少重视,没有意识到科技成

果向知识产权转换的重要性。一是片面认为只要具备技术实力就可以形成竞争力，在技术的应用中存在专利被他人抢先申请，商标被他人抢先注册等问题，从而被其他企业的"知识产权壁垒"制约发展。二是我国中小企业自主创新能力较弱，对外技术依赖度高。

整体来看，中小企业申请发明专利的比重偏低。一是缺少知识产权保护的意识。很多中小企业仍然不能深刻认识到知识产权保护的重要性。大多数企业只重视有形资产保护，缺少将专利、商标、技术秘密等知识产权作为财产权来对待的意识，不懂运用法律来保护自己的知识产权成果。二是不尊重其他企业的知识产权。部分企业对我国知识产权保护的法律制度存在误解和侥幸心理，认为自己的侵权未必会被人发现，或是即便发现侵权，赔偿数额也不会太高。三是创新能力薄弱，专利质量不高。我国中小企业自主创新能力较低，缺乏自主知识产权的核心技术，创新的主体地位不突出，对外的技术依赖度高。企业专利的质量不高，专利结构不合理，制约了企业提升竞争力。四是管理人才匮乏。中小企业较为缺乏对企业知识产权的发展规划，知识产权管理并不是企业管理的必须项，实施知识产权战略的管理机构比较缺乏，企业内部没有专门的人才，知识产权基本的管理和保护一般都很难做到，更高层次的知识产权战略、规划和部署更无从谈起。

五、2021年中小企业产业生态逐步构建

（一）中小企业相关产业生态逐步构建

面对新冠肺炎疫情的严重冲击，我国果断出台了一系列政策措施，做好税费和欠款的"减法"、信贷和服务的"加法"，全力助企纾困。保中小企业生存与发展是保市场主体的关键，工业和信息化部部长肖亚庆在2021年工作会议上谈到，未来助企政策将围绕"政策、环境、服务"三个领域，聚焦"融资、权益保护"两个重点，紧盯"中小企业专业化能力和

水平提升"一个目标,着力构建中小企业"321"工作体系。另外,其还指出工业和信息化部将深化中小企业发展环境第三方评估,完善中小企业公共服务一体化平台;研究完善小微企业融资担保业务降费奖补政策,落实保障中小企业款项支付条例;力争通过3至5年时间,遴选公告万家"专精特新"小巨人企业,加快形成大中小企业创新协同、产能共享、供应链互通的产业生态。

(二)产业链、供应链自主可控能力逐步增强

我国是制造业大国,拥有独立完整的工业体系,产业规模和配套优势明显,产业链、供应链有较强的韧性,但仍存在基础不牢、水平不高的问题,一些基础产品和技术对外依存度高、关键环节存在"卡脖子"风险,高端通用芯片、机器人、高精度减速器等高端产品供给不足。2020年12月18日,中央经济工作会议强调,2021年产业链、供应链自主可控能力要显著增强,并做出部署。2021年1月,工业和信息化部部长肖亚庆表示,工业和信息化部2021年将围绕产业基础高级化、产业链现代化,重点抓好三方面工作:一是补短板。实施产业基础再造工程,聚焦产业薄弱环节,开展关键基础技术和产品的工程化攻关,加强全面质量管理,布局建设一批国家制造业创新中心。二是锻长板。推动传统产业高端化、智能化、绿色化转型升级,加快新一代信息技术与制造业深度融合,聚焦产业优势领域深耕细作,培育打造一批先进制造业集群。三是强企业。支持大企业做强做优,培育一批具有生态主导力的产业链"链主"企业,支持中小企业提升专业化能力,形成一批"专精特新"小巨人企业和制造业"单项冠军"企业。

(三)数字化转型步伐有望加快

新冠肺炎疫情倒逼传统企业数字化转型升级加快,数字化、智能化转型加速助力中小企业高质量发展,个性化消费升级催生中小企业新业态、

新模式，双循环发展新格局正改善中小企业营商环境。在产业数字化方面，工业和信息化部正深入实施智能制造工程，深化"5G+工业互联网"512工程，聚焦10个重点行业，形成20大典型工业应用场景，争取在更多工业企业落地。当前，新一代信息技术正进入迭代演进、融合创新加速的新阶段，要牢牢把握数字经济的发展机遇。展望2021年，有了5G、人工智能、大数据、云计算等新一代信息技术的加快渗透和普及应用，以及国家相关政策的积极支持，科技创新引领中小企业信息化、数字化步伐有望继续加快。

（四）融资环境有望进一步改善

工业和信息化部有关人士表示，将探索企业产业政策和金融政策协同，落实完善金融惠企政策，特别是联合财政部深化实施小微企业融资担保降费的奖补政策，推动金融机构发挥金融科技作用，加大对小微企业信贷投放，扩大信用贷、首贷和无还本续贷、中长期贷款的覆盖面，降低融资成本。

中国银行保险监督管理委员会有关负责人透露，按照有关部门的部署，2021年要继续引导银行进一步加大对小微企业等普惠金融领域的支持力度，具体来说有三方面目标：一是力争2021年普惠型小微企业贷款再增加2万亿元以上，贷款增速要高于各项贷款增速。工农中建交五家大型银行普惠型小微企业贷款增速要高于20%。二是进一步扩大小微企业贷款覆盖面，力争2021年再增加300万户以上的小微企业贷款。三是在降成本方面，力争2021年普惠小微企业贷款的综合成本再下降0.5%。

多地政府积极引导融资担保机构扩大民营小微企业担保规模，加大对民营小微企业融资担保业务降费奖补力度，鼓励政府性融资担保机构降低担保费率，全力支持民营小微企业和服务融资担保行业发展。

六、坚持企业与政府引导相结合，着力构建中小企业发展长效机制

（一）坚持企业主体与政府引导相结合，增强产业链、供应链的自主可控能力

一是加强政府引导，进一步深化改革，完善科技研发等政策，加快培育技术、人才、数据等各类要素市场，构建支撑中小企业发展的基础性平台和基础设施，优化中小企业领域发展环境，完善有效的正向激励机制，引导要素资源向中小企业领域有序流动，形成有利于中小企业创新协同、产能共享、供应链互通的产业生态。

二是充分遵循市场规律，发挥好企业和企业家的作用，强化企业的市场主体地位，激发企业活力和创造力，有效发挥国有企业在攻克"卡脖子"问题和补短板中的作用，更好地发挥民营企业、在华外资企业和广大中小企业的作用，引导企业突出主业，专注细分市场，掌握独门绝技，成为产业基础再造和资源要素集聚的主体，依靠市场机制来识别产业基础再造中的机会，发现和抓住真正的机遇。

三是增强产业链、供应链的自主可控能力。统筹推进补齐短板和锻造长板，针对产业薄弱环节，实施好关键核心技术攻关工程，尽快解决一批"卡脖子"问题，在产业优势领域精耕细作，搞出更多独门绝技。要实施好产业基础再造工程，打牢基础零部件、基础工艺、关键基础材料等基础。加大对半导体、发动机等核心零配件的进口替代力度，减少对美国高科技产业链的依赖度，降低产业链中断的风险。

（二）改善营商环境，开拓国际、国内市场

要切实贯彻《中共中央 国务院关于营造更好发展环境支持民营企业

改革发展的意见》《中华人民共和国外商投资法》《中华人民共和国外商投资法实施条例》等政策法规，给予民营企业公平竞争的地位，强调外资与内资同等促进、公平对待，保护外国投资者和外商投资企业在中国境内的合法权益，营造稳定、公平、透明的法治化营商环境。

创新贸易方式，开拓国际、国内市场。一方面，进一步扩大对外开放，降低外商投资门槛，尤其是服务业和金融业的投资壁垒，提升我国对外资的吸引力。另一方面，发挥外贸创新支持方式，通过短期政策手段加大对外贸企业的支持力度，发挥跨境电商、市场采购和外贸综合服务平台等外贸创新方式的优势，支持企业开拓国际市场，同时进一步刺激内需，支持适销对路的出口产品开拓国内市场，鼓励电商平台、大型商业企业等开展外贸产品内销活动。

（三）完善中小企业财税支持、融资促进政策

建立减轻小微企业税费负担长效机制。实行有利于小微企业发展的税收政策，依法对符合条件的小微企业按照规定实行缓征、减征、免征企业所得税、增值税等措施，简化税收征管程序；对小微企业行政事业性收费实行减免等优惠政策，减轻小微企业税费负担；落实好涉企收费目录清单制度，加强涉企收费监督检查，清理规范涉企收费。

完善中小企业直接融资支持政策。大力培育创业投资市场，完善创业投资激励和退出机制，引导天使投资人群体、私募股权、创业投资等扩大中小企业股权融资，更多地投长、投早、投小、投创新。稳步推进以信息披露为核心的注册制改革，支持更多优质中小企业登陆资本市场。鼓励中小企业通过并购重组对接资本市场。稳步推进新三板改革，健全挂牌公司转板上市机制。完善中小企业上市培育机制，鼓励地方加大对小升规、规改股、股上市企业的支持。加大优质中小企业债券融资，通过市场化机制开发更多适合中小企业的债券品种，完善中小企业债券融资增信机制，扩大债券融资规模。

（四）加强政策扶持，着力推进中小企业数字化转型升级

在新冠肺炎疫情的冲击下，中小企业数字化转型意识显著改善，但受限于数字技能、资金储备等多方面因素影响，数字化转型还有很长的路要走，需要政府大力扶持。

针对中小企业实施阶段性税收减免政策，进一步加大对科创型中小企业研发费用加计扣除力度，多措并举，推动中小企业尽快走出困境，减缓中小企业生存压力，逐步缓解中小企业数字化转型的资金约束。

立足长远，推动企业创新可持续发展。政府应加快出台新的数字化战略，在中小企业数字化转型方面要着力推进，一方面要把解决新冠肺炎疫情冲击下暴露的短板问题作为着力点，支持中小企业利用数字技术提升韧性和弹性，以更好地应对外部冲击；另一方面，也要面向长期可持续发展，引导和鼓励企业提升创新驱动发展的能力。

（五）建立保障促进中小企业发展长效机制

健全中小企业知识产权保护制度。完善知识产权保护法律法规和政策，实施中小企业知识产权战略推进工程，加强知识产权服务业集聚发展区建设，强化专利导航工作机制，完善支持中小企业开发自主知识产权技术和产品的政策，提升中小企业创造、运用、保护和管理知识产权的能力。优化中小企业知识产权维权机制，建设知识产权保护中心。构建知识产权纠纷多元化解决机制，强化中小企业知识产权信息公共服务，推进知识产权纠纷仲裁调解工作。提高知识产权审查效率，减轻中小企业申请和维持知识产权的费用负担。

完善中小企业维权救济制度。构建统一的政务咨询投诉举报平台，畅通中小企业表达诉求渠道，完善咨询投诉举报处理程序和督办考核机制。探索建立中小企业公益诉讼制度、国际维权服务机制，鼓励法律服务机构开展小微企业法律咨询公益服务。建立健全中小企业应急救援救济机制，帮助中小企业应对自然灾害、事故灾难、公共卫生事件和社会安全事件等

不可抗力事件。

参考资料

1. 姚菲微. 我国中小企业的国际竞争力探析. 对外经济贸易大学，2014。

2. 中国中小企业协会. http://www.ca-sme.org/content/Content/index/id/31324。

3. 江聃. 国办公布第三批双创示范基地名单. 证券时报，2020-12-25。

4. 工业和信息化部. 以数字化网络化智能化赋能中小企业. 中国信息化，2020-03-20。

5. 中国电子技术标准化研究院. 中小企业数字化转型分析报告（2020）. http://finance.eastm。

6. 工业和信息化部. 关于开展 2020 年中小企业公共服务体系助力复工复产重点服务活动的通知. 中国信息化，2020-04-20。

7. 沈凯元. 中小企业财务管理水平对企业绩效的影响，2017-09-24。

8. 龚兴. 构建优质企业梯度培育体系 促进中小企业专精特新发展. 中国工业报，2020-12-16。

9. 中华人民共和国商务部综合司，国际贸易经济合作研究院. 中国对外贸易形势报告 2020 年秋季，2020。

10. 欣文. 企业数字化转型挑战在哪儿？人民邮电，2020-07-09。

11. 国家信息中心信息化和产业发展部，京东数字科技研究院. 携手跨越重塑增长——中国产业数字化报告，2020。

12. 黄鑫. 促进工业经济平稳运行. 经济日报，2021-01-05。

13. 范毓婷. 建设"两个强国"要啃下"硬骨头"做好"加减法". 通信世界，2021-01-15。

14. 王政. 增强产业链供应链自主可控能力. 人民日报，2021-01-05。

15. 张辛欣，周圆. 啃下"硬骨头"锻造新优势. 新华每日电讯，2021-01-05。

16. 工业和信息化部等 17 部门. 健全支持中小企业发展制度的若干意见. 中华人民共和国公报，2020-09-30。

17. 工业和信息化部，国家知识产权局等 17 部门. 关于健全支持中小企业发展制度的若干意见，2020-07-24。

Ⅱ 专题篇
Thematic Articles

B.2
我国中小企业国际化发展现状及存在问题研究

贾丹 鲁萍[1]

摘 要： 随着"一带一路"建设的不断推进，我国中小企业国际化发展政策支持体系逐步完善。设立中小企业国际化发展促进机构，国际化发展服务体系逐步完善，中小企业参与创新创业与国际对接形式更加丰富，为中小企业国际化发展提供了更为广阔的市场空间。但我国中小企业在国际化发展中也存在一定的问题，如市场中产品同质化严重、品牌意识薄弱，中外中小企业合作区考核评估体系缺乏，国际形势等不可抗因素给参与国际市场的中小企业带来巨大的冲击。未来，需要优化顶层设计，统筹政策资源，加强对参与国际市场中小企业的基础保障；鼓励创新，协助中小企业打造品牌形象；重视培养，夯实外向型中小企业人才基础。

---

[1] 贾丹，国家工业信息安全发展研究中心工程师，中国科学院大学硕士，主要研究方向为中小企业、政策研究等；鲁萍，国家工业信息安全发展研究中心助理工程师，北京航空航天大学硕士，主要研究方向为项目管理与数据分析。

关键词： 中小企业；国际化；双多边合作

Abstract: With the advancement of "area" construction, our country SMEs internationalization development policy support system gradually improve, set up SMEs internationalization promotion agencies, international development service system gradually improve, SMEs to participate in the innovation business docking with the international form is more rich, for SMEs internationalization development providing a broader market space. However, there are also some problems in the internationalization development of SMEs in China, such as serious product homogeneity in the market, weak brand awareness, lack of evaluation system of Sino-foreign SMEs cooperation zone, and irresistible factors such as the international situation, which have a huge impact on SMEs participating in the international market. In the future, we need to optimize the top-level design, coordinate policy resources, and strengthen the basic guarantee for SMEs participating in the international market. Encourage innovation and help SMEs to build brand image; Attach importance to training, tamp the talent base of export-oriented small and medium-sized enterprises.

Keywords: Small and Medium-sized Enterprises; Internationalization; Bilateral and Multilateral Cooperation

一、我国中小企业国际化发展取得显著成效

（一）中小企业国际化发展政策支持体系逐步完善

为贯彻落实国务院关于支持中小企业发展的决策部署，推进"一带一

路"建设和供给侧结构性改革，提高中小企业技术、品牌、营销、服务的国际竞争力，工业和信息化部联合中国银行制定发布了《促进中小企业国际化发展五年行动计划（2016—2020年）》（以下简称《行动计划》），推进各地中小企业主管部门和中国银行各分支机构建立政银企合作机制，强化信息共享和政策协同，发挥中国银行"中小企业跨境撮合服务平台"的作用，创新金融支持方式，改善金融服务，促进中小企业融入全球市场，利用全球要素。《行动计划》由工业和信息化部于2016年8月1日印发实施，《行动计划》从发挥工业和信息化部和中国银行各自优势、加强信息共享、开展跨境撮合、优化金融服务、落实保障措施等方面为中小企业融入全球市场要素提供发展便利。

随着"一带一路"建设的不断推进，我国中小企业迎来了新的发展机遇和广阔的发展空间。为加强我国中小企业与"一带一路"沿线各国的经济技术合作和贸易投资往来，支持中小企业"走出去""引进来"，工业和信息化部、中国国际贸易促进委员会（简称"中国贸促会"）于2017年7月27日联合开展了支持中小企业参与"一带一路"建设专项行动，从助力中小企业赴沿线国家开展贸易投资、为中小企业提供优质服务、提升中小企业国际竞争力等方面做出支持举措。

（二）双多边合作机制逐步取得成效

截至目前，我国已经和美国、德国、韩国等主要发达国家及APEC、欧盟、东盟等建立了14个双多边合作机制，继续鼓励和支持各地方中小企业的主管部门、行业协会、企业与"一带一路"沿线国家建立多层次的合作机制，多年来取得显著成就。一是跨境公路联通工作效果显著，跨境运输服务取得跨越式发展。目前，牙买加、埃塞俄比亚、老挝、马来西亚、文莱等国跨境公路标段等均已建设完工；中巴、中俄、巴基斯坦、马尔代夫等相关跨境联通建设进展顺利。二是航空运输国际业务发展迅速，空中"丝绸之路"网络日趋完善。截至2018年年底，我国已与62个"一带一路"沿线国家签订了双边政府间航空运输协定,与45个国家实现了直航,每周约有5100个航班,国航、南航等多个国内航班均已在沿线国家设立了境外营业部,开展航空运输相关的国际业务。三是双多边合作机制和政策标准对接积极推进。目前我国已与"一带一路"沿线国家签署了涉及铁路、公路、水运、民航、邮政等方面的双多边协定,还与欧盟委员会签署了谅解备忘录,启动了中欧互联互通合作平台;与老挝、缅甸和泰国三国共同编制了《澜沧江—湄公河国际航运发展规划(2015—2025年)》;在万国邮联框架下积极推进国际铁路运邮机制。

(三)设立中小企业国际化发展促进机构

一是作为中小企业参与国际化发展的"对接桥梁",中外中小企业合作区的作用日益凸显。目前,工业和信息化部已在全国范围内建立了14个中外中小企业合作区,以充分发挥合作区作为引进先进技术、管理经验和高科技人才的载体和示范作用,着力培育外向型产业集群。一方面,通过建立中外中小企业合作区,可以定向发展特定产业,助力当地中小企业快速发展。如"一带一路"(祁县)中小企业特色产业合作区以祁县玻璃器皿特色产业为依托,面向"一带一路"沿线64个国家,深入开展产品、资金、项目、技术、人才、市场等方面的国际合作交流。另一方面,通过充分发挥合作区作为"桥梁"的创新引领和示范作用,有助于积极探索与"一带一路"沿线国家中小企业产业合作的新模式、新途径和新举措,帮助更多中小企业快速提升其在经营、技术、人才、产品等方面的能力。

二是设立促进中小企业参与国际化发展的国外机构。我国鼓励和支持中小企业服务机构真正"走出去",在条件成熟的国家和地区设立中国中小企业中心,为中小企业国际化发展提供专业化服务。目前,在工业和信息化部的指导下,中德金属集团在已有的十大欧洲办事处网络的基础上,扩大规模,扩展功能,在德国柏林设立了第一个中国中小企业中心。通过提供政府/合作园区招商服务和企业项目对接服务,积极促进"一带一路"

国际合作，创新服务方式，提升服务能力，为中德两国中小企业及行业协会、服务机构合作对接提供综合性、专业化服务，助力中国中小企业利用德国先进技术、资金、人才等创新要素，建设成为立足德国、辐射欧洲的中国中小企业国际化发展公共服务示范平台，打造在德国（欧洲）的"中国中小企业之家"，同时为有意来华投资的德国（欧洲）中小企业迈进中国市场提供渠道。

（四）中小企业国际化发展服务体系逐步完善

一是支持中小企业参与"一带一路"行动持续推进。2017年，工业和信息化部联合中国贸促会深入实施关于开展支持中小企业参与"一带一路"建设专项行动，以助力中小企业赴沿线国家开展贸易投资、为中小企业提供优质服务及提升中小企业国际竞争力。同时，为了帮助中国企业在参加"一带一路"的建设中，不仅能顺利地"走出去"，而且能在沿线国家成功地投资和开展各种合作项目，中国贸促会开展了为企业提供相关法律服务的专项工作，从分析研究"一带一路"64个沿线国家的整体情况着手，将各国的经贸法律法规归纳整理，按照国别编辑出版，形成《"一带一路"国别经贸法律服务指南》（以下简称《指南》）。《指南》内容丰富且详尽，不仅包括各国的基本国情和基本法律制度，还包括市场准入政策及最新规定、外国投资法律制度、贸易管理法律政策和公司设立、外汇、土地、税收、劳动就业、环境、知识产权、争议解决等领域的制度及注意事项、外国投资者必须了解的相关情况。

二是中小企业跨境撮合金融服务持续完善。2016年8月3日，工业和信息化部联合中国银行制定了《促进中小企业国际化发展五年行动计划（2016—2020年）》（以下简称《行动计划》）。《行动计划》指出要积极开发支持中小企业国际化发展的金融产品，提供全生命周期金融服务，并配套法律、会计、翻译等服务，为有跨境合作需求的中小企业开展远程网上交流、现场"一对一"洽谈、后期实地考察等服务，打造中小企业跨境交流合作平台。当前，中国银行已实现全球首创的"中银全球中小企业跨境撮合服务"，旨在发展普惠金融，服务中小企业。截至目前，中国银行已举办了50余场跨境撮合对接会，在信息科技、生物医药、人工智能、新能源等领域助力企业在贸易、投资、技术引进等方面实现商务合作。2019年4月12日，在第八次中国—中东欧国家领导人会晤期间，中国银行在克罗地亚杜布罗夫尼克成功举办"2019年中国—中东欧国家中小企业跨境对接会"，来自中国与中东欧16个国家的中小企业代表参与对接会。对接会累计进行"一对一"洽谈141轮次，为我国中小企业国际化发展提供了强大推进作用。

（五）中小企业参与创新创业与国际对接形式更加丰富

"创客中国"国际中小企业创新创业大赛通过与国内外科研院所、高校等机构共同合作，为中国与世界搭建一座创新资源对接桥梁。2019"创客中国"国际中小企业创新创业大赛创新性地引入了政府园区政策悬赏及企业技术悬赏，以大赛为抓手，搭建了中外科创交流合作桥梁，助力政府园区"招才引智"、协助企业精准对接全球创新资源，推动了中外科技创新合作近2亿元，催生了新产业、新业态，且在10个国家和地区设立了分赛区，吸引了很多创新项目来参赛。2020年"创客中国"国际中小企业创新创业大赛于7月1日至12月31日举办，依旧启动了境外区域赛，为国外的初创企业、创业者与中国的中小企业创新合作搭建了一个很好的平台。

（六）鼓励中小企业通过多种方式拓展海外市场

自2004年起，由工业和信息化部、国家工商行政管理总局、广东省人民政府等部门主办的中国国际中小企业博览会（简称"中博会"）至今已经成功举办了十余届。在政府推动和市场运作的合力作用下，中博会为国内外中小企业构建了一个"展示、交易、交流、合作"的平台，在增进企业间的相互了解、加强交流合作、促进共同发展、推动国际化交流合作等方面发挥了重要作用。目前，中博会是亚太地区规模最大、规格最高、影响最广的中小企业国际盛会，得到了多国中小企业的支持和信赖。从2004年起，中博会已先后邀请法国、意大利、日本、韩国、西班牙、澳大利亚、泰国、厄瓜多尔、越南、印度尼西亚等国联合办展，为各国中小企业提供了相互借鉴和交流合作的宝贵机会。

无独有偶，作为国际化、专业化的交流合作平台，APEC中小企业技术交流暨展览会也为中小企业国际化发展提供了广阔平台。2020年10月22日至24日，2020第十一届APEC中小企业技术交流暨展览会在西安举办。APEC中小企业技术交流暨展览会是APEC框架下的中小企业领域的重要合作项目，自1996年以来已成功举办了十届，分别在青岛、福州、成都、义乌、深圳、沈阳等地举办，得到了APEC各成员经济体的积极参与和肯定。第十一届APEC中小企业技术交流暨展览会参会人员包括来自21个APEC成员经济体的代表及"一带一路"沿线国家和地区的代表，会议聚焦新冠肺炎疫情结束后中小企业发展的难点和痛点，在政策、技术、资金等各方面，提升专业化、国际化、市场化水平，为企业提供一个产品展示、成果共享和相互融合的平台。

（七）"一带一路"为跨境电商中小企业发展提供了更为广阔的市场空间

截至2020年5月，我国已先后与138个国家、30个国际组织签署了共建"一带一路"合作文件。"一带一路"沿线国家人口众多，为跨境电商中小企业发展提供了广阔市场。同时，"一带一路"沿线国家和地区多为新兴经济体，对品类齐全、物美价廉的中国产品需求较为旺盛，海量的消费需求必将催生一批世界级的中国企业和中国品牌。自新冠肺炎疫情发生以来，境外消费者许多消费行为转至线上，进一步推动了我国跨境电商中小企业的发展。据海关统计，2021年上半年我国跨境电商出口交易规模增长28.7%，远高于外贸整体水平，广大中小企业正加速抢滩"一带一路"

沿线跨境电商市场。

二、我国中小企业国际化发展中产品同质化严重，国际形势等不可抗因素带来巨大冲击

（一）中小企业在国际市场中产品同质化严重、品牌意识薄弱

一是中小企业在国际市场中产品同质化严重。跨境电商中小企业大多会迅速根据市场情况采购畅销产品进行销售，导致跨境电商平台上雷同产品比较多，缺乏差异化的雷同产品还会造成激烈的价格竞争，在国内企业间形成恶性循环。二是我国中小企业在国际市场中品牌意识薄弱。我国参与国际市场的中小企业数量众多，但有很多中小企业因资金不足，专业化程度不高，疏于创新发展，缺乏核心竞争力。这些企业大多处在全球价值链的低端，缺乏创新能力和自主品牌，品牌意识薄弱。随着全球市场的逐步升级和演变，国外消费者不光追求购买产品的高性价比，对于购买高品质的品牌产品的追求也越演越烈，然而很多国内中小企业销售的产品没有品牌，或是有品牌，但从未对品牌进行过宣传与维护。

（二）中外中小企业合作区考核评估体系有待构建

中外中小企业合作区建设已经成为我国深入推进"一带一路"建设的重要抓手，对其进行考核评估有助于合作区践行国家战略，在国家层面加强对合作区的总体谋划和战略考虑，优化合作区扶持政策，转变合作区发展方式。当前，针对中外中小企业合作区建设的考核评估体系尚属空白。尽管中外中小企业合作区建立以来，各级政府已先后出台了多项政策文件，然而这些文件仅从工作层面提出措施，缺乏精准性和科学性，政策实施的可行性与科学性有待考究，缺乏科学、统一的标准化评估体系对其进行验证与优化。

（三）国际形势等不可抗因素给参与国际市场的中小企业带来巨大冲击

一是国际贸易争端给跨境电商平台带来发展阻碍，直接导致跨境电商中小企业面临价格冲击。一旦成本上升，价格优势不再，缺乏核心竞争力的跨境电商就会陷入困境。如：美国对中国商品大规模征收关税，使出口美国的跨境电商卖家们面临高额的赋税成本，同时，由于美国加征关税，中国出口美国的产品在美国清关等方面也将会受到一定的影响。二是国家间政治冲突等不可抗因素事件"殃及池鱼"，跨境电商平台及中小企业面临打击。如：印度边境挑衅事件背景下，印度政府发布针对中国 App 的禁令，导致 Club Factory、Shein 等跨境电商平台受印度禁令影响被迫直接宣布暂停印度业务，这对于部分以印度为主要市场、资金流短缺、抗风险能力较弱的跨境电商中小企业来讲无疑是晴天霹雳。

三、优化顶层设计，协助中小企业打造国际化品牌形象

（一）优化顶层设计，统筹政策资源，加强对参与国际市场中小企业的基础保障

一是政府部门应进一步加大外向型企业相关财政、金融、税收等政策扶持力度，不断提升关检便利度、完善出口退税制度，为中小企业参与国际市场创造良好的政策环境和经济环境；二是完善外向型中小企业相关法律法规，积极推动多边贸易机制和区域贸易安排框架下的磋商合作，以更好地应对国际经贸规则差异；三是进一步贯彻落实大中小企业融通发展，积极探索大型国企与中小企业资本统筹的模式，以国企、央企联动中小企业的形式带动更多企业"走出去"，从而形成更大的规模效应。

（二）多措并举、鼓励创新，协助中小企业打造品牌形象

一是建议政府部门设立相关专利基金和奖励项目，鼓励企业创新，激

励企业打造品牌形象,帮助企业完成产品的品牌认证和知识产权保护;二是规范不同行业外向型中小企业出口产品标准,做好质量认证等工作;三是充分发挥中国跨境电子商务综合试验区、中外中小企业合作区、一带一路·中小企业合作平台、中国中小企业协会"一带一路"工作委员会等平台的作用,帮助中小企业认清自身及所在行业的优势和劣势,打造属于自己的品牌,强化品牌战略意识,做到精而专;四是指导各综试区、电商平台等推出"国货出海计划"等活动,为更多中小企业品牌出海打开专属通道,促使其在品牌维度上转型升级,成为"新国货"。

(三)政策激励、重视培养,夯实外向型中小企业人才基础

一是建议政府部门,尤其是中西部发展相对滞后地区的政府部门出台更多优惠措施,通过解决人才的落户、住房、子女上学等问题,吸引相关人才在当地中小企业就业,缓解我国地域人才分布不均衡的问题;二是鼓励校企合作,让企业参与学校制定更加符合企业需求的高精准人才培养计划,同时加强学生对"一带一路"沿线国家的经济制度、法律法规、风俗习惯、语言等方面的知识和技能的学习与培养;三是充分利用一带一路·中小企业合作平台等的作用,提供更多线上/线下培训及交流机会,鼓励员工学习跨境贸易相关的知识和技能,鼓励企业之间相互联系、共同提升。

数字化成为推动中小企业转型发展的新动能

王予正　高卉杰[1]

摘　要： 2020年，受新冠肺炎疫情影响，全球经济低迷，中小企业IT支出同比下滑。随着新冠肺炎疫情逐渐被控制住，特别是新冠疫苗的普及，未来，中小企业数字化转型支出将逐渐恢复并保持稳定增长。我国中小企业总体上处于数字化转型的基础起步阶段，"专精特新""小巨人""单项冠军"等优质中小企业由于具备较强的技术人才和资金优势，在数字化方面优势明显，产品直接面对终端用户的行业数字化水平较高。在支撑中小企业疫情防控和复工复产方面，数字化生产运营工具、云平台、在线新业态等新一代信息技术的应用发挥了重要作用，政府也出台了大量举措支持中小企业数字化转型。后疫情时代，中小企业数字化转型的机遇与挑战并存，必须加强长短期政策配套、提升供给质量、强化创新驱动、构建转型生态，多措并举，推动我国中小企业数字化转型，实现高质量发展。

关键词： 数字化；数字化转型；中小企业

---

[1] 王予正，国家工业信息安全发展研究中心工程师，中国农业科学院农业信息研究所硕士，主要研究方向为中小企业服务体系、企业数字化、数字化平台；高卉杰，国家工业信息安全发展研究中心工程师，北京科技大学博士（后），主要研究方向为中小企业、产业分析、创新管理、政策研究等。

B.3 数字化成为推动中小企业转型发展的新动能

Abstract: In 2020, due to the impact of the new crown epidemic and the global economic downturn, IT expenditures of small and medium-sized enterprises have declined year-on-year. As the epidemic is gradually contained, especially the popularization of vaccines, future digital transformation expenditures of small and medium-sized enterprises will gradually recover and maintain steady growth. Chinese small and medium-sized enterprises are generally in the initial stage of digital transformation. High-quality small and medium-sized enterprises such as specializing in new "little giants" and single champions have obvious advantages in digitalization due to their strong technical talents and financial advantages, and their products directly face the terminal. The user's industry has a relatively high level of digitization. In supporting the prevention and control of SMEs and the resumption of work and production, the application of new generation of new information technologies such as digital production and operation tools, cloud platforms, and new online formats has played an important role. The government has also introduced a large number of measures to support the digital transformation of SMEs. In the post-epidemic era, opportunities and challenges for the digital transformation of SMEs coexist. It is necessary to strengthen long-term and short-term policy support, improve the quality of supplys, strengthen innovation drives, build a transformation ecosystem, and take multiple measures to promote the digital transformation of Chinese SMEs and achieve high-quality development.

Keywords: Digitalization; Digital Transformation; Small and Medium-sized Enterprises

一、中小企业 IT 支出同比下滑，未来数字化转型支出增速可期

2020 年，受新冠肺炎疫情影响，全球经济整体低迷，整体中小企业 IT 支出同比下滑。随着新冠疫苗的普及，企业对于数字化投入开始逐渐重视。Gartner 数据显示，2021 年全球中小企业 IT 支出将开始复苏，而且软件支出将成为增速最快的细分领域。ReportLinker 数据显示，2020 年全球中小企业 IT 支出达到 6100 亿美元，预计 2027 年将达到 8239 亿美元，年均复合增长率达到 4.4%。

从国别来看，中美中小企业的 IT 支出仍然有较大的差距。2020 年，美国中小企业 IT 支出为 1794 亿美元，占全球支出总额的 29.4%；中国为 1099 亿美元，占总额的 18.02%（见图 3-1）。

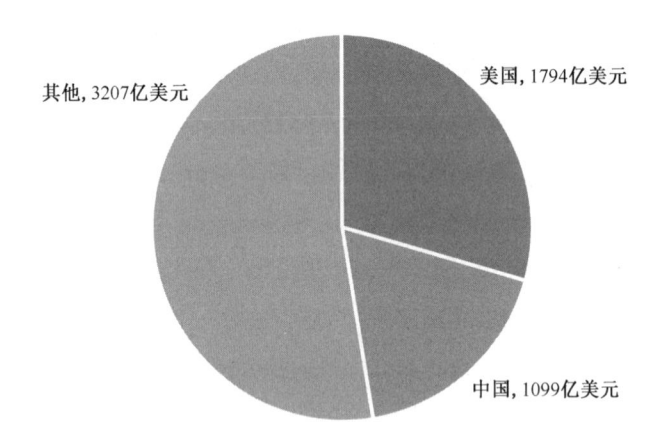

图 3-1 2020 年中美中小企业 IT 支出占比情况

从细分市场来看，硬件、软件产品类支出仍然占据中小企业 IT 支出的大头，占比高达 63.8%，合计为 3893 亿美元（见图 3-2）。而服务类支出占比不到 40%，其中 IT 服务、商业服务类支出分别占比为 27.4% 和 8.8%。

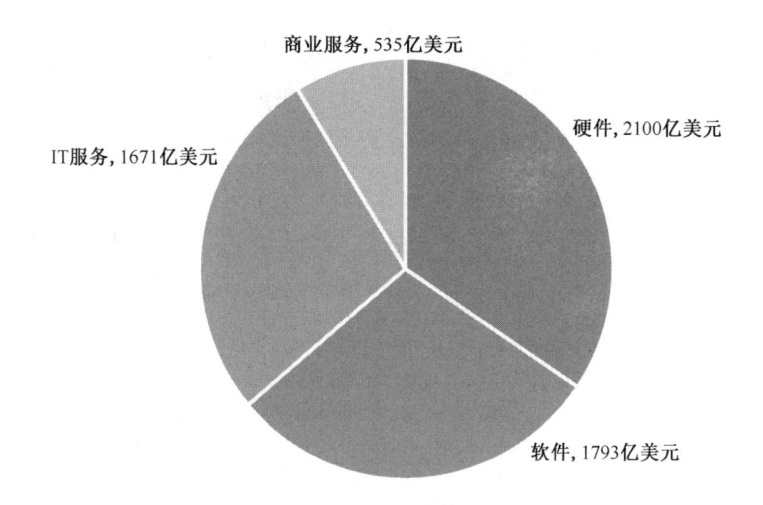

B.3 数字化成为推动中小企业转型发展的新动能

图 3-2 2020年中小企业IT支出细分市场占比情况

随着新冠疫苗的普及，新冠肺炎疫情对经济的影响逐渐减弱，企业对数字化投入更加重视，预计2021年中小企业的IT支出将逐渐复苏。Gartner数据显示，2021年，中小企业的IT支出预计增长5.2%，从2021年到2024年，年复合增长率将达到3.7%，而且软件支出将成为增速最快的细分领域。

聚焦国内，新冠肺炎疫情给我国IT市场带来较大的影响，但是"危中有机"，抗击新冠肺炎疫情的同时促进了中小企业加快数字化转型升级，基于云服务的各种实践活动诸如远程办公、远程会议/会展、远程医疗、远程教育等获得了广泛应用和快速发展。随着我国在世界范围内率先从新冠肺炎疫情中恢复（国家统计局数据显示，初步核算，全年国内生产总值为1015986亿元，按可比价格计算，比2019年增长2.3%），特别是加快5G网络、数据中心等新型基础设施建设进度等措施的深度实施，将会推动我国中小企业的IT支出进一步增长，数字化转型升级进程进一步加快。

二、中小企业整体上处于数字化转型基础起步阶段，优质中小企业占得先机

最近的官方数据显示，中国中小企业的数量已经超过了3000万家，

个体工商户数量超过 7000 万户，中小企业（含个体工商户）已经超过 1 亿户。中小企业主体数量众多，数字化水平参差不齐，整体上处于起步建设，少部分领先的中小企业从数字化转型中获得了收益。

知名市场机构 IDC 的调查显示，2020 年亚太地区超过一半的中小企业正处于数字化成熟度的主动观察阶段，但仍有几乎 31% 的中小企业在被动响应市场变化，且几乎没有做出任何进行数字化转型的努力（见图 3-3）。从国家和地区来看，中国大陆中小企业数字化成熟度整体上处于主动观察阶段，排名在新加坡、日本、新西兰、澳大利亚之后（见图 3-4）。

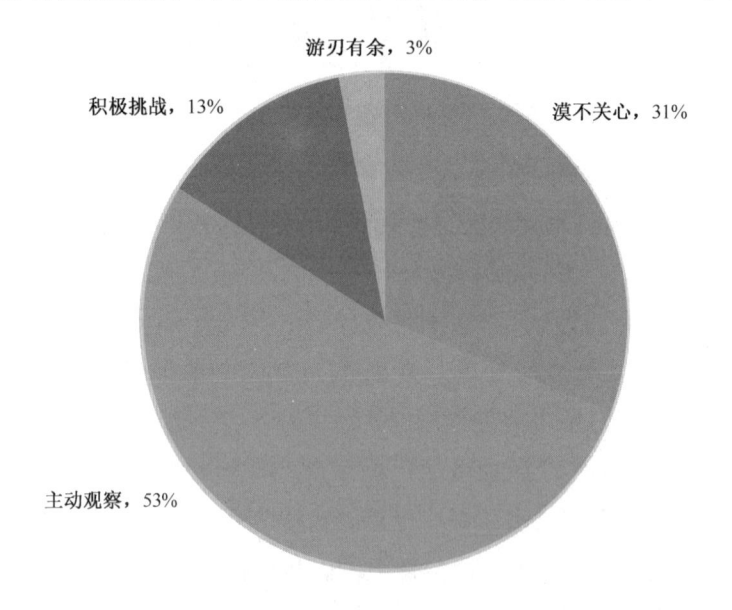

图 3-3　2020 年亚太地区中小企业数字化成熟度所处阶段分布情况

资料来源：IDC。

从行业来看，食品、汽车、电子、仪器仪表、运输设备、医药等行业处于排头兵地位，主要是由于其产品直接面向终端用户，产品更新换代快，产品加工流程复杂，企业数字化转型的意识强、起步早，在智慧车间、智慧工厂、数字化生产线等方面积累了大量的经验，整体的数字化水平较高（见图 3-5）。

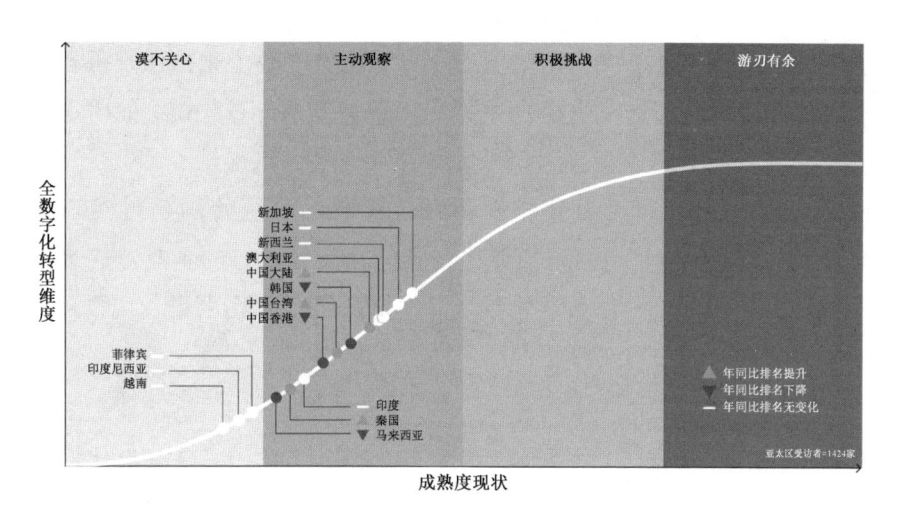

B.3 数字化成为推动中小企业转型发展的新动能 ★

图 3-4 2020 年亚太各国家和地区中小企业数字化成熟度所处阶段

资料来源：IDC。

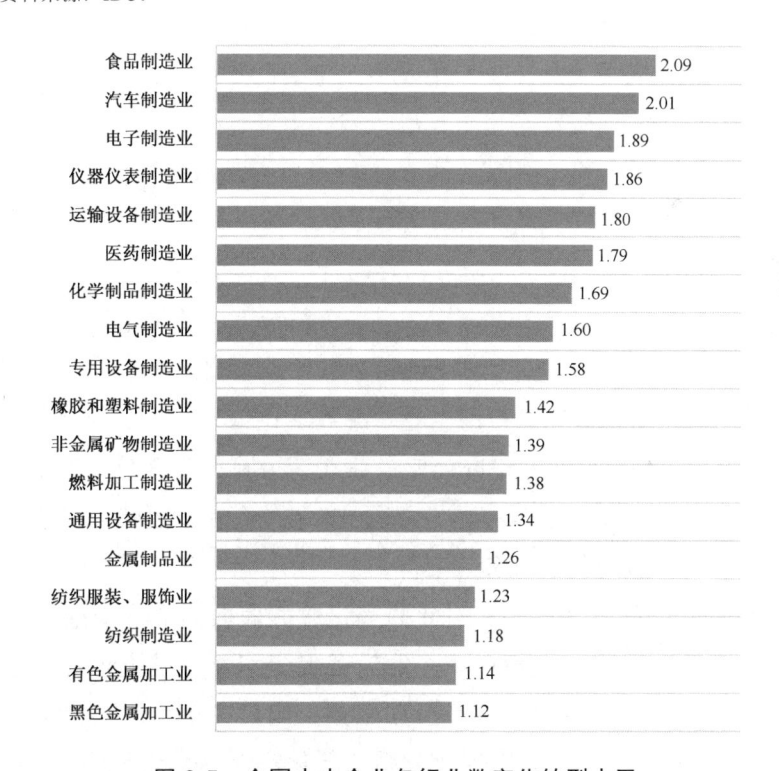

图 3-5 全国中小企业各行业数字化转型水平

行业	数值
食品制造业	2.09
汽车制造业	2.01
电子制造业	1.89
仪器仪表制造业	1.86
运输设备制造业	1.80
医药制造业	1.79
化学制品制造业	1.69
电气制造业	1.60
专用设备制造业	1.58
橡胶和塑料制造业	1.42
非金属矿物制造业	1.39
燃料加工制造业	1.38
通用设备制造业	1.34
金属制品业	1.26
纺织服装、服饰业	1.23
纺织制造业	1.18
有色金属加工业	1.14
黑色金属加工业	1.12

资料来源：江赛智库。

045

"专精特新""小巨人""单项冠军"等优质中小企业往往具备较强的技术人才和资金优势，在中小企业数字化转型方面先行先试，取得了较好的成效。以工业中小企业为例，两化融合服务平台数据显示，小微企业和中型企业中达到了集成提升和创新突破阶段的比例分别超过17.9%和31.6%，隐形冠军企业中达到集成提升和创新突破阶段的企业占比为小微企业平均水平的3倍，在信息化投入、关键环节信息化水平、互联网应用方面优势显著。

三、新一代信息技术赋能中小企业，助力疫情防控和复工复产

2020年，互联网、云计算、大数据、人工智能等新一代信息技术在助力中小企业疫情防控和复工复产中发挥了重要的作用。

支持中小企业利用数字化工具尽快恢复生产运营。在新冠肺炎疫情防控期间，多数中小企业运用线上办公、财务管理、智能通信、远程协作、视频会议、协同开发等产品和解决方案，加快恢复生产，实现运营管理数字化。与此同时，鼓励数字化服务商在新冠肺炎疫情防控期间向中小企业减免使用费。山东省中小企业公共服务平台组织万名数字企业服务专员通过线上和线下方式对接企业需求，精准对接平台服务资源，并组织专家制定"一企一案"解决方案，帮助企业掌握数字化工具。北京市政府门户网站"首都之窗"分批发布网络办公服务商在新冠肺炎疫情期间免费提供的远程办公和视频会议等服务产品，推动更多服务商在新冠肺炎疫情期间为中小微企业提供临时优惠服务。

引导中小企业上云用云。引导数字化服务商面向中小企业推出云制造平台和云服务平台，支持中小企业设备上云和业务系统向云端迁移，帮助中小企业从云上获取资源和应用服务，满足中小企业研发设计、生产制造、经营管理、市场营销等业务系统云化需求。新冠肺炎疫情期间，全国有超过220万个中小企业在经营中运用云平台服务；中国电信从

2020年2月19日起为全国的中小企业提供3个月的免费云服务；湖南省动员工业互联网平台和云服务商在新冠肺炎疫情期间为中小企业提供免费服务，先后征集发布59项云平台服务、72个云服务产品、12个5G典型应用场景；安徽省组织一批政府认定的上云服务单位，免费为企业提供上云服务。

扶持数字经济中的新模式、新业态。新冠肺炎疫情防控期间，在线办公、在线教育、远程医疗、无人配送、新零售等新模式、新业态加速发展，共享制造、个性化定制等服务型新业态层出不穷。浙江省提出，充分发挥阿里巴巴、网易等平台公司的作用，支持企业加大网上销售、更好地拓展市场。

四、国家密集出台支持举措，强力推动中小企业数字化转型

2020年，由于新冠肺炎疫情，实体经济受到了很大的影响，中小企业首当其冲。为了统筹推进疫情防控和经济社会发展，帮扶中小企业抗疫复产，工业和信息化部、国家发展和改革委员会、中共中央网络安全和信息化委员会办公室（以下简称"中央网信办"）相继发布促进新一代信息技术应用赋能中小企业转型的政策，不难看出，中小企业数字化水平的提升成为应对疫情的重要举措（见表3-1）。

表3-1　2020年我国推动中小企业数字化转型升级的主要政策

序号	发布时间	标题	相关内容
1	2020-02-9	关于应对新型冠状病毒肺炎疫情帮助中小企业复工复产共度难关有关工作的通知	大力推广面向中小企业的互联网平台服务，积极推行网上办公、视频会议、远程协作和数字化管理，以此为基础全面提升中小企业管理信息化水平。支持产业集群内中小企业以网络化协作弥补单个企业资源和能力不足，通过协同制造平台整合分散的制造能力，实现技术、产能与订单共享

续表

序号	发布时间	标题	相关内容
2	2020-03-19	中小企业数字化赋能专项行动方案	明确了13项重点任务和4项推进措施，强调着力运用信息技术加强疫情防控，促进企业尽快恢复生产运营；加快发展在线办公、在线教育等新模式，培育壮大共享制造、个性化定制等服务型制造新业态；搭建供应链、产融对接等数字化平台，帮助企业打通供应链，对接融资链；强化网络、计算和安全等数字资源服务支撑，加强数据资源共享和开发利用；推动中小企业实现数字化管理和运营，提升智能制造和上云用云水平，促进产业集群数字化发展
3	2020-04-10	关于推进"上云用数赋智"行动 培育新经济发展实施方案	明确了5项工作举措，一是服务赋能，推进数字化转型伙伴行动；二是示范赋能，组织数字化转型示范工程；三是业态赋能，开展数字经济新业态培育行动；四是创新赋能，突破数字化转型关键核心技术；五是机制赋能，强化数字化转型金融供给
4	2020-04-21	工业和信息化部中小企业局关于印发《中小企业数字化赋能服务产品及活动推荐目录（第一期）》的通知	为贯彻党中央、国务院有关复工复产和提升中小企业专业化能力决策部署，深入实施《中小企业数字化赋能专项行动方案》，征集筛选8大类、118家服务商的137项服务产品及活动
5	2020-07-24	17部门印发《关于健全支持中小企业发展制度的若干意见》	构建以信息技术为主的新技术应用机制。支持中小企业发展应用5G、工业互联网、大数据、云计算、人工智能、区块链等新一代信息技术及新材料技术、智能绿色服务制造技术、先进高效生物技术等，完善支持中小企业应用新技术的工作机制，提升中小企业数字化、网络化、智能化、绿色化水平。支持产业园区、产业集群提高基础设施支撑能力，建立中小企业新技术公共服务平台，完善新技术推广机制，提高新技术在园区和产业链上的整体应用水平

续表

序号	发布时间	标题	相关内容
6	2020-07-24	工业和信息化部中小企业局关于印发《中小企业数字化赋能服务产品及活动推荐目录(第二期)》的通知	征集筛选稳就业促就业、产融对接、供应链对接、数字化运营、上云用云、数字化平台、数字化物流、网络和数据安全共8大类、105家服务商的117项服务产品及活动

2020年2月9日,工业和信息化部发布了《关于应对新型冠状病毒肺炎疫情帮助中小企业复工复产共渡难关有关工作的通知》,3月19日发布了《中小企业数字化赋能专项行动方案》。2020年4月10日,国家发展和改革委员会与中央网信办发布了《关于推进"上云用数赋智"行动 培育新经济发展实施方案》,明确要求国家数字经济创新发展试验区要积极行动,大胆探索,拿出硬招、实招、新招,赋能中小微企业转型升级。2020年7月24日,17部门印发《关于健全支持中小企业发展制度的若干意见》,推动形成支持中小企业发展的常态化、长效化机制,其中明确提到构建以信息技术为主的新技术应用机制。

可以预见,随着政策的深入落地,中小企业数字化转型将迎来一波政策红利,各地政府将成为推动中小企业数字化转型发展的一支重要力量。

五、后疫情时代中小企业数字化转型机遇与挑战并存

中小企业在吸纳就业、稳定增长、促进创新方面发挥了重要作用,新冠肺炎疫情对中小企业的生存发展提出了新的要求,后疫情时代,加快推动中小企业数字化转型具有重要意义。一方面,中小企业在应对新冠肺炎疫情冲击时呈现数字化程度越低,抗冲击能力越弱的特点,中小企业分化明显,更突显数字化转型的急迫性。另一方面,国家密集发布相关支持中小企业应对疫情共渡难关的政策,数字化赋能中小企业高质量发展是政策落地的重要一环。

机遇一：中小企业数字化转型逐渐成为主流共识。在此次疫情中，数字化程度较深的企业展现出极强的韧性，在恢复正常生产运营、抵抗突发风险方面比传统企业强很多，形成了一定的示范效应。此外，疫情防控促进了线上市场大发展，大量中小企业主动或者被迫开始积极应用数字技术，比如使用在线办公、视频会议、电子商务、云计算等。大型互联网平台或工业互联网平台积极发挥平台优势，为中小企业线上对接物流、资金流、商品流等。

机遇二：新基建进一步夯实数字化转型的基础。为对冲新冠肺炎疫情冲击，推动经济转型发展，5G、人工智能、大数据、工业互联网等数字基础设施建设加快，这些新型基础设施将进一步成为中小企业数字化转型的有力支撑。例如，工业互联网同时集成了平台、网络、安全等数字化能力，中小企业通过上云、入网、工业App，能显著降低数字化转型的门槛。当大量的社会资源投入到数字基建上时，全社会的数字技术和资源的可获得性进一步增高，获取成本逐渐降低，利好中小企业数字化转型。

挑战一：经济增速放缓导致资金面紧张，数字化转型投资能力下降。新冠肺炎疫情导致我国经济增速放缓，国家统计局数据显示，2020年我国GDP同比增长2.3%，远远低于近几年6%以上的增速，在餐饮、住宿、休闲等消费服务领域及部分出口导向的制造业领域，中小企业受到巨大冲击，大量企业面临现金流断裂，甚至破产倒闭的困难局面。由于中小企业抗风险能力相对较弱，面对疫情冲击时，企业生存是第一位的，必然会压缩数字化转型投资支出，使转型步伐变慢。

挑战二：数字化转型能力不足，可持续发展面临压力。随着后疫情时代的到来，生产生活恢复正轨，许多短期的数字化应急需求回落，产供销回到新冠肺炎疫情发生之前的状态。中小企业普遍面临的转型人才欠缺、数据采集基础薄弱、技术应用水平较低等问题将会凸显，数字化转型能力不足将持续存在。

六、多措并举推动我国中小企业数字化转型，实现高质量发展

加强长短期政策协调配套，组合拳推进中小企业数字化转型升级。短期政策要着力纾难解困，加大信贷支持力度，针对中小企业实施阶段性税收减免政策，进一步加大对科创型中小企业研发费用加计扣除力度，减缓中小企业生存压力，逐步缓解中小企业的资金流压力。长期政策要鼓励、支持和引导中小企业进行科技创新和数字化转型。一方面，政府应当承担服务者的角色，优化营商环境，通过科技孵化和产业园区建设等促进中小企业与成熟企业之间的良性互动及价值共创。另一方面，政府应针对重点技术和难点技术，集中力量办大事，充分发挥政府、研究机构和企业之间的协同作用，降低信息建设成本，改变传统经营方式，实现技术突破。

提升供给质量，全面降低中小企业数字化转型壁垒。从供给端着力，不断升级数字基础设施、数字化产品和服务质量，是促进中小企业数字化转型的关键举措。一是加快推进数字基建建设。大力发展数字经济，拓展5G应用，加快工业互联网数据中心等建设进度。二是推动数字化工具创新升级。面向研发设计、生产制造、市场营销、售后服务、物流运输等经营环节，培育一批优质数字化服务供应商。一方面，推动供应商构建实用易用、成本低廉的数字化产品、工具和服务；另一方面，针对不同行业中小企业数字化转型的痛点、堵点，支持供应商提供定制化、普惠型的解决方案。

强化创新驱动，推动中小企业数字化转型创新发展。在后疫情时代，要着力引导中小企业通过创新驱动，以提升可持续竞争力为核心，打造新型能力，逐步成长为某个行业或领域的"小巨人"企业。一是遴选一批中小企业数字化转型标杆企业，总结一批创新做法和典型经验，基于典型应

用场景和示范效应引导中小企业创新发展。二是加大对中小企业数字化转型的支持力度。充分利用国家（地方）中小企业专项资金，通过"创新券""创通票"等模式，支持优质中小企业加快数字化转型，通过数字技术的应用进行产品创新、服务创新，实现为客户的价值创造，实现长期可持续发展。

B.4 我国中小企业"双创"发展现状及面临的挑战

孙一赫　王恒　晏晓峰[1]

摘　要： 自2014年9月李克强总理提出"大众创业、万众创新"倡议以来，各级政府相继出台了一系列支持"双创"的政策法规，创造了良好的政策环境，在我国掀起了一场中小企业创新创业的浪潮。经过几年的发展，我国中小型创业企业数量大幅增加、质量稳步提升。2020年蚂蚁金服、陆金所、贝壳找房等明星独角兽企业相继冲刺IPO上市，我国创业企业的质量令世界侧目；创新创业新模式不断涌现，企业"专精特新"趋势显现，形成了以一线城市为龙头的创新创业城市集群；创新创业生态体系也日臻完善，市场化的投融资机构和众创空间蓬勃发展。然而，中小企业创新创业也面临着不少挑战：一是中小企业商业模式单一，创新能力较差；二是创业主体得到的实质性支持有待加强；三是受新冠肺炎疫情的影响，部分行业受到明显冲击。面对这些挑战，应当加强顶层设计、完善创新创业扶持政策，建立政策制定、政策落实的横向协同和上下联动机制，搭建双创合作平台吸引更多高新人才参与创新创业，完善多层次市场融资配套制度、拓宽创业企业融资渠道等政策建议，推动中小企业创新创业事业的进一步发展。

---

[1] 孙一赫，国家工业信息安全发展研究中心工程师，中国人民大学硕士，主要研究方向为宏观经济政策、中小企业发展等；王恒，国家工业信息安全发展研究中心工程师，主要研究方向为大数据技术方向；晏晓峰，国家工业信息安全发展研究中心高级工程师，主要研究方向为大数据分析与研究。

关键词： 中小企业； 双创； 大众创业、万众创新

Abstract: Since Premier Li Keqiang proposed "mass entrepreneurship and innovation initiatives" in September 2014, governments at all levels have successively issued a series of policies and regulations to support mass entrepreneurship and innovation. After several years of development, the number of small and medium-sized enterprises in China has increased significantly. In 2020, unicorn companies such as Ant Financial, Lufax, and Beike have sprinted for IPO. However, small and medium-sized enterprises also face many challenges: First, the business model of SMEs is single and their innovation capabilities are poor; second, the substantive support received by entrepreneurs needs to be strengthened; third, due to the impact of the new crown pneumonia epidemic, some industries have been significantly impacted. In the face of these challenges, our government should strengthen top-level design, improve innovation and entrepreneurship support policies, establish a horizontal coordination and upper-level linkage mechanism for policy formulation and policy implementation, build a dual-innovation cooperation platform to attract more high-tech talents to participate in innovation and entrepreneurship, and improve multi-level market financing policies.

Keywords: Small and Medium-sized Enterprises; Mass entrepreneurship and innovation

一、我国"大众创业、万众创新"政策不断完善

自 2014 年 9 月李克强总理在夏季达沃斯论坛上提出"大众创业、万众创新"倡议以来,我国掀起了大众创业的新浪潮。党和国家高度重视中小企业创新创业,近年来,有关推进"大众创业、万众创新"的内容多次出现在政府工作报告中。2020 年政府工作报告中进一步提出"发展创业投资和股权投资,增加创业担保贷款。深化新一轮全面创新改革试验,新建一批双创示范基地","双创"已成为新时代我国经济社会发展的关键词之一。同时,各级政府也相继出台了一系列支持"双创"的政策法规,为广大中小企业创新创业营造了良好的政策环境。

从政策层面来看,2015 年国务院发布的《关于发展众创空间推进大众创新创业的指导意见》,为我国"大众创业、万众创新"指明了方向,各级政府积极发展双创孵化器、众创空间、创业咖啡厅等创业服务平台,支持中小型创业企业的发展。2018 年 9 月国务院印发了《关于推动创新创业高质量发展打造"双创"升级版的意见》,着重强调要"进一步激发市场活力和社会创造力,推动创新创业高质量发展",对新形势下我国中小企业创新创业做出了新的战略部署。从 2015 年 3 月到 2020 年 12 月,国务院出台的与"双创"直接相关的政策多达十余项,反映出党中央国务院对"双创"事业的高度重视(见表 4-1)。

表 4-1 国务院 2015—2020 年双创支持政策

政策	发文机关	发文字号	发布日期
国务院办公厅关于发展众创空间推进大众创新创业的指导意见	国务院办公厅	国办发〔2015〕9 号	2015-03-11
国务院关于进一步做好新形势下就业创业工作的意见	国务院	国发〔2015〕23 号	2015-05-01
国务院办公厅关于深化高等学校创新创业教育改革的实施意见	国务院办公厅	国办发〔2015〕36 号	2015-05-13

续表

政策	发文机关	发文字号	发布日期
国务院关于大力推进大众创业万众创新若干政策措施的意见	国务院	国发〔2015〕32号	2015-06-16
国务院办公厅关于支持农民工等人员返乡创业的意见	国务院办公厅	国办发〔2015〕47号	2015-06-21
国务院关于积极推进"互联网+"行动的指导意见	国务院	国发〔2015〕40号	2015-07-04
国务院关于加快构建大众创业万众创新支撑平台的指导意见	国务院	国发〔2015〕53号	2015-09-26
国务院办公厅关于加快众创空间发展服务实体经济转型升级的指导意见	国务院办公厅	国办发〔2016〕7号	2016-02-18
国务院办公厅关于建设大众创业万众创新示范基地的实施意见	国务院办公厅	国办发〔2016〕35号	2016-05-12
国务院办公厅关于支持返乡下乡人员创业创新促进农村一二三产业融合发展的意见	国务院办公厅	国办发〔2016〕84号	2016-11-29
国务院办公厅关于建设第二批大众创业万众创新示范基地的实施意见	国务院办公厅	国办发〔2017〕54号	2017-06-21
国务院关于强化实施创新驱动发展战略进一步推进大众创业万众创新深入发展的意见	国务院	国发〔2017〕37号	2017-07-27
国务院关于推动创新创业高质量发展打造"双创"升级版的意见	国务院	国发〔2018〕32号	2018-09-26
国务院办公厅关于提升大众创业万众创新示范基地带动作用进一步促改革稳就业强动能的实施意见	国务院办公厅	国办发〔2020〕26号	2020-07-30

在国家部门层面，财政部、工业和信息化部、科学技术部、人力资源和社会保障部、商务部、中国银行保险监督管理委员会、中国证券监督管理委员会、国家市场监督管理总局、国家知识产权局等十余个国家主管机关结合自身职能定位，近年来均出台了一系列支持"大众创业、万众创新"

的相关法规、政策、指导意见。以工业和信息化部为例，2015年4月至2020年12月共出台"双创"相关政策11项（见表4-2）。

表4-2 工业和信息化部2015—2020年双创支持政策

政策	发文机关	发文字号	发布日期
工业和信息化部关于印发《国家小型微型企业创业示范基地建设管理办法》的通知	工业和信息化部	工信部企业〔2015〕110号	2015-04-13
工业和信息化部关于做好推动大众创业万众创新工作的通知	工业和信息化部	工信部企业〔2015〕167号	2015-05-19
工业和信息化部办公厅关于做好小微企业创业创新基地城市示范有关工作的通知	工业和信息化部办公厅	工信厅企业函〔2015〕739号	2015-10-20
工业和信息化部关于印发《国家小型微型企业创业创新示范基地建设管理办法》的通知	工业和信息化部	工信部企业〔2016〕194号	2016-06-02
两部门关于开展2017年中小企业与高校毕业生创业就业对接服务工作的通知	工业和信息化部办公厅、教育部办公厅	工信厅联企业函〔2017〕100号	2017-02-23
三部门印发通知支持打造特色载体推动中小企业创新创业升级工作	财政部、工业和信息化部、科学技术部	财建〔2018〕408号	2018-08-08
四部门关于印发《促进大中小企业融通发展三年行动计划》的通知	工业和信息化部、国家发展和改革委员会、财政部、国务院国有资产监督管理委员会	工信部联企业〔2018〕248号	2018-11-21
两部门关于开展2019年中小企业与高校毕业生创业就业对接服务工作的通知	工业和信息化部办公厅、教育部办公厅	工信厅联企业〔2019〕8号	2019-02-15
两部门关于发布支持打造大中小企业融通型和专业资本集聚型创新创业特色载体工作指南的通知	工业和信息化部办公厅、财政部办公厅	工信厅联企业函〔2019〕92号	2019-04-22

续表

政策	发文机关	发文字号	发布日期
工业和信息化部中小企业局关于做好2019年全国大众创业万众创新活动周工作的通知	工业和信息化部中小企业局	工企业函〔2019〕298号	2019-05-28
工业和信息化部 财政部关于举办2020年"创客中国"中小企业创新创业大赛的通知	工业和信息化部、财政部	工信部联企业〔2020〕26号	2020-02-17

同时，各级地方政府积极贯彻落实党中央国务院关于"大众创业、万众创新"的战略部署，结合当地战略规划和优势产业，出台了一系列涉及人才队伍建设、基础设施搭建、财政金融支持、知识产权保护、政府需求拉动等方面的"双创"支持政策，为全社会创新创业营造了良好的政策环境。

二、我国中小企业创新创业情况整体稳中向好

在国家"双创"政策的支持下，近年来我国创新创业事业取得了长足进步。

一是中小型创业企业数量大幅增加、质量稳步提升。在习近平新时代中国特色社会主义思想指导下，各地政府认真落实"大众创业、万众创新"的决策部署，通过大力推进"证照分离""网上政务""最多跑一次"等政府简政放权改革，积极推动"双创"事业发展，使广大创业主体热情持续高涨，中小型创业企业数量大幅增加，质量稳步提升。具体来说，2017—2019年，我国每年小微企业新增注册数量都超过1000万家。2020年，在新冠肺炎疫情影响下，前三季度新设市场主体数量仍保持了3.3%的同比增长，全国新设市场主体1845.0万户，其中包含589.8万户新设企业。截至2020年第三季度末，我国登记在册的市场主体达1.34亿户，比2019年年底增长9.0%。同时，在2018年国务院出台打造"双创"升级版的指导

意见后，创新创业质量持续提升，近年来很多中小型企业创业已经由生存驱动型创业转为机遇驱动、创新驱动型创业。创业主体来源呈现出高端化趋势，创业主体从之前农民、蓝领工人等为主力的"草根创业"大军，逐渐向以海归人才、互联网企业精英、大学科研工作者等为主的知识型、科技型高层次人才转变。

二是创新创业新模式不断涌现，企业"专精特新"趋势显现。近年来，我国新的创新创业模式不断涌现，创业方向从传统的生产制造业（农副食品、纺织鞋服等）和消费领域（服装销售、线下餐饮等）向信息产业、环保产业、大健康产业、文旅产业、时尚产业、金融产业、高端设备制造产业等代表着新技术、新模式、新产业的新经济领域转变。2020年，受新冠肺炎疫情冲击，民用航空、旅游度假、餐饮酒店、教育培训、跨境贸易等行业受到了较大影响，但新的业态仍不断涌现，部分企业运用先进的信息技术实现企业组织的互联网化、扁平化、智能化，改革人员组织和生产销售模式，减少员工人数和实体厂房车间，提升产品和服务的市场竞争力。2020年，"直播带货""互联网医疗""在线会议""企业服务""线上教育"等行业蓬勃发展，形成了较为完整的产业链，解决了大量社会就业问题。据天眼查发布的《创业报告2020》显示，我国目前从事网红相关业务的企业有千余家，其中，成立于2017年之后的相关企业占比约为50.42%。同时，在各级政府的"双创"政策引导下，我国一批创业型中小企业注重在细分市场精耕细作、培养自身专业能力，不断向"专精特新"型企业转型，逐步发展成为细分行业的"隐形冠军"和"小巨人"企业。

三是创新创业生态体系日臻完善。经过几年的发展，我国"双创"事业已经形成了日趋完善的生态体系。在国家"双创"战略的大框架下，各级政府均出台了相关支持政策，在注册登记、法律咨询、融资发展等各阶段为创新创业活动提供坚实保障；大量高新技术园区、高校、社区举办多种多样的"双创"比赛和活动，形成了一批有代表性的"双创"示范基地，极大地激发了广大创业群体的创业热情；各地众创空间蓬勃发展，为广大创业主体提供各项创业孵化服务，包括拎包入住、租金补贴、创业教育、企服咨询、众筹路演、孵化加速、融资对接等；一大批"双创"服务机构涌现出来，市场化运作的孵化器、创投机构、企业服务机构、上市辅导机构加速了良好创投生态的形成。在这样的"双创"支持体系下，创业型中小企业，尤其是电子信息、文化传媒、生物医药、新兴材料、智能制造等各领域的科技型企业，得到了更好、更快的发展壮大。

三、"双创"背景下独角兽企业蓬勃发展

独角兽企业是2013年由美国著名投资人Aileen Lee提出的一个概念，指的是创立时间较短（一般不超过10年）、发展迅速（在公开和私募市场上估值达到10亿美元）的未上市创业公司。独角兽企业是中小企业"双创"发展的标杆，可以反映出创业公司发展的质量。

2020年，蚂蚁金服、上海陆家嘴国际金融资产交易市场股份有限公司（简称"陆金所"）、贝壳找房等明星独角兽企业相继冲刺IPO上市，再次引发了人们对独角兽企业的关注。第三方机构胡润研究院2020年8月发布的2020胡润全球独角兽榜显示，2020年，全球共有586家独角兽企业，其中中国独角兽企业有227家，仅次于美国的233家（见图4-1）。

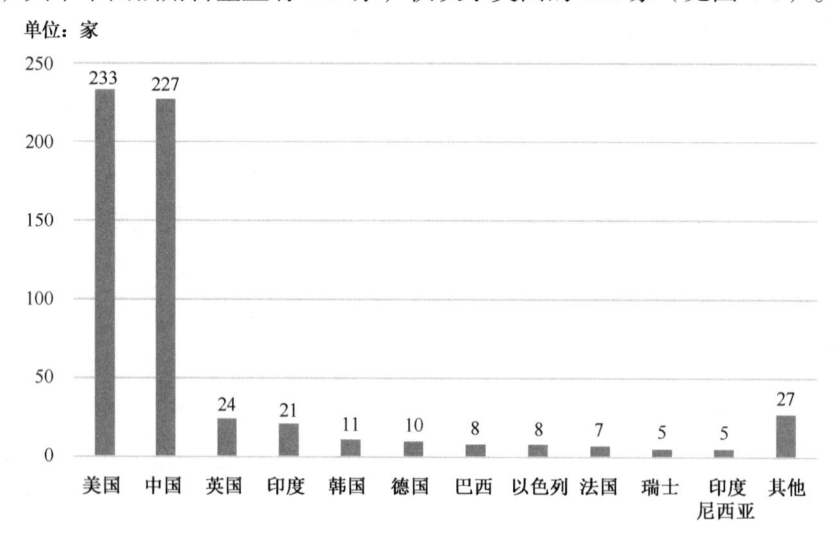

单位：家

国家	数量
美国	233
中国	227
英国	24
印度	21
韩国	11
德国	10
巴西	8
以色列	8
法国	7
瑞士	5
印度尼西亚	5
其他	27

图4-1　2020年全球独角兽数量国家分布

资料来源：2020胡润全球独角兽榜。

B.4 我国中小企业"双创"发展现状及面临的挑战

从新增独角兽数量来看，2020年，我国新增独角兽企业21家，仅次于美国，在全球新增的91家独角兽企业中占比达23.1%，远高于英国、韩国、巴西等其他国家的新增独角兽数量（见图4-2）。

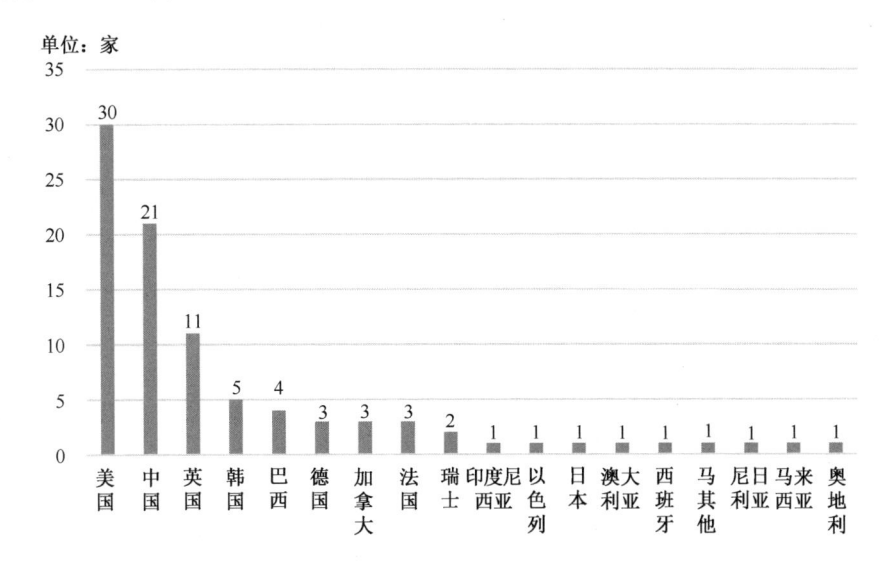

单位：家

国家	数量
美国	30
中国	21
英国	11
韩国	5
巴西	4
德国	3
加拿大	3
法国	3
瑞士	2
印度尼西亚	1
以色列	1
日本	1
澳大利亚	1
西班牙	1
其他	1
尼日利亚	1
马来西亚	1
奥地利	1

图4-2 2020年全球新增独角兽数量国家分布

资料来源：2020胡润全球独角兽榜。

从城市独角兽数量来看，北京是名副其实的"独角兽之都"，2020年北京拥有93家独角兽企业（见图4-3），大幅高于排名第二的美国旧金山（68家）。我国独角兽企业所在城市，主要集中在北京、上海、深圳、杭州、南京、广州、香港、成都等中心城市，反映出这些城市的创业生态较好。

以北京为例，2015年，北京的独角兽企业仅有40家，在5年的时间里增长超1倍，国家级高新技术企业累计2.5万家，其中不乏从事光量子计算、脑科学研究、国产芯片制造等的"硬科技"企业。虽然北京的创业型企业在2020年受到控制新冠肺炎疫情的多轮管控，但是电子信息制造业等新兴产业仍实现两位数以上的增长。而在"双创"独角兽企业独占鳌头、高科技"双创"企业比肩全球、领先全国的背后，是北京良好的创投服务生态。目前，北京市拥有的"双创"示范基地数量占全国总量的1/6，汇聚了约20万家"双创"服务公司、约2万名创业公司投资人、670多家活跃的创投机构、近500家各类众创空间。目前，北京每日新设科技型企业250家，而5年前每日新设科技企业数量仅为110家。

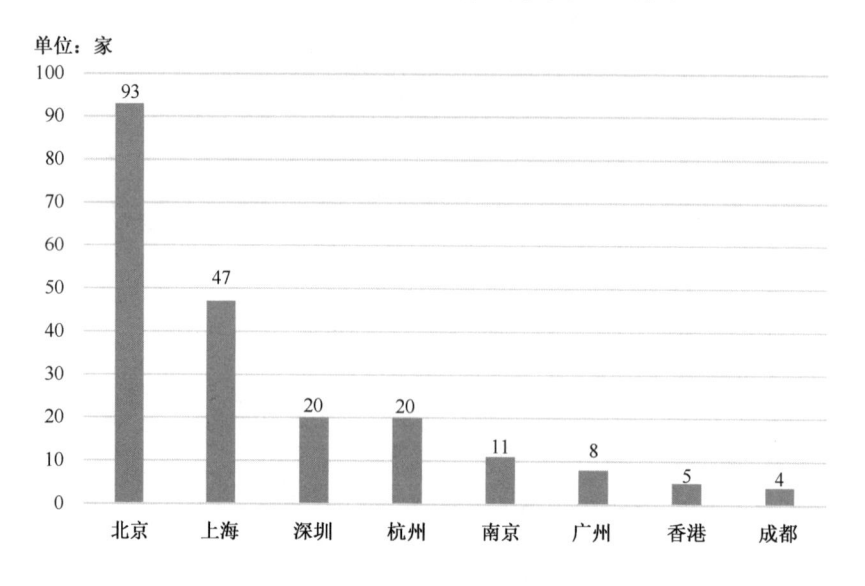

单位：家

城市	数量
北京	93
上海	47
深圳	20
杭州	20
南京	11
广州	8
香港	5
成都	4

图 4-3　2020 年中国独角兽城市分布

资料来源：2020 胡润全球独角兽榜

独角兽数量较多，反映出"双创"提出 5 年来，我国"大众创业、万众创新"在质量方面已经迈上了新台阶。大量"双创"独角兽企业的诞生，为我国高新产业培育、提高各领域企业技术创新能力不断积蓄能量。

四、中小企业孵化融资得到大力支持

对于创业型中小企业来说，"融资难、融资贵"是其面临的一大问题。自 2015 年国务院推出"大众创业、万众创新"一系列政策以来，国家出台了一系列支持中小企业创新创业的融资支持政策。2018 年 10 月 12 日，中国人民银行、中国银行保险监督管理委员会、财政部与人力资源和社会保障部联合发布了《关于进一步做好创业担保贷款贴息政策监测分析工作的通知》，进一步加强了国家对创业企业的支持。

以创业担保专项贷款为例，贷款余额从 2018 年 12 月底的 1064 亿元，增长至 2020 年 9 月底的 1975 亿元（见图 4-4），有效缓解了个人创业者和吸纳困难群体就业的小微企业融资难、融资贵、融资慢等问题。

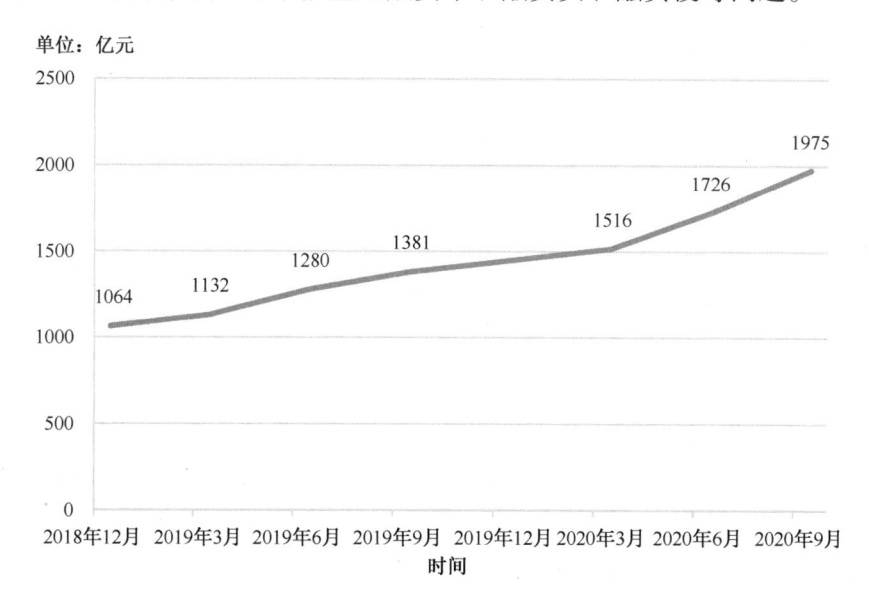

单位：亿元

图 4-4　我国 2018—2020 年创业担保贷款余额变化情况

资料来源：中国人民银行。

同时，创新创业事业的发展，也离不开市场化的投融资机构和众创空间的孵化支持。一方面，要重视地方政府、国有资本成立专门的投资前沿科创中小企业的"双创"基金，在"双创"企业早期发展阶段给予支持。另一方面，也要重视社会资本，尤其是产业资本在风险投资中对科技型"双创"企业的支持，这将有助于各地区、各领域企业孵化形成联动，形成类似"链接器"效能的资源整合平台，引导创业公司、创投机构协同发展。

在此背景下，自 2015 年开始，我国出现了一批以 3W 咖啡、车库咖啡为代表的创业服务机构，成为支持创新创业的重要力量。根据科学技术部火炬高技术产业开发中心发布的《2020 年中国创业孵化发展报告》显示，目前我国有超过 4000 家活跃的股权投资机构，全国创业孵化载体数量达到 13209 家，其中已进行国家备案的创业孵化载体为 3065 家。一方面，这些孵化投资机构对于中小企业创新创业起到了良好的助推作用，尤其有利于壮大科技类中小企业。在科创板诞生一周年内上市的 126 家科创板企业中，有 49 家企业都曾受到各类创业孵化器的培育，占比高达 40%，其中包括寒武纪、华兴源创、赛诺医疗等明星企业；另一方面，这些创投孵化器也成为解决社会就业的重要渠道。2019 年我国创业孵化器自身吸纳就业 7.3 万人，在孵企业吸纳就业近 300 万人。

风险投资机构是参与中小企业股权投资的主体。2020 年，创业投资资金流向的创新企业主要涉及互联网、高端制造及教育培训等行业，而房地产、农林牧渔、能源矿产等传统行业则相对较少。完善、良好的创投生态，流动性较强的资金退出渠道，进一步推动了我国创业企业的更好发展。

2020 年 1—6 月，虽然我国深受新冠肺炎疫情冲击，但知名创投机构的投资业绩仍十分亮眼。不少投资机构参与投资的创业公司均在境内外资本市场成功实现 IPO 上市，达晨财智、深创投、顺为资本、启明创投、盈科资本、IDG 资本、君联资本、鼎晖投资、高瓴资本等头部机构麾下的企业至少有 4 家上市（见表 4-3）。在总投资期限少于 5 年的情况下，平均投资回报倍数高达数倍乃至数十倍。

表 4-3　2020 年上半年知名创投机构投资企业 IPO 情况

机构名称	上市公司数量/家	科创板上市公司数量/家	平均投资时长/年	平均回报倍数/倍
达晨财智	7	3	2.9	7
深创投	7	2	3.81	5
顺为资本	4	1	3.91	34
启明创投	4	3	4.29	19
盈科资本	4	2	3.02	16
IDG 资本	4	—	4.01	16
君联资本	4	2	4.12	13
鼎晖投资	4	4	2.61	4
高瓴资本	4	—	4.55	4

B.4 我国中小企业"双创"发展现状及面临的挑战

从私募创业投资基金数量来看,截至 2020 年 6 月底,我国私募创业投资基金数量已达 8865 支(见图 4-5),是 2014 年年底我国私募投资基金数量的十倍有余,已经成为支持"双创"企业发展的重要力量。

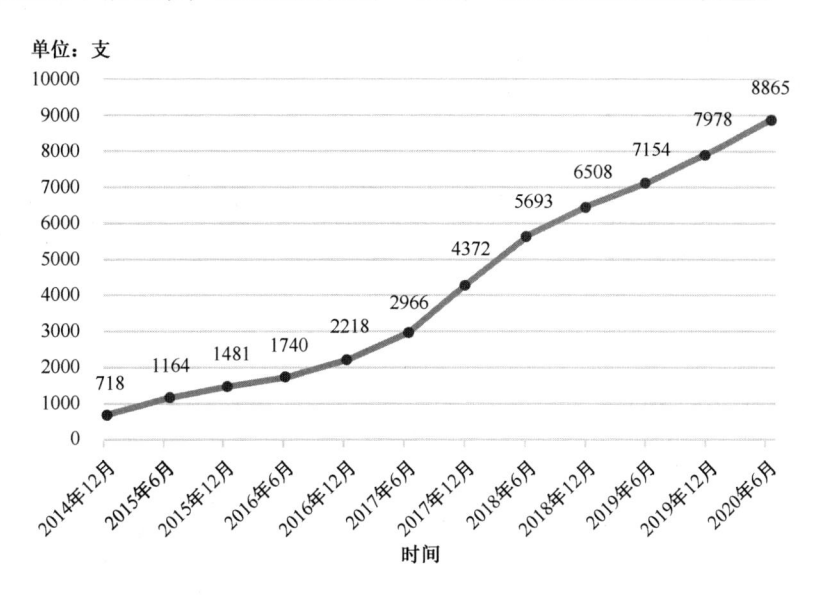

图 4-5 我国私募创业投资基金数量

资料来源:中国证券投资基金业协会。

根据第三方机构清科研究中心发布的统计数据显示,我国 2019 年股权投资案例数量和金额最高的城市均为北京,2019 年共发生 1998 件投资,投资金额高达 1857.94 亿元。从区域分布来看,我国股权投资主要集中在东部沿海发达地区,北京、上海、深圳、江苏、浙江是发生股权融资较多的区域(见图 4-6)。

从投资阶段来看,发生于 A 轮、B 轮的投资案例较多,E 轮及之后的总投资金额较大。2020 年上半年,我国共有 921 期 A 轮融资,总投资金额达 605.51 亿元;共有 545 期 B 轮融资,总投资金额达 424.34 亿元。E 轮及 E 轮之后的投资案例数虽仅有 262 件,但总金额达 824.62 亿元(见图 4-7)。

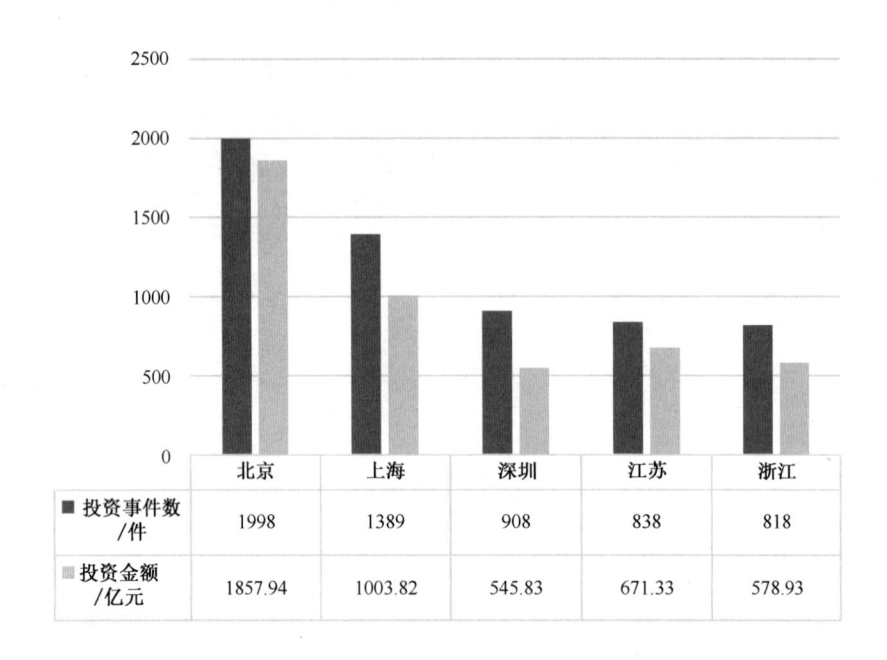

	北京	上海	深圳	江苏	浙江
■ 投资事件数/件	1998	1389	908	838	818
▨ 投资金额/亿元	1857.94	1003.82	545.83	671.33	578.93

图 4-6　2019 年我国股权投资主要区域情况

资料来源：清科研究中心。

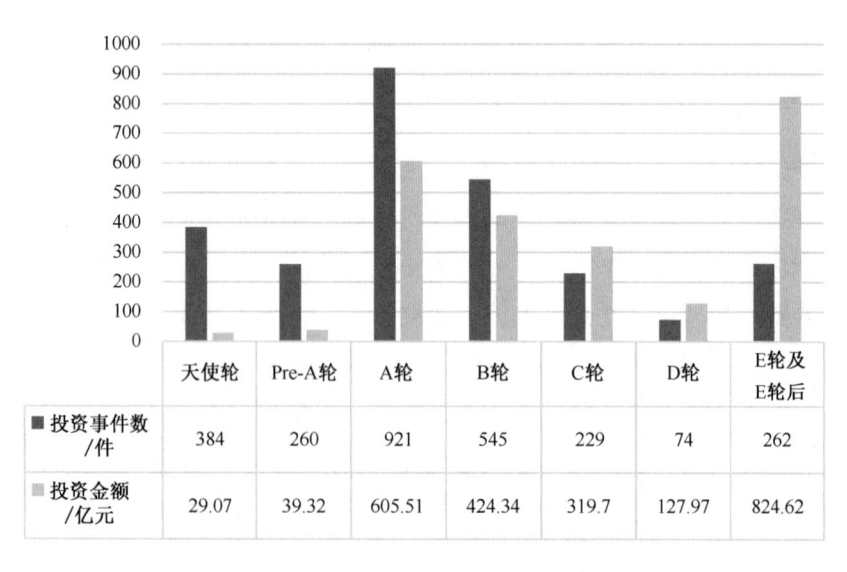

	天使轮	Pre-A轮	A轮	B轮	C轮	D轮	E轮及E轮后
■ 投资事件数/件	384	260	921	545	229	74	262
▨ 投资金额/亿元	29.07	39.32	605.51	424.34	319.7	127.97	824.62

图 4-7　2020 上半年中国股权投资市场投资轮次分布

资料来源：清科研究中心。

五、中小企业创新创业面临一定挑战

一是中小企业商业模式单一,创新能力较差。我国大部分创业型中小企业业务规模较小、业务种类单一,尚未度过稳定生存期。创业型中小企业的商业模式多来源于创业者的自身经验和人脉积累,往往处于价值链较低端的环节,始终处于低水平、低收益的阶段,受上下游客户群体和行业宏观政策影响较大,抵御风险能力较弱。同时,创业型中小企业在自身营收、利润有限的情况下,无力进行原创性研发创新,不得不面对市场竞争激烈、产品附加值较低、转换成本较高的情况,难以推动业务进一步增长和可持续发展。

二是创业主体受到的实质性支持有待加强。根据中国青年创业就业基金会于2020年1月开展的调研结果显示,目前各地政府虽然对中小企业创新创业提供了一定的创业支持,但是广大创业主体仍反馈出较强的政策支持诉求,一些政策尚未打通与广大创业主体的"最后一公里"。根据调研结果显示,创业者更希望得到融资、创业指导、财税政策方面的支持。我国创业主体大多启动资金较少,而市场化的创投机构对于萌芽阶段的公司投资意愿不大,因此解决创业者的资金问题对创业者而言极为重要。同时,创业指导和支持有助于创业者更好地探索创业方向,提升经营管理质量,也是创业者十分希望得到的支持。此外,我国虽已出台了大量支持中小企业财税优惠的支持政策,但在政策宣传贯彻、引导中小企业创业者申请的举措仍有待加强。

三是受到新冠肺炎疫情冲击,部分行业受到影响明显。2020年,新冠肺炎疫情对全球经济产生了严重冲击,我国大量创业型中小企业受到的冲击更为明显。2020年一季度,我国经济GDP同比增长-6.8%,是我国实施季度GDP核算以来首次负增长。创业主体多为中小微企业和个体工商户,抗风险能力较弱、规模较小,许多中小线下服务业企业,如线下教育培训机构、餐厅等陷入经营现金流紧张、资金链断裂、被迫裁员的困境。在国内疫情基本得到控制之后，许多中小企业的经营现状虽有所改善，但相比往年仍处于较为艰难的状态。根据我国中小企业协会发布的中小企业发展指数数据显示，2020年前三季度指数值为86.8，虽然对比前两季度有所提高，但仍低于2019年同期92.8的水准。

六、建议多措并举推进中小企业"双创"工作

一是要加强顶层设计，结合创业型中小企业需求，完善创新创业扶持政策。具体来说，要聚焦创业型中小企业和广大创业主体在创业过程中遇到的问题，完善创新创业相关法律法规、扶持政策和激励机制，推动在财税优惠、融资创新、人才培训、企业服务、知识产权保护等方面更为细致、完善的政策体系建设，落实扶持"双创"企业发展、大学生创业相关的税收优惠政策和激励机制，探索建立知识产权保护、创业失败保险等制度，解决广大创业主体的后顾之忧，在制度层面保障创业型中小企业运营发展，推动创新创业向更高质量发展。

二是要持续推进落实创业扶持政策，建立政策制定、政策落实的横向协同和上下联动机制。依托现有创业服务机构和双创空间，针对目前创新创业政策实施中遇到的问题，进一步推动政策制定、政策落实的横向协同和上下联动机制，充分发挥在创新创业中市场机制的关键性作用和更好地发挥政府的引导作用。具体而言，要持续推进"证照分离""只用跑一次"等行政程序简化改革，坚决打击垄断和不正当经营行为，为创新型中小企业营造良好的市场环境，完善动态监测"双创"企业生产经营情况的机制，在实践中改革政策实施细则，不断疏解"双创"企业面临的堵点、痛点、难点，推动创新创业更高质量发展。

三是搭建"双创"合作平台，吸引更多高新人才参与创新创业。一方面，各地要结合自身区位优势、聚焦"双创"资源支撑，围绕增强"双创"资源融通能力，提升全维度企业服务水平，打通"创业苗圃、孵化器、加速器、产业园"的孵化培育链条，促进创业利益相关者合作共赢，不断优

化创业环境，形成良好的创新氛围和创业生态。另一方面，依托"双创"合作平台，通过创业补贴、资源扶持、子女入学优惠等手段积极引进高端人才创业，积极探索离岸人才创新创业基地、高校教师兼职创业制度等新模式，最大化地动员创新创业力量。

四是抓住股票市场注册制改革契机，完善多层次市场融资配套制度，拓宽创业企业融资渠道。一方面，要针对创业企业在种子期资金缺乏、"融资难、融资贵"等情况，推动创业投资法律法规建设，引导创业投资基金对早期创业企业进行投资，形成"投资+贷款+孵化"全程联动的模式，促进创业主体与创投机构共同发展，并试点建立全国性创业投资协会等引导行业规范化发展。另一方面，以注册制改革为契机，建设包括主板、科创板、创业板、新三板在内的多层次资本市场，优化创投资金退出渠道，拓宽创业企业融资渠道，开展风险补偿金增信、专业投资机构项目会商机制等多种类金融服务，切实解决"双创"企业融资问题，打造良好的创投环境。

数字金融缓解中小企业融资难题模式研究

郜媛莹 谢向丹[1]

摘 要： 中小企业"融资难、融资贵"是长期存在的问题，也是一个世界性难题。新一代信息技术革命和产业变革下，数字金融通过人工智能模型、大数据等手段，赋能产品、风控、运营等各业务环节，提升了对中小企业的金融服务效率，在缓解中小企业"融资难、融资贵"难题中的作用日益凸显。本研究拟结合当下中小企业融资现状，分析中小企业融资面临的困境及原因，选取数字金融创新在中小企业融资中的典型应用案例，对数字金融助力中小企业融资的创新模式进行分析和总结，并从建立长效机制推动数字金融服务中小企业融资方面提出相应的政策建议。

关键词： 数字金融；中小企业；融资

Abstract: The difficulty and high cost of financing for small and medium-sized enterprises is a long-standing problem, which is also a worldwide problem. Under the new generation of information technology revolution and industrial change, digital finance, through artificial intelligence model, big data and other means,

---

[1] 郜媛莹，国家工业信息安全发展研究中心工程师，对外经济贸易大学博士（后），主要研究方向为中小企业、创新创业、智能制造等；谢向丹，国家工业信息安全发展研究中心助理工程师，中国石油大学（北京）学士，主要研究方向为中小企业、创新创业、政策服务等。

enables products, risk control, operation and other business links, improves the efficiency of financial services for small and medium-sized enterprises, and plays an increasingly prominent role in alleviating the financing difficulties of small and medium-sized enterprises. Combined with the current financing situation of small and medium-sized enterprises, this paper analyzes the difficulties and reasons faced by small and medium-sized enterprises financing, selects typical application cases of digital financial innovation in small and medium-sized enterprises financing, analyzes and summarizes the innovative mode of digital finance to help small and medium-sized enterprises financing, and puts forward corresponding policy suggestions from the establishment of long-term mechanism to promote digital financial services for small and medium-sized enterprises financing.

Keywords: Digital Finance; Small and Medium-sized Enterprises; Financing

中小企业是建设现代化经济体系、推动经济实现高质量发展的重要基础，其"五六七八九"的特征也早已被大众所熟知，即贡献了50%以上的税收、60%以上的GDP、70%以上的技术创新、80%以上的城镇劳动就业和90%以上的企业数量，在支撑就业、稳定增长、改善民生、推动创新等方面发挥着重要作用。在当前形势下，中小企业也是我国构建国内国际双循环发展新格局的主要践行者及保持产业链、供应链稳定和竞争力的主力军。中小企业普遍面临"融资难、融资贵"的问题，这严重制约着中小企业的发展。当前突如其来的新冠肺炎疫情全球大暴发、贸易保护主义和逆全球化抬头，都让中小企业资金紧张的问题更加突出，也由此带来一系列发展中的困难。加强对中小企业的金融服务，是金融支持实体经济和稳定就业、鼓励创业的重要内容，事关经济社会发展全局，具有十分重要的战略意义。

一、中小企业融资状况在持续的政策支持下不断改善

（一）政府融资政策支持力度不断加大

党中央、国务院一贯高度重视中小企业的发展，出台了一系列融资支持政策，特别是新冠肺炎疫情暴发以来，对中小企业的融资支持力度持续加大。我国对中小企业融资的支持政策主要分为金融政策和财政政策。李克强总理在2020年4月7日主持召开的国务院常务会议，为加强对小微企业、个体工商户和农户的普惠金融服务，帮助他们渡过难关，会议决定，实行财政金融政策联动，将部分已到期的税收优惠政策延长到2023年年底。

金融政策方面，中国人民银行和中国银行保险监督管理委员会等相关部门发布了一系列政策，通过一系列的定向降准、调整准备金动态调整机制的相关参数、创设支小再贷款、优化信贷结构等工具去引导鼓励商业银行提高对中小企业的贷款比例及对中小企业金融服务的效能和水平。2020年6月1日，中国人民银行联合中国银行保险监督管理委员会、财政部、国家发展和改革委员会、工业和信息化部印发了《关于进一步对中小微企业贷款实施阶段性延期还本付息的通知》和《关于加大小微企业信用贷款支持力度的通知》，实施对中小微企业贷款阶段性延期还本付息、加大小微企业信用贷款支持等政策，惠及310多万家企业。2020年12月21日李克强总理主持召开的国务院常务会议决定延续普惠小微企业贷款延期还本付息政策和信用贷款支持计划。此外，各方积极推进多层次资本市场建设，推出"双创"金融债券和专项债务融资工具，推动供应链金融及投贷联动等新型融资模式，支持中小微企业直接融资；开展小微企业应收账款融资专项行动，落实《保障中小企业款项支付条例》，研究建立防范拖欠长效机制。中国政府网显示，截至2019年年底，各级政府部门和大型国有企业梳理出拖欠民营企业、中小企业逾期欠款8900多亿元，已清偿

拖欠账款6600多亿元，清偿进度完成了约75%。

财政政策方面，一是设立专项资金支持中小企业发展。我国设立了多个支持中小企业发展的专项资金，支持中小企业发展、中小企业信用担保体系、地方特色产业的中小企业和科技型中小企业的创业活动。二是加大对中小企业税收减免的政策支持力度。通过这些政策，政府一方面可以支持符合国家政策规定的中小企业良好发展；另一方面也可以通过财政资金的导向作用，使其融资结构得以优化，提高担保机构的担保能力，从而提升中小企业的融资能力。三是设立创业投资引导资金。2015年9月，国务院常务会议决定设立国家中小企业发展基金；2019年以来，工业和信息化部与财政部积极推进国家中小企业发展基金母基金公司筹备设立工作，旨在通过市场化手段来扩大对中小企业的股权投资规模，进一步整合市场、资金、技术等资源；2020年6月，国家中小企业发展基金母基金公司正式设立。四是减免中小企业部分行政事业性收费。我国政府持续积极减轻中小企业的不合理负担，减免中小企业的政府性基金和其他行政性收费。

（二）总体融资状况不断改善

在这些政策的大力支持下，我国中小企业融资难问题得到缓解，融资状况也在不断改善。根据中国人民银行发布的2020年三季度金融机构贷款投向统计报告显示，普惠金融领域贷款增长速度加快。2020年第三季度末，普惠小微贷款余额14.6万亿元，同比增长29.6%，增速比上季度末高3.1%；前三季度增加3.02万亿元，同比多增1.25万亿元。根据中国银行保险监督管理委员会数据显示，2020年9月末，民营企业贷款较年初增加5.4万亿元，同比增加1.6万亿元；前三季度，新发放普惠型小微企业贷款利率较2019年全年下降0.82%。

根据全国股转公司发布的《新三板2020年市场改革发展报告》显示，截至2020年年末，新三板存量挂牌公司8187家，服务了包括沪、深在内的资本市场中九成的中小企业，有效拓宽了资本市场服务实体经济的覆盖面；挂牌公司累计融资上万次，筹资金额约5300亿元，超1500家公司在亏损阶段获得融资，缓解了中小企业融资难问题；市场涌现了一批"小特精专"企业，336家公司被评为"专精特新小巨人"，26家成长为"单项冠军"企业。这些数据也显示出新三板市场对中小企业的金融扶持能力正在持续显著上升。

（三）融资可获得性不断增强

目前我国中小企业的融资渠道可以分为内源融资和外源融资。其中内源融资主要是折旧基金转置、留存利润转增及向亲朋好友借款；而外源融资主要分为以中小企业的股权、债权、贸易及税款递延为融资渠道的直接融资和以银行贷款、信托投资、其他借款为代表的间接融资两大类。在这些融资渠道中，通过银行贷款是中小企业普遍选择的融资方式，资本市场等直接融资渠道被中小企业作为融资来源的补充。

近年来，在监管部门大力支持和数字技术不断发展的背景下，中小企业能获得融资的途径越来越多，如投贷联动、供应链金融、互联网银行等；通过互联网、大数据等手段所衍生出来的数字金融新产品也越来越多。根据中华全国工商业联合会发布的《2019—2020年小微融资状况报告》显示，银行业支持小微企业的力度不断加码，数家互联网银行通过技术手段和大数据风控，已经覆盖了一定比例的小微经营者，12.3%的小型企业、49.7%的微型企业和个体经营者在2019年使用互联网银行进行融资。尤其是微型企业和个体经营者，由于规模更小，所以难以享受到传统的金融普惠政策，更愿意尝试互联网银行信用贷款和传统银行小额线上信用贷款等数字金融新产品。超过80%的微型企业和个体经营者认为2019年贷款相比三年前更加容易、便捷。

从2020年国内创投市场的融资情况来看，受新冠肺炎疫情的影响，国内的创投市场经历了早期的低迷、中期的回温及后期的暴发。据融象产业研究院统计显示，2020年国内创投市场共有3615件融资案例发生，融资总额超过9300亿元。其中，大健康、企业服务、智能硬件、电子商务、教育培训 5 个行业是创投市场的大热门，猿辅导、作业帮等企业均获得了巨额融资。

二、中小企业自身发展特点及外部环境均制约着其融资水平

（一）缺乏抵押物、信息不对称、信用评价不完善是主要的内部原因

1. 可抵押物不足以限制企业融资能力

大多数中小企业普遍规模较小、经营时间较短、资金积累有限，厂房和办公场所也多是租赁的，普遍缺乏银行贷款通常所需要的房产、土地、大型设备等抵押物。此外，有很多中小企业属于服务类行业，具有轻资产的特性，所以有些企业即便规模壮大，盈利能力增强，但其自身拥有的固定资产数量仍然较少，并且很有可能出现企业越发展壮大，固定资产在企业总资产中的比例越小的情况，企业也难以通过购买办公场所等固定资产的方式，向银行提供足够的固定资产抵押品以获得足够的银行贷款。

2. 经营状况难以准确评估加剧信贷配给不足

由于中小企业大多属于非上市企业，经营管理制度和财务制度相对不健全，信息披露不完善，即使有所披露，其真实准确性仍然有待进一步确定，尽职调查等途径并不能充分反映中小企业的实际情况，给银行等资金提供者判断和评估企业的经营状况、信用水平等造成了很大的困难，从而加大了资金提供者对中小企业提供资金的风险，这种情况会使得银行等资金提供者在选择放款或投资对象时更倾向于大型企业，而对中小企业则是审慎考虑，甚至不予提供资金支持。

3. 信用评价体系不完善影响中小企业整体信用水平

信用情况是资金提供者决定是否对中小企业发放贷款提供资金支持

的重要参考因素。但如前所述，多数中小企业持续经营的时间较短，缺乏长期的经营记录，其信用状况难以衡量和评价。加上多数中小企业信息没有披露，导致获取企业各类信息的渠道有限，而且中小企业自身提供的信息，其可靠性也会经常受到质疑。此外，部分企业为了获得贷款，会有出具虚假的财务报告、重复抵押，隐瞒企业负债规模，甚至有少数贷款人恶意借贷，或者通过假破产等方式逃避债务的行为，出现风险的可能性比较大。加上我国征信体系建设仍有待进一步完善，中小企业信用记录和信用评估数据上尚不成熟，因而向中小企业贷款前，银行需要付出较高的成本、也面临一定的风险来核实中小企业信息、调查中小企业情况，同时在贷款后，还要付出较大的成本监督中小企业贷款的实际使用情况、企业财务状况等。

（二）管理制度的欠缺和政策落实不到位是主要的外部原因

1. 银行的管理体系限制及资本市场的不完善制约了中小企业的融资渠道

从银行体系来看，银行的风险管理限制往往使其倾向于向有充足抵押资产的、风险较小的大型企业和一些垄断性企业进行投资，及向企业投资的风险较小的项目发放贷款。而中小企业一方面可供抵押的资产较少，另一方面又更愿意将资金投向获利性强、风险相对较高的项目，造成双方资金需求和供给的不匹配。此外，我国银行的运营管理、风险管理、信息监控、坏账处理、中间业务开拓等多个领域仍有很多需要改进的地方，向中小企业提供资金支持的能力也有待进一步提升。从资本市场来看，虽然我国已经形成主板、中小板、创业板、新三板及区域性股权交易市场等不同层次的市场，但这些市场提供的产品和服务还仍相对比较单一，交易机制还需要进一步完善，交易成本也比较高。债券市场主要面向政府、金融机构和大型企业，中小企业融资渠道尚未实现真正的多元化，对中小企业的融资支持仍有待进一步完善。

2. 中小企业相关支持政策落实不到位限制中小企业融资效能

一方面，从法律法规层面来看，目前我国并没有针对中小企业融资的法律法规，与中小企业相关的法律法规，大多是从点上对支持中小企业融资进行了相关规定，尚未真正形成体系。另一方面，中小企业融资支持的相关政策规定在各级落实过程中，存在落实不到位的问题。中央对中小企业发展的资金支持有时并没有真正到达中小企业，即使地方政府也会有相关的政策资金支持，也是只针对符合设定条件的中小企业，会在一定程度上产生寻租行为，部分与地方政府关系较为紧密的中小企业在政府安排财政补贴时往往会处于优势地位，即获得补贴之外的补贴，其他中小企业获得政策支持的可能性会降低。

三、数字金融在解决中小企业融资难题中的作用日益凸显

（一）数字金融主要依托信息化技术及产品创新来支持普惠金融发展

数字金融泛指传统金融机构与互联网公司利用数字技术实现融资、支付、投资和其他的新型金融业务模式。当前，数字金融已经渗透到我们生活的方方面面，到目前为止数字金融所展示的最大优势是支持普惠金融的发展。以互联网科技企业提供金融服务为代表的新型数字金融业务，通过信息化技术及产品创新，降低金融服务产品获客与风控的成本，扩大金融服务的覆盖范围，成为促进中小企业融资的重要途径。

数字金融缓解中小企业融资约束的一个重要作用机理就是通过大数据风控、线上触达渠道和人工智能授信，利用技术手段将融资服务下沉至中小企业。大数据技术作为数字金融技术可持续发展创新的核心优势，大大丰富了数据的维度，使得信用信息更加完整、精准，也使信用数据库得以实时更新。依托丰富的数据，金融机构可以建立大数据风险控制体系，多维度全方位地进行风险管理和决策，提升信贷业务质量，降低潜在的信

用风险和损失，同时提高风险评估和识别能力，从而提升中小微企业贷款尤其是信用贷款的可获得性。

（二）互联网平台、供应链金融及第三方平台是当前数字金融助力中小企业融资的主要模式

数字金融主要通过电子商务服务、互联网众筹服务、互联网贷款服务、数字化金融服务 4 种平台模式运行。其中，互联网贷款平台模式主要指在贷款过程中，资料与资金、合同、手续等全部通过互联网实现，本质属于直接点对点的小额度网络融资行为。数字化金融服务指通过移动网络、大数据应用、人工智能及区块链等先进技术开展传统金融服务，一般情况下，该金融模式主要被应用于商业银行、保险公司及专门从事证券的企业的各项工作中。这两种平台模式也是当前数字金融助力中小企业融资的主要模式，且呈现出融合趋势，具体包含互联网银行、供应链金融及第三方平台等。

1. 互联网银行

近几年来，我国成立了网商银行、微众银行、新网银行等数家互联网银行，这些银行依靠其母公司阿里和腾讯客户的实时支付数据、社交媒体数据等消费者数据，经过短短几年的发展，已经迅速提升了小微信贷可得性，为小型、微型企业和个人经营者提供了新型的数字化融资渠道。

蚂蚁金服推出的网商银行，利用阿里海量的客户数据，为中小企业提供贷款。该行可以根据客户的实时支付数据，利用其能够分析 3000 多个变量的风险管理系统，对客户的信用风险和贷款额度进行精准计算。一旦获得批准，几乎可以立即收到现金，整个过程耗时 3 分钟。新冠肺炎疫情期间，网商银行牵头联合了 100 家银行，共同发起"无接触贷款助微计划"，计划在半年内全力支持全国约 1000 万家小微企业、个体工商户及农户复工复产，把资金快速精准地输送到现有银行体系难以触达的小店、小摊贩等实体经济的毛细血管中。根据中国银行业协会统计，短短一个月，"无

接触贷款助微计划"已经服务了超过800万家小微企业和个体经营者。腾讯推出的微众银行"微业贷",同样也是针对中小企业客户提供在线贷款的,据称1分钟资金到账,随借随还。

2. 供应链金融

供应链金融融资模式,即以核心企业为中心,协助解决其上下游中小型企业融资,向银行申请的基于供应链管理与风险控制的贷款模式。该模式允许中小企业存货、仓单等动产质押融资,应收账款融资及预付账款融资。在银行主导的供应链金融中,商业银行主要承担中小企业融资项目的审核、放款,以及包括结算、财务顾问和信息咨询的其他金融服务。核心企业主要是配合银行,利用自己在行业中的优势和较强竞争力,通过回购和担保等方式给予链条上下游的中小企业信用支持。

应收账款融资模式指的是卖方将赊销项下的未到期应收账款转让给金融机构,由金融机构为卖方提供融资的业务模式。基于供应链的应收账款融资,一般是为供应链上游的中小企业融资。预付账款融资模式(又称保兑仓)是银行向处于供应链下游,经常需要向上游的核心企业预付账款才能获得企业持续生产经营所需的原材料的中小企业所提供的一种融资模式。动产质押融资模式是指银行等金融机构接受动产作质押,并借助核心企业的担保和物流企业的监管,向中小企业发放贷款的融资业务模式。在这种模式下,金融机构与核心企业签订担保合同或质物回购协议,约定在中小企业违反约定时,由核心企业负责偿还或回购质押动产。

3. 第三方平台

通过搭建第三方平台,面向中小企业开展融资资源的对接和服务。浪潮基于财税等政府数据打造的数字金融产品"一贷通",通过大数据对企业进行"信用画像",提供大数据征信服务,帮助中小企业获得银行等金融机构的贷款。"一贷通"创造了"101"模式,即收到贷款申请1分钟内出具企业的征信报告,0人工介入,通过审批后1秒钟完成放款。与阿里和腾讯的模式不同，"一贷通"完全不提供贷款，它更像一座桥梁，一头连着贷款客户，一头连着银行等金融机构。它扮演的是第三方征信机构和"连接器"的角色。

为有效缓解中小企业"融资难、融资贵"问题，2020—2022年，广东省财政厅计划安排预算资金6582.32万元，支持省有关部门建立"中小融"平台，为中小企业提供信息收集、信用评价、线上融资对接、增信、产业金融服务等一体化线上智能金融服务。广东省财政厅依托"广东省政府采购系统"搭建政府采购合同融资服务平台，进一步优化和完善与"中小融"平台、中国人民银行征信中心应收账款融资服务平台的系统对接功能，引导金融机构与供应商通过平台在线开展政府采购合同融资业务，推动实现全流程线上融资。供应商凭借中标（成交）通知书或政府采购合同向金融机构申请融资，金融机构以供应商信用审查和政府采购信誉为基础，按便捷贷款程序和优惠利率，为其发放无财产抵押贷款。线上融资可以大幅减少传统人工审批流程和审批时间，进一步降低业务成本，且供应商无须提供财产抵押或第三方担保，真正解决了中小微企业融资难题，将金融"活水"更精准地引向实体经济。截至2020年11月底，已有19家金融机构进驻政府采购合同融资服务平台，共为144家中小企业提供融资211笔，融资金额4.4亿元。

四、多措并举推动数字金融助力解决中小企业融资难题

（一）完善顶层设计，加强政策支持

研究制定出台中小企业融资支持方面的法律法规，从法律层面奠定大力支持数字金融助力解决中小企业融资问题的基调。如出台加大数字金融支持中小企业融资力度相关的法律法规；落实《保障中小企业款项支付条例》，防范新增拖欠等。进一步完善相关金融政策，围绕疏通货币政策传导机制，综合运用多种货币信贷政策工具，实行差异化监管安排，完善考

核评价机制，对金融机构履行好中小企业金融服务主体责任形成有效激励，完善政府性融资担保体系，加快涉企信用信息平台建设，拓宽优质中小企业直接融资渠道。同时，进一步加大财政政策支持力度，继续实施减税降费，健全中小企业融资财政专项资金政策，加大对中小企业的财政补贴力度。

（二）推动数据开放共享，加强数字金融风险监管

虽然阿里、腾讯、浪潮等企业发展数字金融的数据基础有所不同，但从本质上看，它们的模式是相同的。在用大数据打通企业融资渠道的探索中，他们都面对的一个共性问题，就是如何进一步拓展数据覆盖面，打通数据节点。政府部门内部、部门之间、区域和层级之间的数字化不足、共享程度不高、"数据孤岛"等现象依然存在，一定程度上制约了这些模式的发展。因此，应进一步推动数据的开放共享，打破政府部门内部及政府与企业之间的数据壁垒，推动大数据进一步拓宽企业融资渠道。同时，数字金融的长期发展依赖于更系统、更完善的监管体系，应明确划分数字金融行业监管主体，搭建行业内监管体系，形成混合监管框架；转变监管态度，由事后检查、处罚制度转向事前监管、预防性制度，注意保持监管的适度弹性和包容度，允许数字金融领域在一定范围大胆创新。

（三）进一步发展数字技术，推动数字金融的可持续创新发展

新一代信息技术是数字金融的重要基础。金融数字化改革与创新应具有服务智能化、业务场景化、处理自动化、运营科技化等特点。数字金融也并非金融与数字技术简单融合或特指某种技术形式，对其描述不应脱离其应用的实际场景，其涉及的技术基础主要包括：移动互联（用户端）、云计算（技术基础）、大数据及人工智能（数据处理）、区块链（信用保障）。因此应进一步加大对数字技术的应用与创新研发，加强对信息系统的维护与研发，或采用更专业的服务供应商提供更符合金融技术发展需要

的专业化服务。

（四）完善自身治理机制，加快实施数字化智能化转型

中小企业完善自身公司治理机制、提升内部管理水平、优化业务结构，有利于更好地、更长远地控制风险。为适应数字金融融资的场景，中小企业应努力建立数字化供应链生态系统，提高其信息化、数字化水平。后疫情时代，应进一步构建起数字经济生态系统，数字化发展的过程中要体现数字包容和数字普惠的理念，杜绝中小企业由于资金、规模、技术等方面的弱势而无法享受数字红利，避免在数字经济时代产生"数字鸿沟"。此外，还应树立企业数字化转型标杆，引领大中小企业融通发展；加快数字化人才培养，解决中小企业数字人才缺口。

参考资料

1. 肖亚庆. 啃下"硬骨头"，锻造新优势. 通信世界，2021-1。

2. 王予婷. 我国中小企业融资政策支持的创新研究. 天津商业大学硕士论文，2016-5。

3. 黄益平，黄卓. 中国的数字金融发展：现在与未来. 经济学（季刊），2018-7。

4. 曹志鹏，王诺. 创新数字金融技术破解中小企业融资难题. 中国经贸导刊，2020-5。

5. 赵莉. 供应链金融融资模式及案例分析. 山东大学，2010-3。

6. 吕光. 广东"中小融"平台融资超288亿. 中华工商时报，2020-12-28。

我国中小企业技术和管理创新现状及存在问题

高卉杰　郜媛莹　贾战利[1]

摘　要： 目前，我国中小企业整体技术创新、管理创新水平均有所提高，但与发达国家的差距依然存在。我国中小企业技术创新呈现区域聚集性特征，人工智能领域企业技术创新活力强劲；管理创新理念由追求利润最大化逐渐向追求企业可持续成长观转变，管理模式逐渐向精益生产、供应链管理、敏捷虚拟企业、优化生产技术、卓越绩效模式、以用户为核心的数字化运营等新型数字化管理架构转变。但围绕中小企业创新环境和创新过程，有些问题仍有待进一步完善，如政策法律支持力度不够、创新意识不强、创新经费投入力度不足、创新人才缺乏及数字化管理运用相对滞后等。未来仍需进一步完善落实中小企业创新配套政策，提高中小企业创新意识，创新企业管理模式，拓宽融资渠道，持续推进精细化管理，全面提高中小企业创新能力。

关键词： 中小企业；技术创新；管理创新

---

[1] 高卉杰，国家工业信息安全发展研究中心工程师，北京科技大学博士（后），主要研究方向为中小企业、产业分析、创新管理、政策研究等；郜媛莹，国家工业信息安全发展研究中心工程师，对外经济贸易大学博士（后），主要研究方向为中小企业、创新创业、智能制造等；贾战利，国家工业信息安全发展研究中心高级工程师，研究方向为咨询研究、资源服务。

Abstract: At present, the overall technological innovation and management innovation level of SMEs in China have been improved, but there is still a gap with the developed countries. The technology innovation of SMEs in China is characterized by regional agglomeration, and the technology innovation vitality of artificial intelligence enterprises is strong. The management innovation concept is gradually changing from the pursuit of profit maximization to the pursuit of sustainable growth of the enterprise. The management mode is gradually changing to the new digital management architecture such as lean production, supply chain management, agile virtual enterprise, optimized production technology, excellent performance mode, and user-centered digital operation. However, around the innovation environment and innovation process of SMEs, some problems still need to be further improved, such as insufficient policy and legal support, weak innovation consciousness, insufficient investment in innovation funds, lack of innovative talents, and relatively lagging digital management and application. In the future, it is still necessary to further improve and implement supporting policies for SMEs' innovation, improve their innovation consciousness, innovate their management mode, broaden their financing channels, continue to promote fine management, and comprehensively improve their innovation ability.

Keywords: Small and Medium-sized Enterprises; Technological Innovation; Management Innovation

中小企业是经济发展的重要力量,是企业家的摇篮,是就业的蓄水池,对我国整体经济水平提高有着巨大贡献。同时,我国中小企业普遍起步晚、规模不大、实力不强、竞争后劲不足,因此,创新便成为推动中小企业变大变强的关键要素。提高中小企业的创新能力,增强其竞争实力,对于提高我国整体科技实力,促进我国经济增长与可持续发展具有重大意义。

一、我国中小企业创新水平稳步提升

(一)中小企业技术创新水平有所提升

根据英国小企业协会调查显示:与大型企业相比,科技型中小企业人均创新成果要高出2.5倍,这表明中小企业技术创新是国家创新的主力军,在整个创新体系中发挥着非常重要的作用。近年来,我国中小企业一方面通过大量引进、吸收国外先进技术和管理经验,另一方面通过我国工业化建设、技术创新政策支持和大规模的资金投入等,技术创新水平明显提高。我国中小企业技术创新能力呈现出以下特点。

一是我国中小企业技术创新水平有所提高,但与发达国家的差距依然存在。近年来,随着国家在落实和完善创新政策法规、完善科技创新投入机制、加强规划实施与管理等方面提出保障措施,强调完善支持创新的普惠性政策体系,深入实施知识产权战略和技术标准战略,建立多元化科技投入体系等,我国已形成良好的创新创业生态,使中小企业技术创新能力有所提高。以我国高新技术企业发明专利为例,根据《中国企业创新能力百千万排行榜(2019)》显示,我国高新技术企业前100强申请的发明专利占它们申请的所有专利的比重为67.7%,较2018年提高了3.7%;有效发明专利数量占它们拥有的有效专利总数的比重为52.4%,比2018年提升了3.9%。上榜的前1000强企业所申请的发明专利占它们申请的所有专利的比重为60%,分别较2018年和2017年略微上升了0.4%和0.8%;有效发明专利数量占他们所拥有的有效专利总数的比重为43.9%,分别比2018年和2017年提高了1.2%和2.6%。由此可见,我国企业的技术创新能力和专利质量正在不断提升。高新技术企业发明专利和有效发明专利占比如图6-1所示。

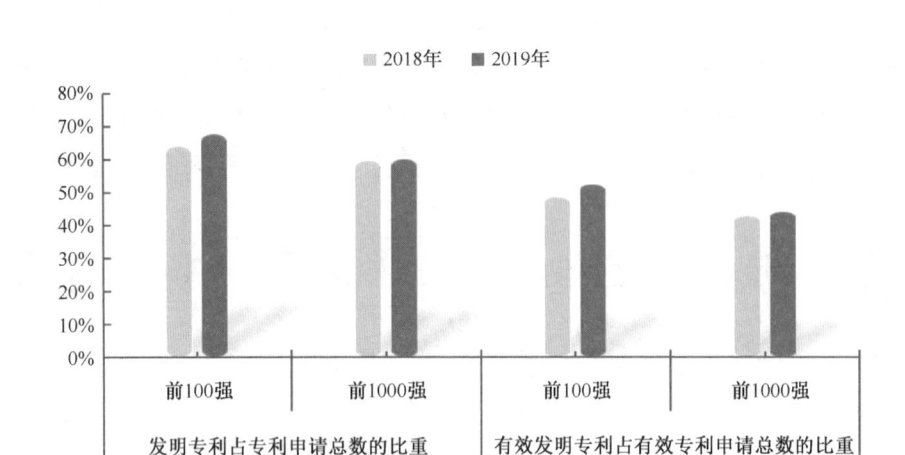

图 6-1　高新技术企业发明专利和有效发明专利占比

资料来源：《中国企业创新能力百千万排行榜（2019）》。

根据世界知识产权组织发布的《2020年全球创新指数报告》显示，在全球131个经济体中，我国2019年的全球创新指数排名第14位，与2018年持平。另外，我国已经确立了作为创新领先者的地位，在专利、实用新型、商标、工业品外观设计方面的申请量和创意产品出口等重要指标上均名列前茅。尽管如此，我国中小企业的技术创新能力与美国、日本等发达国家相比仍存在一定差距。根据美国专利商标局数据显示，2019年美国专利商标局授权的发明专利高达354430项，占全部授权专利数量的91%，比2018年增长了15%。同期，我国知识产权局的发明专利授权量为45.3万件，占全部授权专利数量的44.3%，相比2018年的发明授权率53.5%有明显下滑。由此可以看出，我国企业的发明专利所占比重，相比于国外，仍处于偏低水平，企业的技术创新能力尚有很大的提升空间。

二是越来越多的中小企业开始重视技术创新。我国经济不断发展，不断深入融入全球化，越来越多的企业逐渐达成一种共识，即学习吸收国外先进技术，加强国际合作，在引进国际先进技术的基础上积极促进消化吸收和再创新，进而提升自主创新能力，加强原创性研究、集成创新，企业才能立于不败之地。越来越多的企业不断加大研发投入，积极研发核心技术，努力突破发达国家的技术垄断。根据国家统计局数据显示，2018年，

B.6 我国中小企业技术和管理创新现状及存在问题

我国中小企业开展创新合作的企业达 118145 家，占开展创新合作总企业数的 83.2%，比 2017 年多 1415 家；中小企业创新费用支出合计 8541.5 亿元，占全部企业创新费用总支出的 40.9%，比 2017 年多 149.8 亿元（见图 6-2 和图 6-3）。

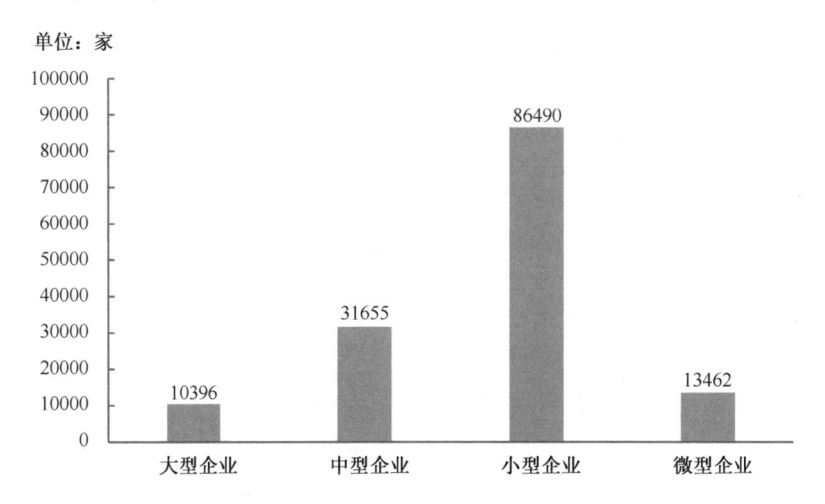

图 6-2　2018 年不同类型企业开展创新合作的数量

资料来源：中国科技统计年鉴（2019）。

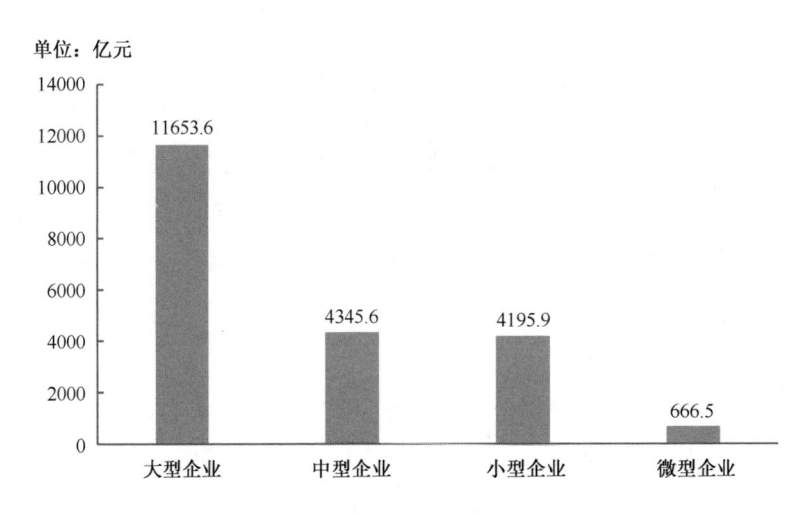

图 6-3　2018 年不同类型企业创新费用支出

资料来源：中国科技统计年鉴（2019）。

另外，独角兽企业的数量在一定程度上反映了一个国家的企业技术创新能力，目前世界上独角兽企业数量最多的除了美国就是中国。根据胡润研究院发布的首份《2019胡润全球独角兽榜》显示，截至2019年6月30日，全球共有494家独角兽企业，中国独角兽企业以206家的数量超过美国的203家，印度和英国排名第三、第四。从城市分布来看，北京已经成为我国的"独角兽之都"，以82家领先于旧金山的55家，上海以47家排名第三，纽约以25家排名第四；从独角兽企业的业务分布情况来看，电子商务和金融科技类占全球独角兽企业的31%，其次是云计算和人工智能类，这些公司大多数为高技术或新兴行业的企业。可见，我国企业的技术创新活力非常旺盛。

三是中小企业技术创新的区域聚集特征明显，经济相对发达地区是主要集聚地。据国家统计局数据显示，中小企业开展创新合作的企业数量主要集中在经济相对发达的省份，从省份分布来看，最为集中的是5个省（自治区、直辖市）为广东（15.3%）、江苏（14.3%）、浙江（13.2%）、山东（7.0%）、安徽（4.8%），这些地区中小企业开展创新合作的企业数量占据全国开展创新合作的企业数量的54.6%。中小企业创新费用支出排名前5的省（自治区、直辖市）为广东（3995.7亿元）、江苏（2967.8亿元）、山东（1886.5亿元）、浙江（1627.4亿元）、上海（1160.0亿元），这些地区中小企业创新费用支出占全国中小企业创新费用总支出的55.8%。相比之下，经济发展水平相对较为落后的省份，中小企业开展创新合作的企业数量和创新费用支出都相对较少，如西藏、青海的中小企业开展创新合作的企业数量分别为54家、189家，创新费用支出分别为1.4亿元、17.4亿元（见图6-4）。

从不同区域来看，全国中小企业开展创新合作的企业主要集中在华东区域、华中区域、华南区域，这3个区域创新合作中小企业数量占全国的78.3%，研发经费投入占全国的77.9%（见图6-5）。

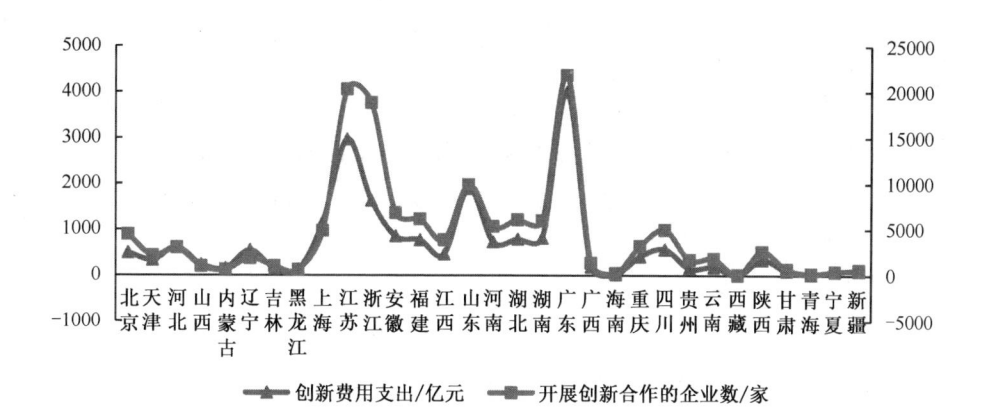

图 6-4 2018年不同省份中小企业创新费用和开展创新合作的企业数量

资料来源：中国科技统计年鉴（2019）。

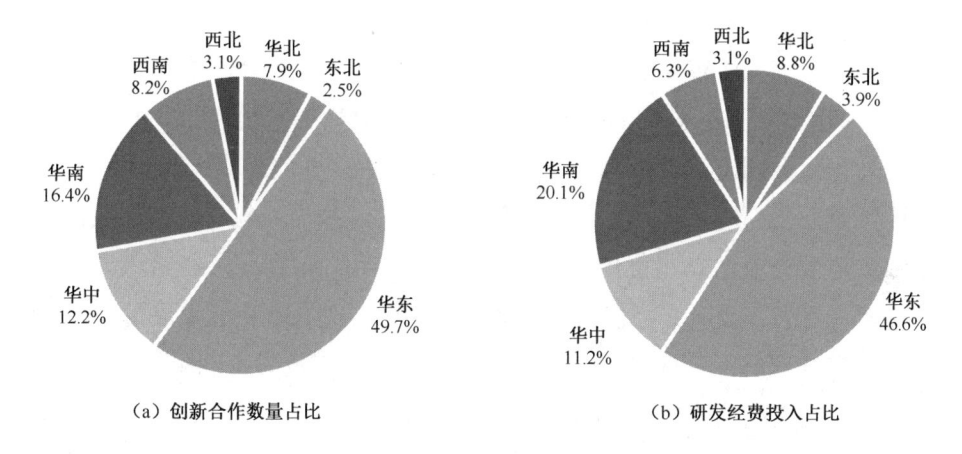

图 6-5 2018年不同区域中小企业开展创新合作数量与研发经费投入

资料来源：中国科技统计年鉴（2019）。

四是人工智能领域快速成长，中小企业技术创新活力强劲。 近年来，人工智能发展迅猛，成为全球科技创新和产业发展的重要聚焦领域，美、日、欧等世界主要发达经济体争相引领前沿，抢占优势。2020年，受新冠肺炎疫情的影响，进一步彰显了人工智能技术在疫情防控中的重要作用。2020年，国内人工智能领域的中小企业数量迅速增加，企业创新活力较为旺盛，一大批成长型企业崭露头角。据《中国企业创新能力百千万排行榜（2019）》显示，深圳市大疆创新科技有限公司、杭州海康威视数字技术股份有限公司等中小企业位列人工智能技术创新成果百强榜，科大讯飞股份有限公司、苏州思必驰信息科技有限公司等中小企业则进入了前1000强。

（二）中小企业管理创新水平逐步提高

近年来，我国中小企业迅速成长，在国民经济中的重要程度不断上升。在技术创新的基础上，许多中小企业不断尝试管理创新的新方法和新模式。2020年，新冠肺炎疫情的影响给人民生活和经济社会发展带来严重冲击，国际疫情持续蔓延，引发世界经济深度衰退，给中小企业发展也带来严峻的困难和挑战。我国工业和信息化部高度重视企业管理与管理创新工作，把引导企业加强管理创新作为推动企业转型升级，实现经济高质量发展的一项长期战略任务。为探索政府支持企业管理创新的新机制，2016年工业和信息化部会同国家发展和改革委员会、财政部等11部门联合印发了《关于引导企业创新管理提质增效的指导意见》，通过加强与有关部门、行业组织和地方企业的交流合作，开展了一系列工作，取得了积极成效。在新常态下，中小企业顺应经济发展趋势，积极探索适合本企业发展的管理模式，制定合理的经营战略，为企业的可持续发展创造了有利条件。

参照现代企业制度的要求，企业管理创新需要放弃过时的传统管理模式和管理方法，创新管理模式、方式与方法。常见的管理创新大致包括：提出一种新经营思路并加以有效实施即管理思想创新；进行一项管理制度的创新，创设一个新的组织机构并使之有效运转即管理组织创新；制定一种新的公司发展规划即管理战略创新；创建一种新的管理模式等。目前，我国中小企业管理创新呈现出以下特点。

一是信息技术的进步改变了企业的运作方式，使得中小企业的管理创新水平有所提升。各种新技术和新管理方式在中小企业中得到广泛应用，现阶段，我国中小企业的管理创新水平也有所提升。中小企业逐渐转向网络化、自动化及智能化、信息化方向发展，管理模式开始广泛利用信息技术实现办公自动化和管理信息化，这其中主要包含信息技术支持下的企业变革过程管理、企业运作管理，以及对信息技术、信息资源、信息设备等信息化实施过程的管理。目前，我国越来越多的中小企业开始采用ERP现代管理系统，以及适合中小企业规模本地部署的SAP Busienss One，云部署的SAP Business ByDesign和Netsuite。研究机构Forrester Research（2017）指出，SaaS ERP的绝大多数应用企业是中小型公司和大型企业的子公司。中小企业逐渐成为信息化应用的主流，企业管理水平逐渐提高。

二是管理理念有所创新，由追求利润最大化向追求企业可持续成长观转变。传统观念认为，利润最大化应是企业管理的终极目标。但随着新一代信息技术革命的变革，各种新兴产业模式不断涌现并加速发展，企业发展将呈现新的发展格局。与传统经营管理理念、生产方式、营销服务等相比，中小企业亟须提升创新管理水平、提高技术水平、生产效率和服务质量。在当前新发展格局下，我国中小企业转型升级、重塑国际竞争新优势的有力支撑是秉持创新、协调、绿色、开放、共享五大新发展理念。中小企业管理创新的基本原则是需形成具有新发展格局下的发展理念和目标，并将其体现到企业的日常经营管理活动之中。

三是管理模式有所创新。互联网开启了经典电子商务模式，使企业传统的管理模式面临挑战。在互联网、物联网、大数据、云计算、人工智能等新技术发展的环境下，中小企业的管理模式从单一类型逐渐转型为多元化发展机制，典型的现代企业管理模式如精益生产、供应链管理、敏捷虚拟企业、优化生产技术、卓越绩效模式，以及以用户为核心的数字化运营等，广泛地促进了企业创新管理的进步。成立于1993年的中日合资企业上海日立电器有限公司，最初只有上海一个工厂，目前已建成智能化生产体系，在全球拥有8个工厂、2300万台的销量，是企业管理创新多元化发展的成功例子。该企业在技术上由引进、模仿到自主创新，最终在全球建立了7个技术中心，成为转子式压缩机市场的领导者，全球市场份额超过15%；品牌上由采用日本品牌，到创立、培育自主品牌海立，如今海立品牌已占公司总销量的90%以上；产品质量由初期的产品下线率为0.02%，降低到今天的0.002%，获得全国质量奖、上海市质量金奖等。上海日立集团的成长壮大，归功于长期坚持技术创新和管理创新，实施卓越绩效管理模式。管理创新主要体现在以下6个方面：第一是客户化导向，构建"顾客的苛求就是其开发指南"的市场化质量理念，逐步从满足顾客要求发展到引导客户需求；第二是国际化视野，系统性思考，从产业转移的角度思考行业的发展，逐步引进国际先进的管理理念，提升管理水平，从国际化视野考虑企业的未来；第三是追求卓越，超越自我的境界，确立"全球第一"的战略发展目标，强调学习与创新，与时俱进；第四是发现和解决主要矛盾，不断适应巨大的环境变化，并进行持续思考、探索和创新；第五是系统化协调配合，管理必须与技术、与其他要素相结合；第六是领导与领导力是创新的驱动力，领导有想象力、影响力、领导力，才能影响下属，引领发展，开拓未来。

二、我国中小企业创新意识相对薄弱

（一）技术创新政策法律支持、意识、经费投入有待加强

一般来说，相比于大型企业，中小企业在技术创新方面成功率往往较高。这主要源于中小企业大多数是根据客户的需求进行技术创新，目标是利润最大化，即是市场拉动性技术创新。因此，中小企业技术改进和技术成果转化的机制比较灵活。然而，从我国中小企业的发展情况来看，还存在许多因素制约着中小企业的技术创新，中小企业的技术创新面临一定的困难。

一是技术创新政策法律支持有待加强。目前，我国虽然加强了对企业技术创新的扶持力度，在国家层面设立了科技型中小企业技术创新基金，在财政、税收、金融领域加大了政府投入，但与发达国家相比，相较于中小企业的庞大数量，政府对中小企业的投入力度还远远不够，难以形成中

小企业技术创新的支撑条件。截至2020年，关于中小企业技术创新的法律法规体系还不完善，对中小企业的保护和鼓励作用并发没有得到充分发挥，中小企业尚未获得非常宽松和充足的技术创新政策支持。同时，金融支持方面也比较欠缺，限制了中小企业的技术创新能力。另外，中小企业技术创新服务体系不健全，科研机构、高校、信息部门与中小企业之间缺乏密切的联系，难以获得应有的服务和支持，在一定程度上也限制了其技术创新能力。

二是中小企业自身技术创新意识不强。我国中小企业多是从乡镇企业、私营企业和个体经济基础上发展而来的，企业的经营者和管理者以中低学历者占多数。由于缺乏系统的现代管理知识和技术创新意识，往往习惯于墨守成规，缺乏前瞻性，忽视技术创新的重要性，导致企业发展速度和市场竞争力受到影响。

三是企业技术创新经费投入力度不高。从整体上来看，当前我国中小企业无论是在生产能力还是在生产规模及税费负担上都具有较大的压力，而技术创新无论是在设备还是在研发方面，都需要大量的资金投入，如果资金不到位，技术创新项目就很难做成，资金缺乏也是中小企业创新面临的一个主要困难。

四是企业技术创新研发人才缺乏。我国中小企业发展实力与大企业相比差距较大，究其原因在于中小企业的发展既缺少科学的管理模式，也缺少技术创新的人才支持。大多数中小企业缺少专业技术团队，技术创新基本凭借老员工的经验，知识更新速度较慢。与知识性工作方式相比，经验式工作方式较难创造出高精尖项目。目前，我国科技人员的70%以上集中在高校、科研院所。中小企业从业人员主要来自农村转移劳动力和城镇新增劳动力，其知识层次、基本技能相对偏低，这导致中小企业技术创新人才缺乏，创新能力不足。同时，中小企业在企业文化、科研条件、工作环境、个人发展前景等方面的种种局限，还造成中小企业难以吸引和留住所需的技术创新人才。

（二）管理创新认识相对不足

近年来，我国中小企业的管理水平不断提高，在管理创新方面也取得了一些成就。据《中国制造强国发展指数报告》（2019）显示，我国制造强国发展指数为 109.94，在全球制造业整体排名第四，居于美国、德国、日本之后。其中，规模发展指数（55.16）为近年来最高值且持续位居各国首位，但质量效益（15.05）、结构优化（23.40）、持续发展（16.33）仍与美、德、日等国差距较大，这 3 项指标合计在 9 个主要国家中位列第七，表明我国制造企业整体管理水平还有较大的提升空间，"大企业不强，小企业不专"的态势依然存在。同时受到一些因素的制约，中小企业管理创新依然存在一些问题和不足，主要表现在以下方面。

一是制度管理创新意识薄弱。我国中小企业在产权制度、组织制度、管理制度等方面仍有待完善。目前，不少中小企业仍采取传统的管理模式进行企业内部管理，管理创新意识不强和创新机制不完善，甚至部分企业管理制度不健全，企业管理比较混乱。据赛迪智库调查结果（2018）显示，目前全国仅有 32.1%和 8.8%的企业构建了流程化和网络化的组织架构，多数企业仍采用传统的科层制管理模式。另外，有些企业虽然意识到管理制度创新的重要性，但在实施过程中，存在无法将制度创新与实践创新有机结合统一，管理制度执行力不足。

二是中小企业数字化管理仍相对滞后。工业互联网通过结合新一代信息技术，正在推动数字经济与实体经济深度融合，赋能千行百业数字化转型，已经成为全面开启数字经济新时代的"金钥匙"，更是"十四五"期间助推经济社会高质量发展的重要引擎。近年来，越来越多的企业逐渐采用数字化办公模式，使用各种数字化设备来改善工作环境，提高办公效率，同时也为员工工作提供了便利性。与之相对应，企业管理方式也需要进行变革，数字化管理创新也成为企业发展的必要因素。数字化管理是指利用数字技术，对研发、采购、生产、销售等业务流程进行信息化升级，降低企业各项成本,提升企业生产效率的管理方式,它广泛涉及企业生产、质量、设计、研发、订单、采购、库存、供应商和客户关系等多方面的管理。据中国中小商业企业协会与阿里云研究中心联合调研显示,目前我国中小企业的数字化成熟度分数普遍较低,中小企业数字化管理水平仍相对滞后。中小企业在商品、品牌、营销、零售、渠道和服务等领域智能化应用建设方面,九成中小企业完全或部分依赖人为经验进行管理,并未引入自动化的管理手段。

另外,中国电子技术标准化研究院2020年开展了中小企业调查,采集中小型制造企业数据2608家,通过人员(组织战略、人员技能)、技术(数据、集成、信息安全)、资源(装备、网络)、制造(设计、生产、物流、销售、服务)4个维度对企业的数字化转型水平进行了调研。调研结果显示,89%的中小企业处于数字化转型探索阶段,8%的中小企业处于数字化转型践行阶段,自动化和可视化特征显著,仅有3%的中小企业处于数字化转型深度应用阶段。整体上来看,我国中小企业仍处于数字化转型探索阶段,企业数字化水平相对较低,中小企业数字化管理建设任重道远。

三是人力资源管理创新僵化。我国中小企业越来越重视人力资源的重要性,许多企业将人力资源管理看成是管理创新工作的重要一环,采用合理的方式招聘有能力的人才,并开展专业技能培训和竞争上岗,比较重视人才使用和队伍建设。但现阶段我国中小企业人力资源管理理念较西方发达国家仍然落后,传统型中小企业对人力资源管理的认识淡薄,往往是机械式的模式管理,在激发员工积极性、主动性和创造性等方面认识不足,员工奖惩方案与企业绩效的评定措施仍不完善,薪酬体系不健全,相应福利政策较少,对员工激励偏重物质奖励,精神鼓励不足。另外,受资金规模影响,中小企业缺少资金来保障人力资源的教育和培训,导致管理者在人力资源开发、培训方面面临一些问题。

三、完善创新配套政策，提高中小企业创新水平

（一）完善技术创新配套政策和模式，提高技术创新水平

一是完善和落实中小企业技术创新的配套政策。全面落实国家和地方支持中小企业技术创新的各项政策措施，制定促进金融机构支持中小企业技术创新的激励政策，为中小企业技术创新加大贷款支持力度；鼓励银行与成长性强、资信好的中小企业建立稳定的银企合作关系，改善商业银行对中小企业技术创新的金融服务。

二是积极完善中小企业技术创新管理模式。当前，我国中小企业无论是在技术创新人才配置，还是在技术创新管理模式方面，与大型企业相比都存在较大差距。中小企业需要从自身做起，从源头上积极完善，形成科学的技术创新管理模式。企业管理者及所有员工都要提升科学技术创新的能力和意识，只有中小企业所有成员都意识到技术创新对于企业发展的重要促进作用，才能实现全方位发展，有效提升自身技术创新的能力，最终实现中小企业经济利益的最大化。

三是优化投资环境，拓宽融资渠道，加大中小企业技术创新投入力度。制定中小企业技术创新风险投资相关政策，积极培育中小企业技术创新风险投资市场，构建多元化的高新技术风险投资机构和政策性贷款担保机构，为中小企业技术创新申请贷款提供担保，对开展技术创新的中小企业提供专项贷款、贴息贷款等形式的筹资优惠。成立中小企业发展基金和互助担保基金等，通过国家财政拨款、社会募集和企业入股等多种渠道筹集基金，为中小企业技术创新提供有效的资金支持。

四是推动中小企业与科研院所、高校协同进行技术创新。由于中小企业技术创新人才缺乏，受规模、设备、资金等因素制约，对于较复杂的技术创新活动很难独立完成，并且我国多数科技人员集中在科研院所和高校。因此，可积极推动中小企业与科研院所、高校建立产业创新联盟，借助科

研院所、高校的平台，引进、吸收外部智力资源和技术资源，通过产学研合作、技术联盟，弥补自身在人才、技术方面的不足，提升技术创新能力。

（二）强化制度管理，提升中小企业管理创新水平

一是提高基础管理意识，强化制度管理。中小企业要贯彻落实国务院国有资产监督管理委员会印发的《关于开展对标世界一流管理提升行动的通知》，以对标世界一流为出发点和切入点，以加强管理体系和管理能力建设为主线，瞄准当前中小企业管理的重点领域和薄弱环节，采取系统化的思维，扎实推进制度创新；像重视技术创新一样重视制度管理创新，将制度管理体系建设贯穿于业务全流程，不断优化管理流程和制度，全面实现企业的规范管理。

二是借助数字化转型，加强新一代信息技术与企业管理模式之间的深度融合。以大数据、云计算、人工智能为代表的新一代信息技术与制造业正在加速融合，推动制造业实现数字化、网络化、智能化，也催生了重要的管理创新变革。中小企业要顺势而为，坚持用数字化、网络化、智能化作为管理创新的主要手段和方向，用信息技术赋能企业生产经营管理全过程，探索形成与之相适应的新型数字化管理架构和优质高效的数字管理工具；同时注重采用工业互联网平台共享数据、技术、市场、知识等内外部资源，结合新模式、新业态，积极发展线上线下良性互动的营销新模式，强化供应链管理，增强抗风险能力，提升管理效率，实现转型升级，同大企业一道，共同促进我国加快形成大中小企业协调发展的数字经济新优势。

三是积极完善管理创新模式，持续推进精细化管理。当前，我国中小企业无论是在技术创新还是管理创新方面，人才配置、管理模式上都与大型企业存在较大差距。因此，中小企业需要从自身做起，完善技术创新、管理创新模式，从粗放式管理转向精细化管理，如开展标准化建设、全面质量管理、卓越绩效管理、精益管理等，加快形成系统化、一体化的精益管理体系，推动企业内部各部门和各项工作之间的协同发展，不断提高企

业的全要素生产率。

四是创新人才管理机制。人性化管理已经成为现代企业管理的发展态势，在中小企业管理过程中，要充分重视人性要素，充分开发以人的潜能为己任的管理模式。中小企业可根据自身管理创新方案和未来发展战略需要，制定适合不同层次员工的学习方案，加大人才培养力度，完善奖励机制，逐步形成科学、完善的人才培养机制和体系，提高全员创新意识，激发优秀人才创新热情，全面提高企业创新水平。

参考资料

1. 国务院."十三五"国家科技创新规划，2016-09-06。
2. 沈莉莉.企业管理创新模式分析及实现措施.企业研究，2011（24）：44-45。
3. 贾琼.大变革时代，以创新引领行业发展——2018—2019年度工信部中小企业经营管理领军人才家电行业高级研修班侧记.电器，2019-02-08。
4. 陈学志.我国中小企业技术创新存在的问题和建议措施.现代营销（经营版），2020，327（03）：34-35。
5. 冯雨晴.论当前我国中小企业的技术创新.环渤海经济瞭望，2020-06-15。

Ⅲ 政策法规篇

Policy and Regulation Articles

B.7

2020—2021年我国典型中小企业相关政策概览

黄凤仙　郭鹏　刘娜　周卫红　赵千　钟静薇　孙一赫[1]

摘　要： 中小企业是国民经济和社会发展的主力军，是扩大就业、改善民生、促进创业创新的重要力量，在稳增长、促改革、调结构、惠民生、防风险中发挥着重要作用。我国中小企业为国民经济的发展和人民生活水平的提高做出了重要贡献。2020年以来，为支持中小企业发展，中央和各地方政府出台了一系列政策支持中小企

---

[1] 黄凤仙，国家工业信息安全发展研究中心工程师，吉林大学学士，主要研究方向为科技信息咨询服务、科技查新服务等；郭鹏，国家工业信息安全发展研究中心工程师，主要研究方向为科技信息咨询服务、科技查新服务等；刘娜，国家工业信息安全发展研究中心工程师，中央民族大学硕士，主要研究方向为科技查新服务；周卫红，国家工业信息安全发展研究中心高级工程师，英国城市大学硕士，主要研究方向为科技查新服务；赵千，国家工业信息安全发展研究中心高级工程师，首都师范大学本科，主要研究方向为科技查新服务；钟静薇，国家工业信息安全发展研究中心高级工程师，北京理工大学硕士，主要研究方向为科技查新服务；孙一赫，国家工业信息安全发展研究中心工程师，中国人民大学硕士，主要研究方向为宏观经济政策、中小企业发展等。

业发展，涉及金融财税、创新科技、就业扶持、营商环境、发展规划等各方面。

关键词： 中小企业；金融财税；创新科技；就业扶持；营商环境；发展规划

Abstract: As the main force of national economic and social development, Small and Medium-sized Enterprises (SMEs) are important forces to expand employment, improve people's livelihood, and promote entrepreneurship and innovation. They play an important role in stabilizing growth, promoting reform, adjusting structure, benefiting people's livelihood, and preventing risks. Chinese Small and Medium-sized Enterprises have made important contributions to the development of national economy and the improvement of people's living standards. Since 2020, in order to support the development of SMEs, the central and local governments have issued a series of policies to support the development of SMEs, covering finance and taxation, innovation and technology, employment support, business environment, development planning and other aspects.

Keywords: Small and Medium-sized Enterprises (SMEs); finance and taxation; innovation and technology; employment support; business environment; development planning

2020年，突如其来的新冠肺炎疫情对经济、生活都造成了巨大的影响，对于抗风险能力相对较弱的中小企业来说，冲击尤其明显。党中央、国务院高度重视中小企业的发展，围绕中小企业面临的新问题、新需求，多次召开会议研讨和专题调研。2020年2月19日，习近平总书记主持召开中央政治局常委会会议,会议指出,要加大对重点行业和中小企业帮扶力度,救助政策要精准落地,政策要跑在受困企业前面;3月29日至4月1日,习近平总书记在浙江考察时强调,民营企业、中小企业在我国发展特别是产业发展中具有重要地位。党中央特别考虑了中小企业的困难,出台一系列措施支持和帮助中小企业渡过难关。广大中小企业要发扬企业家精神,顽强拼搏,攻坚克难,努力战胜疫情挑战;4月15日,习近平总书记主持召开中央政治局常委会会议,会议强调,要着力帮扶中小企业渡过难关,加快落实各项政策,推进减税降费,降低融资成本和房屋租金,提高中小企业生存和发展能力;4月20日至23日,习近平总书记在陕西考察时强调,国有大型企业要发挥主力军作用,在抓好常态化疫情防控的前提下,带动上下游产业和中小企业全面复工复产;12月16日至18日,中央经济工作会议在北京举行,习近平总书记发表重要讲话。会议确定,要发挥企业在科技创新中的主体作用,支持领军企业组建创新联合体,带动中小企业创新活动。

2021年是我国"十四五"开局之年,中小企业在我国国民经济和社会发展中具有重要地位,支持中小企业发展是我国"十四五"及中长期规划的一项重要任务。在《中共中央关于制定国民经济和社会发展第十四个五年规划和二〇三五年远景目标的建议》中提出,要提升企业的技术创新能力;强化企业创新主体地位,促进各类创新要素向企业集聚;推进产学研深度融合,支持企业牵头组建创新联合体,承担国家重大科技项目;发挥企业家在技术创新中的重要作用,鼓励企业加大研发投入,对企业投入基础研究实行税收优惠;发挥大企业的引领支撑作用,支持创新型中小微企业成长为创新的重要发源地,加强共性技术平台建设,推动产业链上中下游、大中小企业融通创新。

当前,为促进我国中小企业发展,中央及各地方政府出台了多项中小企业政策,从金融财税、创新科技、就业扶持、营商环境、发展规划等多个方面为中小企业发展提供了良好的制度保障。

一、国务院及国家部门典型中小企业政策

（一）金融财税方面

为纾解中小微企业困难，推动企业有序复工复产，对符合条件、流动性遇到暂时困难的中小微企业贷款，给予临时性延期还本付息安排，2020年6月1日中国银行保险监督管理委员会、中国人民银行、国家发展和改革委员会、工业和信息化部、财政部联合发布了《关于对中小微企业贷款实施临时性延期还本付息的通知》，通知指出对于2020年1月25日以来到期的困难中小微企业（含小微企业主、个体工商户）贷款本金，以及2020年1月25日至6月30日中小微企业需要支付的贷款利息，银行业金融机构应根据企业申请，给予企业一定期限的临时性延期还本付息安排。还本付息日期最长可延至2020年6月30日，免收罚息。

（二）创新科技方面

为充分发挥科技创新对当前复工复产和经济平稳运行的支撑保障作用，2020年3月21日科学技术部发布了《关于科技创新支撑复工复产和经济平稳运行的若干措施的通知》（简称《措施》）。《措施》提出实施科技型中小企业创新发展行动，大力推动科技创新创业，加快壮大科技型中小企业规模，促进高质量就业；加大对科技型中小企业的支持力度；加大国家科技成果转化引导基金对科技型中小企业的融资支持。

（三）就业扶持方面

为中小企业发挥新模式、新业态对新增就业的吸纳作用，2020年7月14日，国家发展和改革委员会、中共中央网络安全和信息化委员办公室（以下简称"中央网信办"）、工业和信息化部、教育部、人力资源和社会

保障部、交通运输部、农业农村部、商务部、文化和旅游部、国家卫生健康委员会、国务院国有资产监督管理委员会、国家市场监督管理总局、国家医疗保障局联合发布了《关于支持新业态新模式健康发展激活消费市场带动扩大就业的意见》，提出加快传统企业数字化转型步伐，组织数字化转型伙伴行动，建立政府—金融机构—平台—中小微企业联动机制，发展普惠性"上云用数赋智"。鼓励各类平台、机构对中小微企业实行一定的服务费用减免。

支持中小企业发展和稳就业在"大众创业、万众创新"示范基地具有重要的平台作用，2020年7月30日国务院办公厅发布了《关于提升大众创业万众创新示范基地带动作用进一步促改革稳就业强动能的实施意见》。该意见提出，充分发挥双创示范基地大企业带动作用，协助中小企业开展应收账款融资，帮助产业链上下游企业和相关创新主体解决生产经营难题；支持将中小企业首创高科技产品纳入大企业采购体系；加大对中小企业的采购支持力度；鼓励双创示范基地聚焦核心芯片、医疗设备等关键环节和短板领域，建立大中小企业协同技术研发与产业化的合作机制，带动壮大高新技术企业、科技型中小企业规模。

为解决下岗失业人员、高校毕业生、农民工、就业困难人员等重点群体的就业问题，2020年7月31日，国务院办公厅发布了《关于支持多渠道灵活就业的意见》，意见提出鼓励劳动者创办投资小、见效快、易转型、风险小的小规模经济实体，支持发展各类特色小店；对重点群体从事个体经营的，按规定给予创业担保贷款、税收优惠、创业补贴等政策支持。

（四）营商环境方面

为持续深化"放管服"改革，优化营商环境，更大地激发市场活力，增强发展内生动力，2020年7月21日，国务院办公厅发布了《关于进一步优化营商环境更好服务市场主体的实施意见》，意见提出降低小微企业等的经营成本，鼓励引导平台企业适当降低向小微商户收取的平台佣金等服务费用和条码支付、互联网支付等手续费，严禁平台企业滥用市场支配地位收取不公平的高价服务费。

2020年11月10日，国务院办公厅发布了《关于印发全国深化"放管服"改革优化营商环境电视电话会议重点任务分工方案的通知》，方案提出了让中小微企业融资更加便利、更加优惠，推动国有大型商业银行创新对中小微企业的信贷服务模式，利用大数据等技术解决"首贷难""续贷难"等问题；督促金融机构优化普惠型小微企业贷款延期操作程序，做到应延尽延，并引导金融机构适当降低利率水平。

（五）发展规划方面

为发挥长三角的资本市场优势，构建有利于科技创新和高端产业孵化扩增的金融体系，支持一批中小微科技型企业创新发展，探索建立长三角跨省（市）联合授信机制，推动信贷资源流动，服务长三角科技型中小企业创新发展，2020年12月20日，科学技术部发布了《关于印发长三角科技创新共同体建设发展规划的通知》。

发展新能源汽车是应对气候变化、推动绿色发展的战略举措，2020年11月2日，国务院办公厅发布了《关于印发新能源汽车产业发展规划（2021—2035年）的通知》，通知提出在产业基础好、创新要素集聚的地区，发挥龙头企业带动作用，培育若干上下游协同创新、大中小企业融通发展、具有国际影响力和竞争力的新能源汽车产业集群，提升产业链的现代化水平。

二、华北地区典型中小企业政策

（一）北京市

在金融财税方面，为全面强化稳就业举措，应对新冠肺炎疫情对就业创业造成的影响，发挥创业担保贷款贴息资金在支持复工复产、创业就业中的作用，2020年7月7日北京市财政局、北京市人力资源和社会保障局、中国人民银行营业管理部联合发布了《关于北京市进一步加大创业担保贷款贴息力度全力支持重点群体创业就业的通知》，提出符合条件的小微企业借款人可根据企业实际需求和经营状况与担保公司协商确定贷款额度，最高不超过300万元。

在创新科技方面，为深入推进服务贸易领域供给侧结构性改革，建立和完善首都新时期服务贸易创新发展的体制机制，2020年11月26日，北京市商务局发布了《关于印发北京市全面深化服务贸易创新发展试点实施方案的通知》，提出培育一批中小企业，构建有竞争力的服务贸易企业梯队。引导中小微企业与大企业、大平台、垂直行业深度融合，打造完善的创新孵化价值链和生态圈。优化针对小微服务进出口企业的融资担保机制，扩大出口信保保单融资，促进企业增信与融资服务。

在就业扶持方面，为妥善缓解高校毕业生就业压力，2020年7月3日，北京市人力资源和社会保障局、北京市教育委员会、北京市财政局联合发布了《关于应对新冠肺炎疫情影响促进高校毕业生就业工作的若干措施的通知》，提出对2020年期间招用毕业年度内本市高校毕业生就业的中小微企业，给予以工代训补贴，补贴期限最长不超过6个月。

在营商环境方面，为减轻新冠肺炎疫情对中小微企业生产经营的影响，帮助企业共渡难关和稳定发展，2020年2月5日，北京市人民政府办公厅发布了《关于应对新型冠状病毒感染的肺炎疫情影响促进中小微企业持续健康发展的若干措施》。2020年4月17日，北京市人民政府办公厅发布，《关于印发进一步支持中小微企业应对疫情影响保持平稳发展若干措施的通知》，提出强化对中小微企业的金融支持，鼓励发展供应链金融，促进大中小企业融通创新发展，加强对外贸企业的帮扶，支持科技型中小微企业的发展，保障中小微企业有序复工复产，加大援企稳岗支持力度，建立中小微企业经营状况监测预警机制。为深入推进市场监管部门政府职能转变和体制机制改革，持续深化简政放权、放管结合、优化服务，着力营造宽松便捷的市场准入环境、公平有序的市场竞争环境，提供首善一流的质量技术基础服务和政务服务，2020年6月12日，北京市市场监督管理局发布了《关于贯彻落实北京市优化营商环境条例的实施意见》，提出落实好北京市市场监督管理局支持复工复产、应对疫情影响，加大对个体工商户的扶持力度、进一步做好外资企业服务等各项工作举措；主动关注企业在复工复产中遇到的实际困难和共性问题，积极研究解决方案，加大对受新冠肺炎疫情影响、生产经营遇到困难的中小企业的支持力度，帮助中小企业渡过难关。

在发展规划方面，为全方位推动区块链理论创新、技术突破、应用示范和人才培养，打造经济新增长点，为加快全国科技创新中心建设、促进经济高质量发展提供有力支撑，2020年6月30日，北京市人民政府办公厅发布了《关于印发北京市区块链创新发展行动计划（2020—2022年）的通知》，指出围绕构建区块链一体化产业链体系，培育一批独角兽企业和高成长性特色企业，为中小型创新企业提供应用场景支持，促进产业链上下游协同发展。2020年12月7日，中共北京市委发布了《关于制定北京市国民经济和社会发展第十四个五年规划和二〇三五年远景目标的建议》，提出健全支持民营经济、中小企业的发展制度，落实好减税降费、减租降息、稳企稳岗等政策措施，有效缓解"融资难、融资贵"等问题；加快多层次资本市场建设，深入推动新三板市场改革，打造面向全球服务中小企业的主阵地；健全12345便企服务功能和市区两级走访企业、"服务包""服务管家"制度，加强对中小企业的服务，构建企业全生命周期的服务体系。

（二）天津市

在金融财税方面，2020年5月2日，天津市人民政府办公厅发布了《关于印发天津市有效应对新冠肺炎疫情影响促投资扩消费稳运行若干举措的通知》，提出建立信用融资快速响应机制，发挥好天津市中小企业融资综合信用服务平台（信易贷平台）作用，优先对信用状况良好且符合授信支持条件的中小微企业提供纯线上信贷产品，开通融资服务绿色通道；在复工复产、复商复市期间，免费向有融资需求的中小企业提供信用报告服务，助力企业融资；加快落实国家和本市关于税收、社保、中小微企业和个体工商户等方面的支持政策，发挥好"一企三人两员"工作机制作用，加强宣传解读，推动解决困扰企业恢复生产经营的急、难问题。

在创新科技方面，为做好天津市全面深化服务贸易创新发展试点工作，2020年10月16日，天津市人民政府办公厅发布了《关于印发天津市全面深化服务贸易创新发展试点实施方案的通知》，提出积极开拓"一带一路"服务贸易国际通道，加快中埃·苏伊士经贸合作区提档升级，推进天津中欧产业园、中意中小企业产业园建设。

在就业扶持方面，为大力实施就业优先政策，坚持把稳就业摆在更加突出的位置，健全有利于更充分更高质量就业的促进机制，2020年5月3日，天津市人民政府办公厅发布了《天津市人民政府办公厅关于进一步做好稳就业工作的实施意见》，提出鼓励金融机构制定资金使用方案，重点投向民营企业和小微企业，支持实体经济发展；搭建银企对接平台，增加制造业中小微企业中长期贷款和信用贷款；实施小微企业融资担保业务降费奖补政策。

在营商环境方面，为支持中小微企业和个体工商户减少新冠肺炎疫情影响，提升渡过难关的信心和能力，2020年3月15日，天津市人民政府办公厅发布了《关于印发天津市支持中小微企业和个体工商户克服疫情影响保持健康发展若干措施的通知》，包括阶段减免税费、促进就业稳岗、降低要素成本、强化金融支持、优化服务保障5个部分，共27条具体措施。为持续深化"放管服"改革、"一制三化"改革和优化营商环境，积极应对新冠肺炎疫情等影响，2020年11月12日，天津市人民政府办公厅发布了《关于进一步优化营商环境更好服务市场主体若干措施的通知》，提出建立差异化小微企业利率定价机制，发挥市融资担保发展基金作用，为中小微企业融资提供再担保；完善天津市中小企业融资综合信用服务平台（信易贷平台）的服务功能；鼓励引导商业银行支持中小企业以应收账款、生产设备、产品、车辆、船舶、知识产权等动产和权利进行担保融资。

（三）山西省

在金融财税方面，为支持贫困群众产业就业增收，2020年2月28日，山西省人民政府办公厅发布了《关于克服疫情影响确保贫困群众产业就业增收有关政策措施的通知》，提出对产业扶贫中小微企业客户存量贷款返还2月、3月超出自身成本以外的利息收入；对年内新增的产业扶贫中小微企业和能人大户带贫主体贷款，执行优惠贷款利率，同比降幅不低于10%；对受新冠肺炎疫情影响较大的批发零售、住宿餐饮、物流运输、文化娱乐旅游等产业扶贫中小微企业和能人大户带贫主体年内新增贷款利率，同比降幅不低于20%；对扶贫周转金支持的受到新冠肺炎疫情影响的中小微企业到期贷款，对参与疫情防控的小微企业，融资担保费率降至1%以下，对支持疫情防控的"三农"、小微企业再担保业务实行减半收费。

在创新科技方面，为对山西省规模以上工业企业开展创新服务，确保2020年实现企业技术创新活动全覆盖，为实现经济高质量转型发展提供坚实保障，2020年3月12日，山西省人民政府办公厅发布了《关于印发山西省企业技术创新全覆盖工作推进方案的通知》，鼓励领军企业、高水平创新平台发挥辐射带动能力，指导促进产业链上下游中小企业建立各种形式的研发机构，推进研发资源互补与合作模式创新，带动全产业链创新活动的开展。

在就业扶持方面，为健全有利于更充分、更高质量就业的促进机制，确保就业形势总体稳定，2020年4月9日，山西省人民政府发布了《关于统筹推进疫情防控和稳就业工作的通知》，指出加大企业减负稳岗力度，落实普惠金融定向降准政策，重点支持普惠金融领域的民营企业、小微企业融资和涉农贷款；鼓励创业带动就业，降低小微企业创业担保贷款及财政贴息支持申请条件，当年新招用符合条件的人员占企业现有在职职工的比例下调为20%，职工超过100人的比例下调为10%。

在营商环境方面，为加快促进服务业恢复稳定增长，2020年7月2日，山西省人民政府办公厅发布了《关于印发加快促进服务业恢复稳定增长若干措施的通知》，提出继续用好央行1万亿再贷款再贴现专项额度，引导金融机构重点支持服务业中小微企业。

（四）河北省

在创新科技方面，为加快推动全省高新技术产业开发区的高质量发展，发挥好高新区示范引领和辐射带动作用，2020年9月30日，河北省人民政府发布了《关于促进高新技术产业开发区高质量发展的实施意见》，提出提升科技型中小企业竞争力，鼓励科研院所、高等学校科研人员和企业科技人员在高新区创办科技型中小企业；支持科技型中小企业做强核心业务，加快专业化、精细化发展，打造具有竞争力和影响力的产品和品牌；加强对科技型中小企业的支持，推动其成长为高新技术企业。

在就业扶持方面，为充分发挥河北省"双创"示范基地促改革稳就业强动能的积极作用，进一步释放市场活力和社会创造力，促进全省创新创业高质量发展，带动经济运行稳步回升和经济社会持续健康发展，2020年9月30日，河北省人民政府办公厅发布了《关于提升"双创"示范基地作用进一步促改革稳就业强动能若干措施的通知》，提出鼓励省级以上企业"双创"示范基地发挥产业链主体作用，引导上下游企业开展应收账款融资，帮助中小企业解决生产经营难题，增强产业链的稳定性。

在发展规划方面，为促进公平与效率更加统一的高级经济形态，2020年4月19日，河北省人民政府发布了《关于印发河北省数字经济发展规划（2020—2025年）的通知》，提出在大数据、物联网、云计算、软件及服务等核心产业，新型显示、集成电路、通信设备及整机等基础产业，大力引进国内外知名数字经济龙头企业，引导优质企业对接资本市场，引进培育多层次、递进式的企业梯队，形成大中小微企业协同共生的数字经济产业生态，到2025年，培育国内一流企业5家以上、上市企业20家；引进培育新型市场主体，完善创业孵化和中小微企业创新服务体系，培育一批数字经济中小微企业。

（五）内蒙古自治区

在金融财税方面，为保障防控疫情重点企业的生产经营，解决受新冠肺炎疫情影响较大的中小企业生产经营困难，2020年2月7日，内蒙古自治区人民政府发布了《关于支持防控疫情重点保障企业和受疫情影响生产经营困难中小企业健康发展政策措施的通知》，提出加大信贷支持力度，降低融资成本，加大融资担保支持，加大创业担保支持，加大财政资金支持，减免和延期缴纳税款，减免一定时期租金，降低和缓缴社会保险费，降低企业成本，稳定企业生产和工作岗位，实施稳岗培训补贴政策，加大国有企业履约和支持力度，加大政务服务力度。

在营商环境方面，为建立内蒙古自治区防止拖欠民营企业、中小企业账款的长效机制，防止"边清边欠""清完又欠"，2020年12月24日，内蒙古自治区人民政府办公厅发布了《关于建立防止拖欠民营企业中小企业账款长效机制的实施意见》，提出建立拖延支付民营企业、中小企业账款的预防机制，建立及时支付民营企业、中小企业账款的保障机制，建立拖延支付民营企业、中小企业账款的惩戒机制，建立及时支付民营企业、中小企业账款的督查督办机制，建立及时支付民营企业、中小企业账款的组织保障机制。

在就业扶持方面，为有效应对新冠肺炎疫情的影响，强化全区稳就业工作，2020年5月12日，内蒙古自治区人民政府办公厅发布了《关于应对新冠肺炎疫情影响强化稳就业若干措施的通知》，加大失业保险稳岗返还，对不裁员或少裁员的中小微企业，在放宽裁员率的基础上，返还标准提高至企业及其职工上年度缴纳失业保险费的100%。为促进农村牧区劳动力就业和农牧民工返乡创业及入乡留乡人员创业，2020年12月29日，内蒙古自治区人民政府办公厅发布了《关于促进农村牧区劳动力就业创业的意见》，支持中小微企业发展，落实市场准入、企业融资、财税减免、援企稳岗、政府采购、以工代训等政策，稳定和扩大就业岗位，吸纳农村牧区劳动力尤其是建档立卡贫困劳动力就业；对首次创办小微企业或从事个体经营，且所创办企业或个体工商户登记注册之日起正常经营1年以上的建档立卡贫困劳动力，给予一次性创业补贴，创业补贴资金从就业补助资金中列支；对符合条件的小微企业创业担保贷款，财政部门按照贷款合同签订日贷款基础利率的50%给予贴息。

在发展规划方面，为提高贸易质量和效益，增强贸易创新能力和发展动力，培育贸易新业态、新模式，2020年12年14日，内蒙古自治区人民政府发布了《关于印发自治区推进贸易高质量发展行动计划（2020—2022年）的通知》，推动中小企业转型升级，聚焦主业，走"专精特新"国际化之路；支持有实力的大型企业在"一带一路"沿线重点市场建设集展示销售、品牌推广、仓储物流和售后服务等功能为一体的国际营销公共平台，引导鼓励自治区中小企业与平台企业对接，开展基于产品、信息和渠道的互利合作；对参与境外投资合作的中小企业提供金融支持，深入推动人民币跨境使用，稳步扩大人民币在跨境贸易、投资领域和融资中的使用，积极推进大宗商品贸易人民币计价结算服务。2020年12月14日，内蒙古自治区人民政府办公厅发布了《关于印发奶业振兴三年行动方案（2020—2022年）的通知》，促进中小乳品企业差异化发展；支持中小乳品加工企业进入食品产业园，加强与上下游中小企业配套合作，实施标准化生产，走"专精特新"发展道路；到2022年，形成一批区域特色小型乳品加工企业，推进生产加工销售一体化。

三、东北地区典型中小企业政策

（一）黑龙江省

在金融财税方面，为支持受到新冠肺炎疫情影响、生产经营遇到困难的中小微企业健康发展，2020年2月5日，黑龙江省人民政府办公厅发布了《关于应对新型冠状病毒感染的肺炎疫情支持中小企业健康发展的政策意见》，包括给予企业财税政策支持、稳定企业职工队伍、帮助企业稳定生产、减轻企业生产经营负担等，具体包括落实财政支持政策、落实企业税收减免政策、给予延期缴纳税款政策支持、优先办理相关企业退税、及时办理停业登记及定额调整、实施援企稳岗政策、扩大以工代训补贴范围、加强对小微企业信贷支持、着力降低小微企业融资成本、提高金融服务效率、充分发挥政府性融资担保作用、帮助企业稳定生产经营、减免中小企业房租、扶持中小企业创业园 14 个方面。

在就业扶持方面，为帮扶服务业中小微企业和个体工商户缓解房屋租金压力，完善工作机制、落实工作责任、加大工作力度，2020 年 6 月 30 日，黑龙江省人民政府办公厅发布了《关于应对新冠肺炎疫情进一步帮扶服务业中小微企业和个体工商户缓解房屋租金压力具体措施的通知》，提出加大房屋租金减免力度、创新财税优惠政策、强化金融支持扶持力度、维护房屋租赁市场稳定、保障措施 5 个方面的政策措施，确保国家各项要求尽快落到实处。

在营商环境方面，为把市场主体作为经济活动主要参与者、就业机会主要提供者、技术进步主要推动者的重要作用发挥出来，2020 年 10 月 13 日，黑龙江省人民政府发布了《关于印发黑龙江省保市场主体稳经济促就业行动方案的通知》，提出围绕保市场主体就是保社会生产力，通过弘扬优秀企业家精神、落实纾困惠企政策、优化营商环境、构建亲清政商关系，特别提出了优化营商环境保市场主体，包括保障中小企业款项权益、整治规范涉企收费、提升政务服务水平、畅通诉求反映渠道等内容。

（二）吉林省

在金融财税方面，为进一步提振发展信心，更充分地享受政策红利，全方面促进中小企业发展，2020 年 11 月 12 日，吉林省人民政府发布了《关于印发吉林省促进中小企业发展条例实施细则的通知》，提到在财政支持方面要进一步明确财政专项资金的设立和基金投向;在融资促进方面要进一步明确企业融资服务平台,加大金融机构、担保机构、保险机构对中小企业的服务力度;要进一步明确创业扶持范围和创新支持方式;在市场开拓方面进一步明确中小企业扩大市场份额的支持方向;并要求进一步明确政府服务中小企业发展的具体措施,进一步明确权益保护和减轻中小企业负担。

在就业扶持方面,为支持受新冠肺炎疫情影响、生产经营遇到困难的中小企业,充分发挥中小企业的市场主体作用,2020年2月8日,吉林省人民政府办公厅发布了《关于应对新型冠状病毒感染的肺炎疫情支持中小企业保经营稳发展若干措施的通知》,支持中小企业保经营、稳发展、共渡难关。该项政策包括努力降低人工成本,稳定职工队伍。

在营商环境方面,为加快打造市场化、法治化、国际化营商环境,推动吉林省实现高质量发展,2020年11月20日,吉林省人民政府发布了《关于印发吉林省优化营商环境条例实施细则的通知》,提出要落实《保障中小企业款项支付条例》等系列实施细则。在优化政务环境中,提出落实政府采购促进中小企业发展政策,向中小企业预留的采购份额应当占本部门年度政府采购项目预算总额的30%以上。

(三)辽宁省

在金融财税方面,为充分发挥政府性融资担保机构的作用,支持小微企业、"三农"和战略性新兴产业的发展,2020年11月25日,辽宁省人民政府办公厅发布了《关于充分发挥政府性融资担保作用支持小微企业和"三农"主体发展的实施意见》,引导金融机构扩大普惠领域信贷投放,着力缓解小微企业、"三农"主体融资难、融资贵,促进"大众创业、万众创新"和战略性新兴产业发展。

在发展规划方面,为积极探索直播电商与跨境电子商务融合发展模式,推进建设两大平台、实施五大工程、构建六大体系,推动跨境电子商务与本地产业深度融合，2020年8月10日，辽宁省人民政府发布了《印发中国（营口）中国（盘锦）跨境电子商务综合试验区实施方案的通知》，提出实施跨境电子商务产业链拓展工程。支持建设外贸综合服务平台，为中小企业提供金融、通关、物流、税务、外汇等跨境电子商务进出口环节一揽子综合配套服务，降低交易成本，进一步扩大跨境B2B出口规模。支持中小微企业走"专精特新"的国际化道路，推动传统企业运用跨境电子商务拓宽订单渠道，整合碎片化订单，开展智能化、个性化、定制化生产，实现外贸企业转型升级。

在营商环境方面，为积极发挥中小企业在疫情防控中的重要作用，支持中小企业保经营、稳发展，2020年2月6日，辽宁省人民政府发布了《关于印发辽宁省应对新型冠状病毒感染的肺炎疫情支持中小企业生产经营若干政策措施的通知》，政策包括严格开工复工管理、加大财政金融支持、减轻企业负担、降低运营成本、加强综合保障5个部分，包括纾缓企业用能成本压力，减免中小企业房租，部分医疗器械产品注册实行零收费等。

四、华东地区典型中小企业政策

（一）上海市

在就业扶持方面，2020年5月29日，上海市人民政府发布了《关于进一步做好稳就业促发展工作的实施意见》，针对中小企业特别提出，要增加制造业中小微企业中长期贷款和信用贷款；落实小规模纳税人增值税征收率由3%降至1%的政策；引导金融机构增加发放低息贷款，定向支持个体工商户；鼓励通过减免城镇土地使用税等方式，支持出租方为个体工商户减免物业租金。

在发展规划方面，为加快工业互联网"新基建"建设，全面提升赋能实体经济能级，2020年6月12日，上海市人民政府办公厅发布了《关于印发推动工业互联网创新升级实施"工赋上海"三年行动计划（2020—2022年）的通知》，制定了总体要求，布置了主要任务，提出了主要措施。在主要任务中针对中小企业提道，要促进新主体涌现，加大工业互联网应用力度，培育壮大民营中小企业，实现15万家企业上云上平台；构建工业互联网标杆载体，面向产业链上下游和中小企业提供需求撮合、转型咨询、解决方案等服务；推进融合基础设施建设，支持龙头企业打造工业算法库、知识库、模型库等工具包，为中小企业提供便捷、优质、低成本的数据服务。

（二）江苏省

在金融财税方面，为进一步提高金融支持稳企业、保就业政策的精准性和有效性，着力推动各项政策措施落地落实，努力营造良好的金融生态和营商环境，2020年7月16日，江苏省人民政府办公厅发布了《关于转发人民银行南京分行全省协同推进金融支持稳企业保就业工作十项行动的通知》，提出了中小微企业金融服务能力提升行动、信用助融中小微企业行动、地方金融服务中小微企业行动等10项政策。

在就业扶持方面，为帮助受新冠肺炎疫情影响较重的行业和企业纾困解难，稳定市场信心，引导社会预期，推动经济循环畅通和稳定持续高质量发展，2020年2月12日，江苏省人民政府办公厅发布了《关于支持中小企业缓解新型冠状病毒肺炎疫情影响保持平稳健康发展政策措施的通知》，其中包括减轻企业负担、加强金融支持、稳定就业保障、协调保障服务4个方面共22条具体措施。

在创新科技方面，为进一步激发全省高新技术产业开发区创新发展活力，促进高新区高质量发展，发挥好示范引领和辐射带动作用，2020年12月18日，江苏省人民政府发布了《关于促进全省高新技术产业开发区高质量发展的实施意见》，其中针对中小企业的政策提出，大力培育高新技术企业。实施高新技术企业培育"小升高"行动。积极培育科技型中小企业，通过众创、众包、众扶、众筹等途径，孵化科技创业团队和初创企业。

各省级以上高新区规模以上企业中的高新技术企业占比不低于40%。

在营商环境方面,为持续深化"放管服"改革,优化营商环境,做好"六稳"工作、落实"六保"任务,更大地激发市场活力,增强发展内生动力,2020年12月4日,江苏省人民政府办公厅发布了《关于进一步优化营商环境更好服务市场主体若干措施的通知》,其中针对中小微企业的政策包括:降低企业经营成本,推进"绿岛"建设试点,鼓励引导商业银行支持中小企业以动产和权利进行担保融资;建立健全中征应收账款融资服务平台联合推广应用机制,支持中小微企业线上融资;推广运用江苏省综合金融服务平台,提升金融服务中小微企业质效。

在发展规划方面,为着力提升产业链、供应链的稳定性、安全性和竞争力,加快推动制造强省建设,促进制造业高质量发展,2020年12月19日,江苏省政府办公厅发布了《关于印发江苏省"产业强链"三年行动计划(2021—2023年)的通知》,包括总体要求、重点任务、保障措施3个方面的内容。在重点任务中,针对中小企业提出要增强产业链细分领域主导能力和促进产业链上下游联动发展。

(三)浙江省

在金融财税方面,为主动适应融资担保行业改革转型要求,促进融资担保行业健康发展,2019年2月20日,浙江省人民政府办公厅发布了《关于促进全省融资担保行业健康发展的实施意见》,明确了服务小微企业和"三农"融资担保的准公共产品的功能定位,确保小微企业和"三农"融资担保业务较快增长,融资担保费率保持较低水平,实现融资担保行业规范可持续发展,为小微企业和"三农"提供更好的融资担保服务。

在就业扶持方面,为加快恢复和稳定就业,2020年4月30日,浙江省人民政府办公厅发布了《关于进一步做好稳就业工作的实施意见》,针对中小微企业提出,要落实企业降本减负政策,确保普惠小微企业贷款综合融资成本较上年降低0.5%;对不裁员或少裁员的参保中小微企业,有条件的地方可将失业保险稳岗返还标准提高到企业及其职工上年度缴纳失业保险费的 100%；政府投资开发的创业孵化基地、小微企业园等平台应安排一定比例场地，免费向高校毕业生、失业人员、退役军人、农民工等群体提供。

在创新科技方面，为着力补齐科技创新短板，率先建成创新型省份和科技强省，建设"互联网+"世界科技创新高地，2020 年 6 月 29 日，浙江省人民政府办公厅发布《关于补齐科技创新短板的若干意见》，提出要引导市、县（市、区）加大财政科技资金整合力度，深化完善普惠制科技创新券制度；预留年度政府采购项目预算总额的 30%以上，专门面向中小企业采购；在同等条件下，鼓励优先采购科技型中小企业的产品和服务。

在营商环境方面，为扎实做好"六稳"工作，落实"六保"任务，以更大的力度帮助小微企业渡过难关，2020 年 7 月 20 日，浙江省政府办公厅发布了《浙江省新型冠状病毒肺炎疫情防控工作领导小组关于加大力度支持小微企业渡过难关的意见》，包括加大对小微企业稳就业的支持力度、加大对稳企升规的支持力度、进一步降低小微企业的生产经营成本、加大对小微企业市场开拓的支持力度、支持小微企业加快改造升级、加大对小微企业的金融支持力度 6 个方面，共提出 19 项具体政策。

在发展规划方面，为加快建设制造强省，2020 年 3 月 13 日，中共浙江省委办公厅和浙江省人民政府办公厅发布了《关于印发浙江制造强省建设行动计划的通知》，其中针对中小企业提道：开展"雏鹰行动"，实施冠军企业培育工程，引导中小企业向"专精特新"方向发展；推动民营企业提升治理水平，造就一批百年制造名企；围绕供应链整合、创新协作、数据应用等产业发展关键环节，构建大中小企业协同发展新格局；支持中小企业公共服务平台和小微企业"双创"基地建设；优化制造业布局，建设高能级产业平台，打造制造业特色小镇升级版；建设提升小微企业园，到 2025 年达到 1200 个；加大金融支持力度，鼓励金融机构增设小微企业信贷专营机构，提高科技型小微企业风险容忍度。为进一步深化数字浙江建设，培育壮大新业态、新模式，助推全省经济高质量发展，2020 年 11 月

12日，浙江省人民政府办公厅发布了《关于印发浙江省数字赋能促进新业态新模式发展行动计划（2020—2022年）的通知》，包括总体要求、主要任务、保障措施3个方面的内容。在主要任务中针对中小微企业提道：建立数字化转型伙伴生态，搭建中小微企业与平台企业、数字化服务商的对接机制，鼓励开发轻量应用和微服务；创新"云量贷"服务，鼓励平台为中小微企业提供数字技术、产品和服务，开展"云量贷"服务试点，对经营稳定、信誉良好的中小微企业提供低息或贴息贷款，发挥科技创新券和小微企业服务券的作用，加大政府对数字化服务的购买力度，支持企业数字化转型。

（四）山东省

在金融财税方面，为支持中小企业积极应对疫情影响，实现平稳健康发展，2020年2月4日，山东省人民政府办公厅发布了《关于应对新型冠状病毒感染肺炎疫情支持中小企业平稳健康发展的若干意见》，提出实施贷款风险补偿政策，减免相关税费，延期缴纳税款，缓缴社会保险费，减免中小企业房租，延长合同履行期限，增设创业孵化基地、园区运营补贴，加大创业担保贷款扶持力度，缓解企业用能成本压力，降低企业物流成本，支持企业不裁员、少裁员，阶段性延长社会保险补贴和岗位补贴期限，稳定企业劳动关系，重点支持面向中小企业的公共就业服务，优化补贴办理流程。

在创新科技方面，为进一步优化科技资源配置，加快创新型省份建设，2020年5月15日，山东省人民政府办公厅发布了《关于推进省级财政科技创新资金整合的实施意见》，提出重点支持5G应用场景、人工智能、工业互联网和新技术迭代升级技改项目，以及创新型领军企业、高新技术企业、科技型中小企业和各类创新孵化载体发展壮大，助力企业开展科技研发、成果转移转化和产业化，推动科技企业数量和质量双提升。

在就业扶持方面，为促进个体经营者、小微企业等市场主体发展和增加就业机会，2020年6月5日，山东省人民政府办公厅发布了《关于抓好保居民就业、保基本民生、保市场主体工作的十条措施的通知》，提出对中小微企业新吸纳就业困难人员、零就业家庭成员、离校2年内高校毕业生、登记失业人员就业并办理就业登记，组织开展以工代训的，按吸纳人数给予企业每月500元/人、最长6个月的职业培训补贴；对受新冠肺炎疫情影响导致停工停业的中小微企业开展以工代训的，根据以工代训人数给予企业每月500元/人、最长6个月的职业培训补贴，单个企业在政策执行期内最高补贴10万元。

在发展规划方面，为围绕数字政府、数字经济、数字社会、数字基础设施等方面加快数字山东建设，2020年4月3日，山东省人民政府办公厅发布了《关于印发数字山东2020行动方案的通知》，提出开展数字经济企业培育"沃土行动"，支持龙头企业发挥带动作用，重点扶持小微企业、创业团队发展；年内孵化100个左右创业团队，为小微企业培训万名技术人员；推动重点行业领军企业构建"双创"平台，引导中小企业参与云设计、网络协同制造、网络供应链协同等，完善网络化协同创新体系。

（五）江西省

在金融财税方面，为进一步完善政府性融资担保体系，为小微企业、"三农"等普惠领域提供更加有力的金融支持，2020年3月16日，江西省人民政府办公厅发布了《关于完善政府性融资担保体系切实支持小微企业和"三农"发展若干措施的通知》，包括加快推进政府性融资担保体系建设，专注支小支农担保主业，完善银担合作机制，有效降低综合融资成本，持续加大扶持力度，充分发挥担保增信功能6个方面共25条措施。

在营商环境方面，为进一步聚焦市场主体关切，更大地激发市场活力，增强发展内生动力，2020年8月31日，江西省人民政府办公厅发布了《关于印发进一步优化营商环境更好服务市场主体政策措施的通知》，针对中小微企业，提出了鼓励引导商业银行支持中小企业的担保融资，鼓励引导平台企业适当降低向小微商户收取服务费用和手续费，放宽小微企业、个体工商户登记经营场所限制等具体措施。为深入推进"五型"政府建设，打造"四最"营商环境，提升"放管服"改革实效，2020年11月30日，江西省人民政府办公厅发布了《关于印发全省深化"放管服"改革优化营商环境重点任务分工方案的通知》，从更有效的"放"，实现更高便利度；更精准的"管"，实现更高公平度；更优质的"服"，实现更高满意度3个方面明确了29项任务分工，提出了凝聚改革合力、强化督促落实等工作要求。

在发展规划方面，为破解平台经济发展的突出问题，建立健全适应平台经济发展特点的新型监管机制，着力营造公平竞争的市场环境，推动平台经济规范健康快速发展，2020年12月23日，江西省人民政府办公厅发布了《关于促进平台经济规范健康发展的实施意见》，包括推进营商环境便利化规范化、建立健全包容审慎监管机制、培育平台经济新增长点、构建平台经济发展生态4个方面共26条实施意见。依托互联网平台完善全方位创新创业服务体系，更多向中小企业开放共享资源，支持中小企业开展技术、产品、管理及商业模式等创新。建设科技创新一站式服务平台，鼓励各类"双创"平台整合创新研发供求资源，鼓励企业、高校科研院所等基于大数据开放公共平台开展大数据创业创新。完善投融资、创新孵化、人才培训、技术研发、知识产权、法律财务等专业化服务功能。

（六）福建省

在就业扶持方面，为进一步优化福建省创新创业创造发展环境，全方位推动高质量发展超越，2020年12月15日，福建省人民政府办公厅发布了《关于提升大众创业万众创新示范基地带动作用进一步促改革稳就业强动能若干措施的通知》，提出用好中小微企业纾困专项贷款资金，发挥创业担保贷款贴息资金引导作用，为受新冠肺炎疫情影响的中小微企业提供金融支持；鼓励"双创"示范基地加快培育网络购物、在线教育、在线办公、在线服务、数字生活、智能配送等新业态、新模式，支持一批高成长创新型中小企业发展成为科技"小巨人企业";开展科技型中小微企业贷款试点,发挥省级政策性优惠贷款风险分担资金池资金作用,加强科技贷产品银企对接;建立基于大数据分析的"银行+征信+担保"的中小企业信用贷款新模式;充分发挥"双创"示范基地大企业的带动作用,落实应收账款融资奖励政策,推动供应链核心企业支持产业链上游中小微企业开展应收账款融资;鼓励省内"双创"载体运营企业跨区域异地合作设立科技企业孵化器,推动建设众创空间—孵化器—加速器—产业园区的高技术企业孵化链条,壮大高新技术企业、科技型中小企业规模。

在发展规划方面,为促进优质生产要素集中集聚,做强做优做大产业,加快产业结构优化升级,为全方位推动高质量发展超越提供有力支撑,2020年9月20日,福建省人民政府办公厅发布了《关于印发福建省实施工业(产业)园区标准化建设推动制造业高质量发展三年行动计划(2020—2022年)的通知》,加强产业链上下游协作,促进大中小企业融通发展,增强产业链韧性,提升产业链水平,健全产业生态体系,保证产业链供应链稳定,大力推动制造业全方位高质量发展;发挥优势龙头企业引领性作用,积极布局建设产业链上下游企业联盟,实施中小企业梯度培育,促进大中小企业融通发展。

在营商环境方面,为扎实做好"六稳"工作,全面落实"六保"任务,帮扶中小企业渡过难关,推动平稳健康发展,为高质量发展提供坚实支撑,2020年5月19日,福建省人民政府发布了《关于促进中小企业平稳健康发展的若干意见》,提出了畅通产业链条,开展产业链固链行动,打通产业链、供应链堵点,推动产业链填平补齐;引导个体工商户转为企业(个转企),推动小微企业上规模(小升规),推动规上企业股份制改造(规改股),推动企业上市融资(股上市);引导提质增效,支持"专精特新"发展,支持创业创新;强化服务保障,提升"政企直通车"服务效能,优化公共服务体系;加强组织领导,发挥协调机制作用。

（七）安徽省

在金融财税方面，为有序组织企业复工复产，扎实做好"六稳"工作，统筹推进经济社会发展各项任务，2020年2月16日，中共安徽省委办公厅、安徽省人民政府办公厅联合发布了《关于加强疫情科学防控有序做好企业复工复产工作统筹推进经济社会发展各项任务的意见》的通知，着力降低中小微企业用电、用气、物流等成本，工业用电价格根据国家政策及时调整，工业用水价格、用天然气价格均下调10%，期限为3个月；落实降低增值税税率、扩大享受税收优惠小微企业范围等政策，对生产防控重点物资的企业增产扩能新购设备给予财政奖补和税费优惠，对中小微企业因疫情影响不能按期缴纳税款的，可依法申请延期缴纳。

在营商环境方面，为更大地激发市场活力，增强发展内生动力，在加快建设美好安徽上取得更新更大的进展，2020年10月14日，安徽省人民政府办公厅发布了《关于印发安徽省进一步优化营商环境更好服务市场主体工作方案的通知》，提出建设省中小企业公共服务示范平台，进一步完善创业创新、人才培训、信息化服务等各类服务功能，为中小企业提供"找得着、用得起"的普惠服务；对中小微企业实施"免申即享"，免除企业申报程序，返还资金按失业保险缴费渠道直接拨付企业；梳理完善更新惠企政策及网上办事服务事项，推进金融、运输、人才、民生、市场等服务上线政务服务网"小微企业和个体工商户服务专栏"，做到政策易于知晓、服务一站办理；对重点联系包保企业"一企一策"实施"特惠性"帮扶，对中小微企业和个体工商户注重"普惠性"支持，帮助企业解决产业链供应链断供、租金税费、用工社保等方面的实际困难。

在发展规划方面，为加快推进"数字江淮"建设，围绕发展数字经济、建设数字政府、构建数字社会三大板块，推动经济社会各领域数字化转型发展，2020年11月11日，安徽省人民政府发布了《关于印发安徽省"数字政府"建设规划（2020—2025年）的通知》，提出加强行业部门分平台建设，依托行业部门分平台，培育一批面向教育、医疗、交通、环境、金融、气象等重点领域和中小企业的行业数据共享示范中心；完善省中小微企业综合金融服务平台功能,提升金融服务水平,提高信贷发放精准度；放宽小微企业、个体工商户登记经营场所限制,优化企业开办注销办理流程。

五、华中地区典型中小企业政策

（一）河南省

在营商环境方面,为进一步优化中小企业发展环境,促进中小企业高质量发展,2020年8月21日,河南省人民政府办公厅发布了《关于促进中小企业健康发展的实施意见》,包括：持续优化营商环境、着力改善金融服务、大力加强财税支持等一系列举措。

在金融财税方面,为进一步加强政府性融资担保体系建设,切实发挥政府性融资担保机构作用,缓解小微企业和"三农"等普惠领域融资难、融资贵问题,2020年8月4日,河南省人民政府办公厅发布了《关于进一步加强政府性融资担保体系建设支持小微企业和"三农"发展的实施意见》,包括加强市、县级政府性融资担保机构建设,做优省直专业性融资担保机构,充分发挥省再担保机构作用,提升政策性农业信贷担保能力,完善法人治理结构,聚焦支小支农、降低担保费率、实行差别费率、放宽反担保要求等。

（二）湖南省

在金融财税方面,为强化中小微企业金融服务,全力支持保市场主体、稳定就业,2020年6月19日,湖南省人民政府出台了《湖南省进一步强化中小微企业金融服务的若干措施》,包括普惠小微贷款延期还本付息、提高普惠小微信用贷款占比、大幅增加小微企业首贷及无还本续贷、提高制造业中长期贷款比例、强化银行信贷资源配置和内部激励约束、增加债券发行规模、加大多层次资本市场服务中小微企业力度、用好再贷款再贴现等货币政策工具、加大财税优惠政策支持、优化小微企业融资环境、强化政策宣传和政银企对接、加强组织领导12条。

（三）湖北省

在营商环境方面，为推进疫情防控和经济社会发展工作决策部署，进一步纾解市场主体受新冠肺炎疫情影响造成的资金困难，2020年4月30日，湖北省人民政府办公厅发布了《加大金融支持助力实体经济发展若干措施》，提出对普惠型小微企业贷款不良率高于本机构各项贷款不良率年度目标3%以内的，不作为银行内部考核评价和监管评级的扣分因素；加大对先进制造业、民营和小微企业的金融支持力度，设置灵活适宜的还租计划，对受新冠肺炎疫情影响较大的企业，鼓励减免费用，适当缓收、减收相关租金和利息。2020年8月24日，湖北省人民政府发布了《湖北省优化营商环境办法》，提出推进"一照多址""一址多照"改革，简化企业设立分支机构的登记手续，放宽小微企业、个体工商户等市场主体登记经营场所限制，规范经营范围，降低经营成本；鼓励支持符合条件的民营企业、中小企业依法发行股票、债券及其他融资工具，拓宽直接融资渠道，对符合条件的上市企业、发债企业给予奖励；推广新型"政银担"合作模式，为小微企业和"三农"等实体经济提供融资担保增信服务。

六、华南地区典型中小企业政策

（一）广东省

在金融财税方面，2020年2月13日，广东省地方金融监督管理局、广东省工业和信息化厅、中国人民银行广州分行、中国银行保险监督管理委员会广东监管局、中国证券监督管理委员会广东监管局联合印发了《关于加强中小企业金融服务支持疫情防控促进经济平稳发展的意见》（简称

《意见》),成为防疫期间全国首个省级支持中小企业的金融专项文件。《意见》从4个方面共出台18条具体举措加强中小企业金融服务,进一步强化防疫期间金融支持和服务保障。

在就业扶持方面,2020年3月27日,广东省工业和信息化厅印发了《关于应对疫情影响加大对中小企业支持力度的若干政策措施》的通知,即中小企业26条。通知要求大力支持中小企业复工复产,保障复工复产防控物资,取消超出防疫必要的复工复产条件和要求,拓宽招工渠道;阶段性降低中小企业运营成本,实施住房公积金阶段性支持政策,加大工会经费返还补助力度;充分发挥广东省中小企业融资平台功能;强化中小企业服务保障。

在营商环境方面,2020年6月12日,广东省财政厅发布了《关于进一步发挥政府性融资担保作用,加大小微企业和"三农"主体支持的意见》,提出聚焦支农支小融资担保主业,加快推进政府性融资担保体系建设,严格落实降费让利政策,完善财政奖补支持措施,完善监督评价和考核激励机制。

在创新科技方面,2020年7月27日,广东省人民政府办公厅发布了《关于印发广东省推广第三批支持创新相关改革举措工作方案的通知》,提出建立政银保联动授信担保提供科技型中小企业长期集合信贷机制,设立银行跟贷支持科技型中小企业的风险缓释资金池,建立基于大数据分析的"银行+征信+担保"的中小企业信用贷款新模式。

(二)广西壮族自治区

在营商环境方面,2020年6月18日,广西壮族自治区人民政府办公厅印发了《关于进一步支持中小微企业加快发展若干措施的通知》,主要措施如下:加大普惠型小微企业贷款支持力度,降低中小微企业融资担保要求,及时支付中小微企业账款,全面落实国有资产减租政策,实施中小微企业数字化赋能专项行动,免费发放广西科技创新券,强化对文旅住餐中小微企业帮扶，鼓励支持发展地摊经济，精准扶持"四小"企业（受新冠肺炎疫情冲击严重的小店铺、小工厂、小工程、小文园）复工复产复市，促进大中小微企业融通创新发展，着力援企稳岗促就业，稳定中小微外贸企业，实施包容审慎监管。

在金融财税方面，2020年7月2日，广西壮族自治区人民政府办公厅发布了《关于印发深入推进"稳企贷"助力中小微企业发展若干措施的通知》，主要措施如下：延期还本付息安排到位，续贷展期支持到位，降费让利优惠到位，强化融资顾问服务保障，强化公共综合服务保障，落实央行优惠资金激励，落实政策成效考核评估激励，落实差异化监管政策激励，打通政策落地、政策培训、政策宣传"最后一公里"。

（三）海南省

在就业扶持方面，2020年2月5日，海南省人民政府发布了《海南省应对新型冠状病毒感染的肺炎疫情支持中小企业共渡难关的八条措施》，从稳定企业用工、降低运营成本、减轻税费负担、强化金融支持4个方面出台8条具体扶持措施。

在营商环境方面，为积极发挥中小企业在疫情防控和经济发展中的重要作用，2020年2月12日，海南省市场监管局发布了《关于疫情防控期间支持中小企业平稳健康发展的通知》，提出鼓励中小企业以其生产设备、办公设备、原材料、半成品、产品等进行抵押，助力资金短缺停产的企业尽早投入生产；对受新冠肺炎疫情影响严重的企业办理股权质押登记开辟绿色通道，拓宽中小企业融资渠道，多措并举保障企业融资需求；充分发挥小微企业平台作用。2020年9月1日，海南省工业和信息化厅发布了《关于贯彻落实〈保障中小企业款项支付条例〉进一步优化营商环境的通知》，要求依托国家违约拖欠中小企业款项登记（投诉）平台和海南受理违约拖欠中小企业款项登记（投诉）渠道，加强投诉机制建设，有效防范解决拖欠问题。

七、西南地区典型中小企业政策

（一）四川省

在金融财税方面，2020年2月11日，四川省财政厅、四川省发展和改革委员会、经济和信息化厅、商务厅、中国人民银行成都分行、中国银行保险监督管理委员会四川监管局联合发布了《关于应对新型冠状病毒肺炎疫情加大金融支持中小企业有关政策资金申报工作的通知》，提出向再贷款支持的中小微企业财政贴息，向单户授信不超过3000万元的民营企业和普惠小微企业（含个体工商户和小微企业主）发放的优惠利率贷款，向中小企业提供贷款损失补助。

在就业扶持方面，2020年2月7日，四川省人力资源和社会保障厅等四部门联合发布了《关于认真贯彻落实四川省人民政府办公厅关于应对新型冠状病毒肺炎疫情缓解中小企业生产经营困难的政策措施有关问题的通知》，指出中小企业在停工期间可组织职工自主选择与职业技能相关的线上培训课程，参加线上培训申领一次性吸纳就业补贴。2020年11月13日，四川省科学技术厅印发了《关于深入推动大众创业万众创新再上新台阶的若干措施的通知》，包括扶持中小企业稳定健康发展，建立"双创"企业应对新冠肺炎疫情专项帮扶机制，指导企业用好用足现有财税、金融、社保等优惠政策，切实落实减税降费政策，为受新冠肺炎疫情影响的小微民营企业增加专项信贷额度等内容。

在营商环境方面，为深入贯彻落实党中央国务院关于深化"放管服"改革和优化营商环境的决策部署，2019年6月20日，四川省人民政府发布了《关于印发四川省深化"放管服"改革优化营商环境行动计划（2019—2020年）的通知》，包括不断改善中小企业融资环境，加大金融支持力度，缓解民营和小微企业融资难、融资贵问题，大力发展直接融资，支持股权投资基金、证券服务中介机构为民营和中小企业提供"一站式"服务等内容。

在创新科技方面，为支持企业纾困发展，推进"大众创业、万众创新"再上新台阶，为经济社会平稳健康发展提供支撑服务，2020年11月17日，四川省科学技术厅发布了《关于深入推动大众创业万众创新再上新台阶的若干措施的通知》，包括鼓励支持科技型中小企业承担政府科研项目和创新平台（基地）建设，推进实施"小升规"企业培育工程，进一步完善"互联网+中小微企业创新创业公共服务平台"，实施科技型中小微企业培育工程，搭建大中小企业融通发展平台，培育"专精特新小巨人"企业等措施。

（二）重庆市

在金融财税方面，为了积极发挥中小企业在疫情防控中的重要作用，支持中小企业在抗击新冠肺炎疫情中渡过难关，2020年2月4日，重庆市人民政府办公厅发布了《关于应对新型冠状病毒感染的肺炎疫情支持中小企业共渡难关二十条政策措施的通知》，包括进一步减免中小企业的税收，进一步加大资金支持力度，确保小微企业信贷余额不下降，提高贷款不良率容忍度，加大低成本金融政策资金投入，加大信贷支持排忧解困力度，鼓励银行给予中小企业融资降成本支持等措施。

在营商环境方面，为有效保护中小投资者的营商环境，提高市场主体对营商环境改革的获得感，2020年9月22日，重庆市人民政府办公厅印发了《重庆市2020年对标国际先进优化营商环境实施方案的通知》，指出为信用良好且符合条件的民营企业、小微企业提供免抵押、免担保、利率优惠、审批快捷简便的融资服务，缓解企业融资难题，保护中小投资者合法权益。

在就业扶持方面，为了着眼中长期多措并举拓宽就业渠道，统筹推进疫情防控和稳就业工作，织紧织牢就业保障网，2020年3月3日，重庆市人民政府办公厅印发了《重庆市支持企业复工复产和生产经营若干政策措施的通知》，指出加大金融支持力度，为中小微企业续贷续保转贷应急周转资金，支持涉农和小微企业新增贷款，为中小困难企业申请税收减免、延期缴纳税款，降低其生产经营成本，阶段性减免保险费、缓缴社会保险费、援企稳岗返还、减轻住房公积金缴存负担、减免房屋租金。2020年5月8日，重庆市人民政府办公厅发布了《应对新冠肺炎疫情影响进一步稳定和促进就业的实施意见》，包括加大减负稳岗力度，继续对面临暂时性生产经营困难且恢复有望的中小企业执行阶段性降低保险费率，优化自主创业环境，加大创业担保贷款支持力度，降低小微企业创业担保贷款申请门槛等内容。

在发展规划方面，为培育"科技+金融"的创新生态圈，将科学城打造成为具有全国影响力的科技创新中心，2020年11月18日，重庆市人民政府印发了《重庆市金融支持西部（重庆）科学城建设若干措施的通知》，指出提升直接融资能力，加快中小科技型企业挂牌，支持符合条件的科学城中小科技型企业到全国中小企业股份转让系统挂牌，适度提高对科学城普惠型小微企业贷款不良率容忍度，引导金融资源流向科学城中小微企业。

（三）贵州省

在金融财税方面，为支持中小企业积极应对新冠肺炎疫情的影响，促进中小企业平稳健康发展，全力保障企业正常生产，2020年2月10日，贵州省人民政府办公厅发布了《关于应对新型冠状病毒感染肺炎疫情促进中小企业平稳健康发展的通知》，指出切实减轻中小企业各种负担，降低中小企业运营成本，帮助中小企业稳定贷款、降低融资成本、降低担保费率、帮助企业贷款贴息，支持用好援企稳岗政策。

在就业扶持方面，为以更大力度实施好就业优先政策，多措并举促进各类群体就业，确保贵州省就业大局稳定和经济社会持续健康发展，2020年7月13日，贵州省人民政府印发了《关于贵州省进一步稳定和促进就业若干政策措施的通知》，指出鼓励中小微企业创业增加岗位，鼓励企业吸纳就业，减轻企业负担，加大稳岗支持。

在营商环境方面，为激发市场活力，着力构建公正有序的法治环境、清晰透明的市场环境和高效便捷的政务环境，2020年12月17日，贵州省人民政府办公厅发布了《关于印发进一步优化营商环境更好服务市场主体若干措施的通知》，指出切实减轻中小企业负担加强政府产业基金对金融机构的引导，降低企业融资成本，建立针对全省中小企业的统一的惠企政策申报系统，统一入口、一键申报、后台分送办理，逐步实现惠企政策"一次申报、全程网办、快速兑现"。

（四）云南省

在金融财税方面，为协调落实金融财税优惠政策，在坚决打赢疫情防控阻击战的同时，保持经济社会平稳健康发展，2020年2月8日，云南省工业和信息化厅发出《关于应对疫情有序推动中小企业复工复产相关工作的通知》，提出协调金融机构加大对中小微企业的信贷支持，对受新冠肺炎疫情影响较大、有发展前景但暂时还款困难的中小微企业，允许其适当延期还款和办理续贷手续，依法依规办理延期申报、延期缴纳税款、延迟缴纳社保、减免房租等。2020年2月11日，云南省人民政府办公厅发布了《关于应对新冠肺炎疫情稳定经济运行22条措施的意见》指出，加大中小微企业信贷支持，确保2020年中小企业信贷余额、新增贷款规模比2019年同期增长5%，普惠性小微企业贷款综合融资成本较2019年降低1%；加大创业融资支持，对受新冠肺炎疫情影响暂时失去收入来源的个人和中小微企业，有关部门要在其申请创业担保贷款时优先给予支持。

在营商环境方面，为了加大中小投资者权益保护力度，完善中小投资者权益保护机制，2020年6月30日，云南省人民政府印发了《关于云南省优化营商环境办法的通知》，指出落实支持创新创业的优惠政策，鼓励金融机构加大对民营企业、小微企业的支持力度，向信用优良的民营企业、小微企业提供首次贷款和无还本续贷金融支持，降低民营企业、小微企业综合融资成本，支持符合条件的民营企业、中小企业依法发行股票、债券及其他融资工具，完善融资担保机构对中小企业的风险补偿措施。

在就业扶持方面，为依托线上平台促进惠企政策落地，使云南省中小企业公共服务平台各项政策易于一站办理，2020年3月6日，云南省人民政府办公厅发布了《关于进一步精简审批优化服务精准有序推进企业复工复产的通知》，鼓励引导小微企业和个体工商户及时获取相关服务，重点带动上下游中小企业复工复产，鼓励开设中小企业法律援助绿色通道，就不可抗力免责等法律问题为企业提供服务指导。2020年2月11日，云南省人民政府办公厅发布了《关于应对新冠肺炎疫情稳定经济运行22条措施的意见》指出，对中小企业可减免房租，实行"欠费不停供"，对因新冠肺炎疫情影响无法按时履行合同义务的，可以适当延长合同履行期限，不得对中小企业的有关款项形成新增逾期拖欠。

（五）西藏自治区

在金融财税方面，为围绕中央关于做好"六稳"和"落实分区分级精准复工复产"的要求，2020年2月27日，中共西藏自治区委员会办公厅发布了《关于应对新冠肺炎疫情支持企业复工复产保持经济平稳运行的若干政策措施》，提出加大中小企业援企稳岗力度，加大吸纳就业奖补，加强财税金融支持，落实减税政策和金融政策，优化担保服务，适当调整社保政策，减免企业商户租金，延缓缴纳水电气费用，解决账款拖欠问题。

在营商环境方面，为着力优化营商环境，以市场主体期待和诉求为导向，以深化"放管服"改革为抓手，营造开放包容的市场环境，2020年6月10日，西藏自治区人民政府办公厅发布了《关于印发西藏自治区2020年优化营商环境工作方案的通知》，指出提升中小企业获得信贷便利度，降低融资成本，支持金融机构破解中小微企业"融资难"问题，推动完善融资担保体系，引导金融机构持续加大对民营小微企业、扶贫开发、生态环保等领域的支持力度，降低企业生产经营成本。

在创新科技方面，为进一步加大支持创新的力度，营造有利于"大众创业、万众创新"的制度环境和公平竞争的市场环境，2020年9月29日，西藏自治区人民政府办公厅发布了《关于落实推广支持创新相关改革举措的通知》，指出面向中小企业设一站式投融资信息服务，推动政府股权基金投向种子期、初创期企业的容错机制，以协商估值、坏账分担为核心的中小企业商标质押贷款模式，建立基于大数据分析的"银行+征信+担保"的中小企业信用贷款新模式，建立以企业创新能力为核心指标的科技型中小企业融资评价体系。

八、西北地区典型中小企业政策

（一）陕西省

在就业扶持方面，为全面强化稳就业举措，激活个体经营、非全日制以及新就业形态等灵活就业市场，2020年10月2日，陕西省人民政府办公厅发布了《关于支持多渠道灵活就业的实施意见》，共提出优化贷款税收等政策支持个体经营发展、拓宽钟点工临时用工短期工等非全日制就业渠道、支持发展基于互联网平台创业就业的新就业形态、大力支持家政服务业发展、实施服务管理零收费、提供相应场地支持灵活就业、搭建社区就业服务平台、深入开展针对性职业培训、加强劳动保护和权益保障、加大对困难灵活就业人员帮扶力度、推动支持多渠道灵活就业政策落地落实11条实施意见。

在创新科技方面，为推进陕西省国家级、省级经济技术开发区开放创新、科技创新、制度创新，深度融入国家重大战略，实现高水平开放、高质量发展，2020年5月31日，陕西省人民政府办公厅印发了《关于印发推进全省经济技术开发区高质量发展实施意见的通知》，制定进一步放权赋能，优化机构人员设置，实行绩效激励机制，打造总部经济集聚区，促进对外贸易增长，创建国际合作平台，培育先进制造业集群，推动数字经济发展，提升产业创新能力，发挥基金支撑引导作用，优化运营管理机制，加强土地集约利用12条实施意见。其中，第9条"提升产业创新能力"中提道，在国家级经开区做好重点实验室、工程技术研究中心、众创空间、大学科技园、科技企业孵化器等科技创新服务平台和载体的建设工作。

在营商环境方面，为统筹抓好改革发展稳定各项工作，促进经济平稳健康发展，2020年2月10日，陕西省人民政府印发了《关于坚决打赢疫情防控阻击战促进经济平稳健康发展的意见》，主要内容包括：确保疫情防控物资和生活必需品生产；推动企业有序复工复产；实施援企稳岗政策；加快重点项目建设稳投资；聚力聚焦重点任务不放松；严格落实安全生产责任；着力稳定市场预期7个方面共22条政策。为缓解新冠肺炎疫情对中小微企业的影响，提振发展信心，保持稳定发展，2020年2月16日，陕西省人民政府办公厅印发了《关于印发应对新冠肺炎疫情支持中小微企业稳定健康发展若干措施的通知》，主要内容包括：有序推动复工复产、减轻税费负担、减免企业房租、实施援企稳岗政策、加大信贷支持、降低融资成本、强化担保支持、支持企业技术改造、加强清欠中小微企业账款、完善企业服务、加强企业维权和法律援助、加强宣传引导12条具体措施。

（二）甘肃省

在金融财税方面，2020年5月6日，甘肃省人民政府办公厅印发了《关于进一步促进消费扩大内需的实施意见和行动计划的通知》，提出进一步降低消费行业企业和个体工商户融资成本，对还贷困难的企业给予展期或续贷支持，不盲目停贷、抽贷、断贷、压贷；对没有列入国家、省级名单的疫情防控企业和因疫情受困的中小微企业，各级政府性融资担保和再担保机构取消反担保要求，降低担保费率，多方合力推动全年普惠小微贷款综合融资成本较上年下降0.5%。

在营商环境方面，2020年7月17日，甘肃省人民政府办公厅发布了《关于印发中国（天水）跨境电子商务综合试验区实施方案的通知》，指出依托"长城"电器、"星火"机床、"风动"工具、"海林"轴承等一批品牌电气电工产品，搭建西部工业垂直平台，以龙头企业为引领，带动天水相关行业内中小企业实现集群式出海。

在创新科技方面，2020年9月12日，甘肃省人民政府发布了《关于进一步激发创新活力强化科技引领的意见》，要求打造高端创新平台，省级科技型中小企业创新基金重点支持享受研发费用加计扣除税收优惠政策的中小微企业，对享受研发费用加计扣除税收优惠额度全省排名前10的，资金奖励20万元；对于年度销售收入在1000万元以下的中小微企业，按照研究开发费用总额占同期销售收入总额的比例进行奖补，对于连续3年达到3%的奖补5万元、达到4%的奖补10万元、达到5%以上的奖补20万元。

在就业扶持方面，2020年8月24日，甘肃省人民政府办公厅印发了《关于切实保护和激发市场主体活力促进民营经济持续健康发展的若干措施的通知》，对年度销售收入在1000万元以下的中小微企业，按照研发费用总额占同期销售收入总额的比例进行奖补，对连续3年达到3%的奖补5万元、达到4%的奖补10万元、达到5%以上的奖补20万元。

在发展规划方面，2020年9月24日，甘肃省人民政府办公厅发布了《关于印发甘肃省"上云用数赋智"行动方案（2020—2025年）的通知》，提出在创新金融服务方面，增强中小微企业公共金融服务功能，增加云量贷、信易贷等创新型线上金融信贷服务产品，集聚资本要素，为数字化企业提供金融服务；建立甘肃省数字化转型专家库，为中小微企业转型升级与工业互联网发展提供政策解读、技术指导、业务咨询、趋势分析等服务；组织开展物联网、大数据、人工智能、区块链、网络安全等职业技术培训，集聚人才要素。在供给侧启动实施甘肃数字化转型伙伴专项行动方面，强化全媒体宣传推广力度，为中小微企业提供相关信息和服务支持。在试点示范机制方面，重点围绕工业、健康、物流、旅游、生态、电商、农业、交通、自然资源等特色行业领域，组织开展试点示范，搭建"政府部门—平台企业—行业龙头企业—行业协会—服务机构—中小微企业"联合推进模式，打造数字化生态典型范式。

（三）青海省

在就业扶持方面，2020年2月16日，青海省人民政府印发了《关于做好失业保险稳岗返还政策支持疫情防控工作的通知》，从放宽政策条件、精准落实政策、实现网上经办等方面多措并举，充分发挥稳岗返还政策效应，助力企业在疫情防控期间减轻负担、稳定就业，顺利渡过阶段性难关。要求放宽标准，扩大政策受益面：参加失业保险的企业中，职工人数30人至1000人的中小企业，裁员率不超过职工总数的5.5%，可以申请企业稳岗返还，政策标准较前期放宽2%。同时，新增一项倾斜政策，对职工人数30人（含）以下的小微企业，裁员率不超过参保职工总数的20%，可以申请企业稳岗返还。

在营商环境方面，2020年6月9日，青海省人民政府办公厅印发了《关于全力抓"六保"促"六稳"的若干举措的通知》，要求抓好就业服务"四送"活动：持续送补贴，对不裁员或少裁员的中小微企业，返还失业保险费标准可提至100%，力保已就业人员不失业。持续开展靶向精准帮扶：采取"一业一策""一业多策"，打出财税、金融、房地产等组合拳，加大对小微企业、个体工商户的帮扶，所得税缴纳一律延缓到2021年，中小微企业贷款延期还本付息政策再延长至2021年3月底，对普惠性小微企业贷款应延尽延，加大民营和中小企业账款清欠力度，切实落实"救小"目标。加快培育外贸增长点：引进培育外贸综合服务企业，为中小微外贸企业提供通关、报检、退税、融资、信保等服务，有效提升企业的市场开拓能力，提高进出口规模。

（四）宁夏回族自治区

在金融财税方面，为支持中小微企业发展，做好金融服务工作，缓解企业融资难题，建立完善融资担保风险补偿机制并积极争取国家支持，2020年2月14日，中国银行保险监督管理委员会宁夏监管局发布了《关于进一步做好新冠肺炎疫情防控期间金融服务工作的通知》；2020年9月

4日，宁夏回族自治区财政厅发布了《关于修订宁夏担保体系建设专项资金管理办法的通知》。这些政策分别从金融服务、融资担保、专项资金等多方面制定了系列措施，全面、具体地促进中小微企业和"三农"主体的发展。

在就业扶持方面，为帮扶服务业小微企业和个体工商户，减免承租自治区本级行政事业单位房屋租金，2020年7月29日，宁夏回族自治区财政厅发布了《关于减免服务业小微企业和个体工商户承租区本级行政事业单位房屋租金有关事项的通知》，明确了政策适用范围，规定了简化审批程序，制定了优化减免方式。

在营商环境方面，为了积极应对新冠肺炎疫情影响，支持中小微企业健康发展，2020年2月8日，宁夏回族自治区人民政府办公厅发布了《关于应对新型冠状病毒感染肺炎疫情影响促进中小微企业健康发展的若干措施》，分别从加大金融信贷支持、稳定职工队伍、减轻企业负担、加大财政扶持、强化服务保障5个方面制定了一系列措施，全面、具体地提出如何促进中小微企业的发展。

B.8 我国与美、日、德、法中小企业支持政策对比分析

孙一赫 李岚清 晏晓峰[1]

摘　要： 国内外关于中小企业的定义、管理、扶持政策等方面均存在着很大不同。在2020年新冠肺炎疫情发生之后，我国各级行政机关出台了大量支持、帮扶中小企业的惠企政策，对减轻中小企业受新冠肺炎疫情影响的程度，加快复工复产，取得了良好的效果。美国、日本、德国、法国等国都拥有中小企业专门管理机构，在中小企业竞争保护、资金支持、技术研发支持等方面更为完善，值得我国参考借鉴。具体来看，相比于美国，我国中小企业支持的政策体系和政策类别仍有较大提升空间。未来，我国要不断完善法律法规体系，提高中小企业管理与治理能力，优化中小企业融资模式，提高资本市场对中小企业的融资效率，以进一步支持我国中小企业良性发展。

关键词： 中小企业；政策对比；发达国家

Abstract: Small and Medium-sized Enterprises (SMEs) play an important role in the economic and social development at home and abroad. There

---

[1] 孙一赫，国家工业信息安全发展研究中心工程师，中国人民大学硕士，主要研究方向为宏观经济政策、中小企业发展等；李岚清，国家工业信息安全发展研究中心工程师，北京理工大学硕士，主要研究方向为大数据分析与研究；晏晓峰，国家工业信息安全发展研究中心高级工程师，主要研究方向为大数据分析与研究。

are great differences in the definition, management, and support policies of SMEs at home and abroad. After the outbreak of the new crown pneumonia epidemic in 2020, governments at all levels in China have introduced a series of favorable enterprise policies to support the development of SMEs, which have achieved good results. The United States, Japan, Germany, France and other developed countries have a good support policy system for SMEs. These countries have established special management institutions for SMEs, and the policies are more complete in terms of competition protection, financial support, and technical research and development support for SMEs, which are worthy of reference for our country. Specifically, compared with the United States, the policy system and policy categories supported by Chinese SMEs still have much room for improvement. In the future, China should continue to improve the legal system to provide legal protection for the development of SMEs; establish a central vertical SME management agency to improve the management and governance capabilities of SMEs; optimize the financing mode of SMEs and improve the financing efficiency of the capital market for SMEs, in order to further optimize the development environment of my country's SMEs and promote sustainable economic and social development.

Keywords: Small and Medium-sized Enterprises; policy comparison; developed countries

从定义来看，不同国家对于中小企业的定义有所差别。世界上大多数国家普遍以企业的雇员作为划分标准。在美国，中小企业指的是独立所有和经营并在某行业领域不占支配地位的企业,且雇员人数不超过 500 人。在英国,中小企业指市场份额较小、所有者亲自管理、独立经营的企业,不同行业划型标准不同,如制造业要求从业人员在 200 人以下。日本对制造业、零售业、批发业采取不同的分类标准,以制造业为例,制造业中小企业指的是从业人员 300 人以下或资本额 3 亿日元以下的企业。

在我国,根据工业和信息化部等 4 部门 2011 年联合印发的《中小企业划型标准规定》(工业和信息化部联企业〔2011〕300 号),按照企业从业人员、营业收入、资产总额等指标进行划分,不同行业的中小企业划型标准区别较大。以工业为例,工业中小企业指的是从业人员 1000 人以下或营业收入 40000 万元以下的企业。

一、我国中小企业支持政策日趋完善

我国政府对中小企业的支持政策涉及多个方面,并出台了一系列法律法规加以指导。

2002 年出台、2017 年进行修订的《中华人民共和国中小企业促进法》是我国制定中小企业政策的依据,该法律旨在优化中小企业营商环境,引导中小企业健康发展。

2009 年国务院印发的《关于进一步促进中小企业发展的若干意见》,是我国政府关于支持中小企业发展的一份较为完整、全面的指导性意见,涉及营商环境优化、财税支持等 8 个方面。2011 年,工业和信息化部等 5 部门联合发布了《关于加快推进中小企业服务体系建设的指导意见》,提出"要加快推进服务体系建设",为中小企业服务支持。

2014 年以来,随着我国经济步入新常态,国际国内形势愈加复杂,为进一步帮助中小企业解决切实困难,各级政府相继提出了一系列简政放权、优化营商环境的政策,推动中小企业转型升级、取得更好的发展。2014 年 10 月 31 日,国务院印发了《关于扶持小型微型企业健康发展的意见》(国发〔2014〕52 号),从融资支持、财税补贴、创新投入、企业服务等多个角度，提出一系列政策措施，进一步支持小微企业健康发展，对新时代支持中小企业健康发展做出了新的战略部署。

2016年，工业和信息化部印发了《促进中小企业国际化发展五年行动计划（2016—2020年）》，指出可通过设立专项基金、支持"一带一路"建设等手段，有针对性地支持中小企业融入全球产业链，引进国外先进技术，实现自身的快速发展和转型升级。

2018年以来，国际政治局势愈加复杂，国内市场环境也发生了新的变化，中小企业特别是外向型中小企业面临着新的挑战。面对新形势，2019年4月，中共中央办公厅、国务院办公厅印发了《关于促进中小企业健康发展的指导意见》，强调以供给侧结构性改革为主线推动大中小企业融通发展。根据该指导意见，各级政府出台了一系列政策文件，旨在缓解中小企业面临的成本上升、融资难融资贵和创新能力不强等问题。具体措施包括建立生产要素供应信息平台、制定应对市场失灵的响应措施、优化缩减事务审批环节等，对中小企业发展起到了重要的支持作用。

2020年，新冠肺炎疫情给广大中小企业带来了巨大的冲击，跨境旅游、线下教育等行业受到毁灭性打击，众多中小企业面临破产清算的风险。在此背景下，党中央、国务院迅速做出战略部署，工业和信息化部、财政部、国家税务总局、国家发展和改革委员会、国家市场监督管理总局、国家药品监督管理局、国家知识产权局、海关总署等各部门结合自身职能定位，密集出台了一系列支持政策，对受新冠肺炎疫情影响的中小企业提供了金融、信贷、财税等各方面的支持，取得了积极的成效，帮助中小企业渡过难关。这些政策对于缓解中小企业受新冠肺炎疫情的影响程度，加快复工复产，取得了良好的效果。

二、国外中小企业支持政策相对健全

整体来看，国外支持中小企业的相关政策更为健全，有一套相对完整的中小企业相关法律体系。国外对中小企业的支持政策可分为竞争保护政策、资金支持政策、研发支持政策等。

（一）国外多设有中小企业专门机构

在主要发达国家和地区，中小企业都有专门的管理机构，为制定、推进中小企业扶持政策进行相关服务（见表8-1）。

表8-1 各国家和地区中小企业管理机构情况

国家	名称	隶属关系	主要职责
美国	联邦：小企业管理局 地方：小企业办公室	联邦； 商务局	听取小企业的意见及需要，并向总统报告；就保护小企业的权益向联邦政府提出政策建议；提供贷款担保、技术、管理援助和帮助获得政策采购合同等
欧盟	欧盟委员会：第23总局	欧盟：欧洲委员会	负责企业政策，将原来的中小企业办公室并入，还吸收管理社会经济的单位；负责商业、零售和分销业、旅游业
德国	联邦：中小企业秘书处 卡特尔局：国家托拉斯局	联邦； 经济部	为中小企业提供信息和宣传材料；负责制定欧洲复兴基金贷款计划；为国际技术转让提供低息贷款；制止大企业对中小企业的吞并及其他的联合行动；支持中小企业的联合等
日本	中央：中小企业厅	中央：通商产业省	制定旨在培植、发展中小企业的基本方针政策；负责和监督某些有关中小企业法律的实施，对中小企业的经营管理、资金、技术、发展方向等给予指导和扶持；对国会和政府有关部门制定的政策和方针提出意见；反映中小企业的要求和意见；调节大企业与中小企业之间的矛盾以及中小企业的内部矛盾

（二）国外重视中小企业竞争保护

大型企业往往在行业中占据优势地位，甚至享有行业定价权等垄断性权利。国外的中小企业竞争保护政策，对大型企业的垄断行为或不正当的联合行为加以限制，并在政策上给予中小企业一些支持。

美国对中小企业的竞争保护政策经历了不同阶段。早在1890年，美国国会为了限制大企业的垄断行为，就出台了《谢尔曼反托拉斯法》（该法律的正式名称为《保护贸易及商业免受非法限制及垄断法》），对于垄断组织合谋操纵市场、限制贸易等行为进行了限制。但是，该法对于垄断行为未进行具体的界定和明确的解释。1953年，美国出台了《小企业法》并成立小企业管理局，对大企业垄断行为的威胁进行了进一步限制，加强了对小企业的各种扶助、支持政策。20世纪80年代，美国国会进一步通过了《小企业经济政策法》等一系列相关法律，政策措施进一步向中小企业倾斜。

在欧盟，各国针对中小企业的竞争保护政策有所不同。德国的《反对限制竞争法》，对中小企业彼此联合给予了相对于大型企业更大的自由度。法国为了保护中小企业参与竞争的权利，出台了《关于价格和竞争自由的法律》，其中规定中小企业的有关联合经营行为，在经竞争审议委员会审议后，可视为合法。

在日本，中小企业的纲领性法律《中小企业基本法》中明确规定，在市场竞争中对中小企业加以保护。

（三）国外对中小企业给予资金支持

对于中小企业而言，发展面临的主要困境之一是融资难、融资贵。针对这一世界性难题，各国政府也推出了不同的政策，为中小企业提供融资支持。

在美国，中小企业的融资支持政策主要依据《1953年小企业法》《1958年小企业投资法》《1977年社区再投资法》《2010年小企业就业法》《2009年复苏和再投资法》等相关法律，体制机制较为健全。一方面，美国中小企业的直接融资机制非常完善，可以通过全国证券经纪协会建立的自动报价系统进行直接融资。另一方面，小企业管理局提供政策性金融服务，可为中小企业提供贷款担保和直接贷款。

在欧盟，不同国家的支持政策有一定差别。法国的中小企业发展银行，用于向中小企业进行直接贷款支持，同时设立国家基金，为中小企业提供信用担保。德国构建的政策体系有利于资金流向中小企业，其主要做法为通过复兴开发银行等机构为中小企业提供直接的贷款支持。

在日本，依托《中小企业信用保险法》《中小企业金融公库法》等法律，政府为中小企业提供信用担保，通过"政策性资金、市场化运营"的模式，在构建融资支持体系的同时，尽可能保证资源配置效率和日本金融体系的安全。

（四）国外对中小企业给予技术研发支持

在美国，对中小企业创新研发的支持以《小企业技术创新法》为基础，要求政府向中小高科技企业支持研发经费，以促进技术创新和具有风险性的研究。主要通过中小企业创新研究计划（SBIR）和中小企业科技成果转化计划（STTR）支持中小企业创新研发投入。中小企业创新研究计划（SBIR）硬性规定了美国联邦政府 11 个部门在支持中小企业创新和研发方面投入的财政资金，不得少于其科研预算总额的 2.8%；中小企业科技成果转化计划（STTR）则旨在支持政府部门、科研机构和中小企业的科研合作，通过政府采购等方式，解决中小企业科技研发产品的销售问题。

在欧盟，各国采取财政补贴、金融支持等多种政策手段对中小企业技术研发予以支持。例如，德国政府通过发布《首次革新资助计划》等一系列政策法规，对具有高新科技性质的中小企业研发予以资金支持。法国则主要采取财税补贴的方式鼓励中小企业进行技术研发投入，其研究开发投资税收优惠制度规定，中小企业若增加研发投资，可享受相应的税收优惠。

在日本，《小企业技术振兴法》是其对中小企业创新研发进行支持的法律基础。该法律规定，对于进行高风险技术研发投入的中小企业，提供税收优惠。具体来说，日本政府采取中小企业技术基础强化税制、增加实验研发经费的税额抵扣、设定特定技术创新的项目准备金等手段，加强对创新型中小企业的财政税收支持。

三、我国中小企业支持政策与国外尚有差距

（一）国外中小企业政策体系更为完备

我国和世界其他各国一样，对中小企业发展非常重视，在政策方面都给予一定支持，但与国外发达国家相比仍有差距。具体而言，美国、日本、德国、法国等发达国家建立了相对完善的法律和政策体系，我国中小企业相关法规政策的数量和可操作性仍有待加强。

以美国为例，通过下表的对比可以看到，虽然我国中小企业政策环境有所改善，但与美国相比还有完善的空间（见表8-2）。

表8-2 中美中小企业政策支持框架比较

政策体系	政策类别	中国	美国
法律层面	法律支持	《中华人民共和国中小企业促进法》《中华人民共和国促进科技成果转化法》	基本法：《小企业法》《小企业经济政策法》《小企业投资改进法》《小企业出口扩大法》《小企业技术创新开发法》《小企业发明推广法》《加强小企业研究与发展法》等50多部扶持小企业发展的专项法律
	官方机构	无	参众院中小企业委员会、白宫总统中小企业会议、联邦小企业管理局
执行层面	财税政策	从营业税、企业所得税、进口环节增值税等方面对中小企业实行减免和优惠、直接对中小企业进行财政补贴设立了科技型中小企业技术创新基金、中小企业发展专项资金、中小企业国际市场开拓资金、中小企业公共服务体系专项补助资金等	减少对企业新投资的税收；减少对小企业投资的税收；降低企业所得税税率，其中股东人数不超过35人的企业，不缴纳企业所得税；推行加速折旧；实行特别的科技税收优惠，减免新兴小型高科技企业一定比例的地方税；企业科研经费增长额税收抵免，研究和实验费用抵免等。美国规定每年政府采购中有25%必须给小企业，而5%必须给由妇女开办的小企业

B.8 我国与美、日、德、法中小企业支持政策对比分析

续表

政策体系	政策类别	中国	美国
执行层面	融资政策	中小企业贷款联合担保机构、中小企业信用担保体系	美国小企业融资担保体系由小企业管理局、金融投资公司、进出口银行、商业银行等构成。常见方式有：贷款计划、小企业投资公司计划、纳斯达克（NASDAQ）股票市场3套小企业信用担保体系
	技术创新政策	《中华人民共和国中小企业促进法》提供国家中小企业发展基金技术创新；支持民间投资支持小微企业技术进步和创新；建立健全技术服务平台	《小企业技术创新法案》规定，所有研发经费超过1亿美元的项目，政府有关部门需要拿出财政预算的1.3%向小企业创新计划提供资金；"中小企业创业研究基金"规定国家科学基金会与国家研究发展经费的10%要用于支援小企业的技术创新
	社会化服务政策	星火计划和火炬计划；中小企业孵化器，技术市场及生产力促进中心	小企业职工退休金计划、建设工业园区和开发区、发展网上信息咨询服务、组建了900多个小企业发展中心

（二）中外中小企业政策类别差异较大

中国的支持政策以行业指导为基本原则，重在协调中小企业发展过程中的多部门综合治理。据不完全统计，截至2020年12月底，我国各部门出台的中小企业政策共800余项，涉及金融、科创等多个方面，内容较为丰富完整（见表8-3）。

表8-3 中国中小企业政策分类情况（截至2020年12月底）

类别名称	政策数量/个	细分类别名称	政策数量/个
其他	227	其他（行业发展）	73
金融	187	其他（企业管理）	66
综合	78	其他（区域发展）	20
科技创新	77	其他（环境保护）	16
服务	66	其他（企业减负）	9

续表

类别名称	政策数量/个	细分类别名称	政策数量/个
就业	66	其他（乡镇企业）	6
税收	63	其他（企业划分标准）	3
基础设施	51	其他（其他）	34
人才	35		
市场拓展	31		
进出口	26		
交流合作	21		
知识产权	10		

资料来源：中国政府网及国家各部门网站。

而美国、日本、德国、法国等发达国家的支持政策以针对性扶持为基本原则，重在就金融与法律方面提供政策保护。以美国为例，表8-4展示了美国的政策分类情况，可以看出市场拓展类占比较高。

表8-4　美国中小企业政策分类情况（截至2020年12月底）

类别名称	政策数量/个	细分类别名称	政策数量/个
市场拓展	115	其他（规模）	67
其他	121	其他（环境）	18
金融	43	其他（退伍军人）	7
科技创新	15	其他（妇女）	6
税收	9	其他（弱势企业）	6
综合	7	其他（灾难援助）	6
知识产权	3	其他（公平性）	1
就业	3	其他（规章回顾）	1
成果转化	1	其他（健康）	2
		其他（能源）	2
		其他（农村）	1
		其他（伤残军人）	1
		其他（食品标签豁免）	1
		其他（小微企业）	2

资料来源：美国联邦登记系统。

四、借鉴国外经验，进一步优化我国中小企业支持政策

与美国、日本、德国、法国等发达国家相比，我国中小企业的发展起步相对较晚，支持政策还有待进一步完善。

（一）完善法律法规体系，为中小企业政策制定奠定基础

美国、日本、德国、法国等发达国家法律体系较为完整，除纲领性法律外，往往具有一系列不同领域的法律法规就不同方面的支持政策进行具体规范。而我国中小企业相关政策的制定目前仅依据《中华人民共和国中小企业促进法》，有必要根据新时代中小企业发展的新特点、新需求，加快制定出台相关领域的中小企业法律法规，为中小企业政策的制定奠定坚实基础。

（二）构建更加完善的中小企业管理体系，提高中小企业管理与治理能力

当前中国的中小企业管理局隶属于各级工业和信息化部门，与美国、日本等国家一样的中央垂直管理体系有所区别。可探索中小企业管理部门的机构改革，构建更完善的中小企业管理体系。一是进一步明确中小企业管理机构在中小企业发展各环节的服务职能，设计出适合当地产业发展的中小企业管理制度；二是从全国中小企业发展及布局角度出发，整合现有的相关管理部门，根据其职能特点设置相关的机构部门，严格区分其行政与事业职能，使其行业指导服务和行政执法等方面的人员分工明确，提高中小企业管理与治理能力。

（三）优化中小企业融资模式，提高资本市场对中小企业的融资效率

要借鉴发达国家的中小企业融资支持经验，建立自上而下、统一协作的金融体系。在中小企业金融支持体系中，既要包含中小企业管理部门的直接融资、资金担保等支持，又要善于利用我国日趋成熟的金融市场，积极疏通中小企业利用市场化渠道获得融资的路径，畅通中小企业的融资之路。

参考资料

1. 陈灿平，高福. 天津法学，2010-12-20。
2. 王闻礼. 中国中小企业，2020-09-01。
3. 北京日报，2020-12-07。
4. 陈瑶. 天津日报，2020-05-08。

日韩中小企业法律、创新、服务、金融举措及对我国的启示

高卉杰　孙一赫　贾丹[1]

摘　要： 中小企业在促进经济发展、缩小贫富差距、维护社会稳定中具有举足轻重的作用。整体来看，海外发达国家和地区支持中小企业的相关政策更为健全，有一套比较完整的中小企业相关法律体系。本文通过对日本、韩国中小企业相关的法律法规、创新、服务机构、金融支持等进行梳理，发现我国中小企业在法律法规建设方面与日韩两国存在较大差距，组织管理机构和服务机构设置有待健全，金融支持体系仍存在战略框架不清晰、职能定位模糊等问题。未来亟待建立统一规范的国家级中小企业管理机构或协调机制，完善中小企业法律法规体系，优化金融支持体系和创新环境。

关键词： 中小企业相关举措；日本；韩国

Abstract: SMEs play an important role in promoting economic development, narrowing the gap between the rich and the poor and maintaining

---

[1] 高卉杰，国家工业信息安全发展研究中心工程师，北京科技大学博士（后），主要研究方向为中小企业、产业分析、创新管理、政策研究等；孙一赫，国家工业信息安全发展研究中心工程师，中国人民大学硕士，主要研究方向为宏观经济政策、中小企业发展等；贾丹，国家工业信息安全发展研究中心工程师，中国科学院大学硕士，主要研究方向为中小企业、政策研究等。

social stability. On the whole, overseas developed countries and regions have more sound policies to support SMEs and have a relatively complete legal system. Based on relevant laws and regulations on Japan, Korea's SMEs' innovation, service, financial support and to comb, discovered our country SMEs in the construction of laws and regulations have a big gap between the two countries, organization and management agencies and services financial support system of strategic framework is still not clear, fuzzy function orientation and other issues. In the future, it is urgent to establish a unified and standardized national SMEs management organization or coordination mechanism, improve the SMEs laws and regulations system, and optimize the financial support system and innovation environment.

Keywords: Small and Medium-sized Enterprises Related Initiatives; Japan; Korea

一、日韩两国中小企业相关举措整体优于我国

日本是发达国家中中小企业政策最稳定、最主动、最完善的国家之一，以《中小企业基本法》为核心，颁布了中小企业相关法律法规30余部，拥有中小企业技术创新专门的组织管理机构，构建了有效的产、学、研协作扶持体系，拥有由政府机构、金融机构、行业组织、科研机构、中小企业基金组织和其他社会中介机构共同组成的社会化服务体系，以及完善的融资支持体系。

韩国是亚太地区经济较发达的经济体，中小企业立法借鉴了日本的许多做法，以《中小企业基本法》为核心，颁布了中小企业相关法律法规10余部。与日本一样，韩国也拥有中小企业技术创新专门的组织管理机构，

构建了有效的产、学、研协作扶持体系,依据相关法律,以政府部门为核心,构建了各种支持和服务机构及行业组织等组成的中小企业服务体系,拥有包括政策性贷款、政策性信用担保及央行层面为解决融资约束而采取的制度等金融体系。

与日本、韩国地区中小企业相关的法律法规、创新、服务机构、金融支持等方面的举措相比,目前我国在中小企业法律法规、创新等方面还存在一定的差距,在中小企业管理机构设置、法律法规体系、融资等方面还有待进一步加强。

二、日韩两国中小企业法律法规相对比较完善

(一)日本

目前,日本的中小企业立法非常完善,其主要特点:一是对中小企业采取专门立法的方式,凡是涉及企业经营发展的问题,都在立法体系中载明;二是在立法体系中,既有基本法,又有一系列涉及企业经营发展方面的专项法律;三是属于政策性立法,具有明显的阶段性、灵活性和诱导性等特点,各部立法一般不设法律责任的章节或条款。

日本对中小企业的立法工作起步于第二次世界大战(以下简称"二战")后初期,到目前已形成了一套完整的保护中小企业的独立法律体系,但其侧重点不断调整,与日本经济政策调整相对应。在二战后经济恢复期,立法的侧重点主要是以救济"弱小的中小企业为主",如制定了《中小企业稳定法》《中小企业金融公库法》《中小企业保险公库法》《中小企业协同组合法》《中小企业基本法》等一系列相关法律进行调整,意图改善中小企业内外环境,缓解中小企业的衰退;在经济高速增长期,立法的侧重点转向制造业,鼓励中小企业实现专业化、设备现代化和企业集约化,如《中小企业现代化促进法》;在经济稳定发展期,立法的侧重点转向鼓励中小企业知识密集化、产业融合,帮助特定产业调整产业结构,如《中小

企业进入新领域顺利化法》；在经济转换期，在国民经济高技术化、信息化、知识化过程中，立法着重强调了中小企业的创新作用，鼓励中小企业进行技术创新，如《中小企业团体组织法》《小规模企业共济法》《中小企业技术开发促进临时措置法》等相关法律，推动中小企业扫除障碍，进行行业调整，提高生产技术创新水平。

随着经济的发展，中小企业相关的法律也逐步完善，如 2009 年修改《中小企业基本法》，引导中小企业承担"自由竞争担当"的责任，建立安全保证体系，增强了中小企业应对突发事件的能力。

从法律政策的实施来看，日本中小企业法律政策的实施也具有完备的组织结构和程序。

1. 具有相关组织机构

日本涉及中小企业的相关社会组织机构，从性质和职能上看主要有 3 类：一是政府的相应行政机关，如日本在通产省设立中小企业厅，在都、道、府、县设立中小企业局，并设立中小企业政策审议会，制定对中小企业的政策，为中小企业提供服务措施，行使相应的行政管理职能；二是依法成立的相应机构组织，如中小企业综合事业团，具有半官半民性质，这类组织依法为中小企业提供相关服务；三是民间社会组织，如中小企业团体中央会，由市场需要自发产生，按市场运行机制运作，提供政策咨询、建议、技术开发等服务。

2. 日本的中小企业政策的实施体制依法有序

通过中小企业立法，日本建立了一套专门制定和实施中小企业政策的组织结构体系和政策运行机制。一是依法设立统一的中小企业政府机构，即通产省中小企业厅，各都、道、府、县的中小企业局和各级政策审议会，主管中小企业政策的制定和实施，并管理和指导专门的中小企业事业机构；二是依法设立各种专门的负责实施中小企业政策业务的事业机构；三是通过有关立法和政策的引导和支持，将中小企业的民间社团组织和社会服务组织吸引到积极参与支持中小企业的经营活动中来；四是这套组织结构由于是依法设立、依法行事，因此在中小企业政策的运行过程中，基本实现了责任明确、顺序分明、相互协作、运作高效。总之，通过立法体系确立的这一机制，保证了中小企业政策措施的有效实施，为中小企业的创业、经营和发展创造了良好的外部环境。

（二）韩国

韩国中小企业立法受日本的影响比较大，处处留有日本中小企业法的影子，在立法中比较多地借鉴了日本扶持中小企业法律中的有关政策措施。韩国在中小企业立法中的扶持中小企业发展的措施，从政府中小企业主管机关的设置到中小企业中介组织作用的发挥，从各类基金的设立到税收优惠政策，从产业结构调整到对技术创新的支持，从企业经营安定到技术指导、员工培训、信息情报等，涉及中小企业发展的各方面，韩国关于扶持中小企业的政策是多方面、全方位、多层次的，可操作性强。

目前，韩国中小企业立法主要有《中小企业基本法》《中小企业振兴法》《中小企业协同组合法》《中小企业系列化促进法》《中小企业事业调整法》《中小企业创业支援法》《促进中小企业经营稳定及结构调整法》《中小企业制品购买促进法》，以及有关中小企业出口、金融、税收等方面的法律法规。以上韩国有关中小企业的立法，既有关于中小企业的基本法，又有关于中小企业的单项立法；既有关于中小企业组织的立法，又有关于促进中小企业立法的内容；既与韩国的整个经济立法融为一体，又自成体系，非常系统、全面、完整。韩国中小企业立法以其扶持型政策的实践在世界各国中具有典型性。

三、日韩两国大力支持中小企业创新

（一）日本

一是中小企业技术创新设立专门的组织管理机构。日本政府于1948年成立了中小企业厅,对中小企业技术创新进行支持。

二是对中小企业技术创新给予法律法规扶持。二战后,日本政府特别注意通过法律手段来促进中小企业的发展,把保护中小企业的利益、协调其与大企业的关系、鼓励技术创新都纳入了法律调整的范围,制定了包括《中小企业基本法》在内的30多部法律为中小企业服务。日本法律规定,中小企业开展新技术研究开发可获得低息贷款和设备投资减税。

三是对中小企业技术创新实行金融扶持。日本除专门设立面向中小企业的金融机构,如中小企业金融公库、中小企业投资育成公司等政府金融机构外,还在民间设有专为中小企业服务的金融机构,如互助银行、信用合作社等,民间中小金融机构及其分支机构众多而密集,全国共有2000多家,构成了官民结合的中小企业融资网络体系。日本政府建立并不断充实和完善中小企业信用担保制度,有效地解决了中小企业找不到担保的问题,使大约三分之一的中小企业在利用这一体系收益。此外,日本还在建立中小企业经营安全网方面采取了一些措施:如实行特别贷款制度和中小企业破产对策贷款、创设支持风险企业发展的特别融资制度等。

四是对中小企业技术创新实行税收扶持。日本对进行技术投资已节约能源和利用新能源的中小企业,在税制方面采取优惠政策。

五是构建有效的产、学、研协作扶持体系。日本通过增设"新技术育成补助框架"促进中小企业与政府系统研究机构及高等院校共同研究,设立知识产权中心,促进专利技术的流通。

(二)韩国

一是中小企业技术创新设立专门的组织管理机构。1949年,韩国政府成立国民金融公库;1963年,成立中小企业投资育成公司。另外还设立了中小企业最高行政管理机构小企业局。

二是提供法律支持。1972年颁布的《技术开发促进法》,对提高韩国中小企业技术水平起到了重要的促进作用;1980年代、1990年代又陆续颁布了《中小企业系列化促进法》《创业支援法》《新技术事业支援金融法》等法律。此外，韩国政府在1997年和2001年颁布的《风险企业扶持特别法》和《中小企业技术创新促进法》，对提升韩国经济竞争力，走出亚洲金融危机提供了法律支持。

三是构建有效的产、学、研协作扶持体系。韩国鼓励大学和研究机构的研究人员与中小企业一起共同开发新产品、新技术，国家直接提供三分之一的研究费用，支持产、学、研活动。1998年，韩国政府累计投入数千万美元，促使科研单位、高等院校与5500家中小企业进行合作，共同开发新产品和技术。此外，技术创新风险投资政策也逐步实施，越来越多的大学教学和科研人员开始创办风险企业。韩国已创办了100多家风险投资基金管理公司，总金额达到2.5兆韩元。

四、日韩两国中小企业服务机构相对健全

（一）日本

日本的中小企业社会化服务体系，由政府机构、金融机构、科研机构、行业组织、中小企业基金组织和其他社会中介机构共同组成。

1. 政府支持机构

日本在总理府设立附属机构——中小企业政策审议会，政府必须每年听取该审议会的意见，了解中小企业的实际状况，进行必要的调查并公布结果，根据中小企业的动向明确应采取的措施，写成文件提交国会。日本还在经济省设立中小企业厅，在各级地方政府内设有中小企业指导课，构成支持中小企业的行政体系。

2. 服务体系构成

日本中小企业服务体系分国家、都道府县、地方3个级别，分别设置中小企业创业综合支援中心、都道府县中小企业支援中心和地方中小企业

支援中心3种类型的支援中心，并与其他服务机构相互合作，提供窗口咨询、商谈、民间专家派遣等一站式服务。3个级别所起的作用各不相同。

国家级服务机构是从国家层面出发，专为中小企业提供服务的机构，承担相应政策实施的任务，起先导作用，从事的是从国家层面应该进行的事业，以及其他机构实施起来较为困难的事业。

都道府县级服务机构起核心作用，综合实施各项业务，在都道府县构筑本地区的中小企业支援体系，并根据国家的"基本计划"和地区的实际情况制定"都道府县计划"。都道府县级服务机构承担该计划的实施任务。各都道府县必须明确一个核心机构，该机构具有承上启下的作用，同时与其他相关机构开展合作。

地方级服务机构主要指地方中小企业支援中心和商工会、商工会议所等地方工商团体机构，起基础作用，对微型企业实施具体业务，充分把握地方中小企业的优势并普及中小企业政策。

3. 公共服务机构

在日本中小企业服务体系中，公共服务机构发挥着很大的作用，不仅具有"承上启下"连接政府和中小企业的功能，而且还是落实中小企业政策的主要实施机构。

目前日本主要有五大中小企业公共服务机构，包括：日本中小企业基盘整备机构、日本中小企业团体中央会、日本贸易振兴会（JETRO）、日本商工会与商工会议所、日本中小企业综合研究机构（JSBR）。

这5个机构的任务各有侧重，如日本中小企业基盘整备机构作为国家级别的支持中小企业事业主要实施机构，主要任务是支援中小企业创业、培训各类团体工作人员、举办面向中小企业经营管理人员的研修、指导各都道府县企业诊断事业及从事其他从国家层面应该进行的事业，或者其他机构实施起来较为困难的事业。

4. 社会化服务机构职能

日本中小企业社会化服务机构有7项基本职能：

一是对中小企业进行经营诊断和指导;二是促进中小企业与拥有经营资源的相关企业或组织进行合作;三是进行技术指导、必要的实验研究及技术开发支援;四是为创业者提供必要的指导和建议;五是举办面向中小企业、创业者和支援工作人员的各种进修讲习;六是进行信息收集、调查、研究并提供研究成果;七是从事其他的相关事业。

5. 服务机构特点

一是服务能力强。民间服务机构和地方服务机构比较成熟,功能较为强大,这就能让政府在实施中小企业政策时,做到能够委托民间机构的工作就委托给民间机构承担。二是提供公益服务。各类服务机构具有明显的公共性,不追求自身的经济利益。三是信息化水准较高。四是分工协作。各机构之间形成良好的分工、协作关系,对中小企业的服务比较到位,服务效果较好。

(二)韩国

依据相关法律,以政府部门为核心的各种支持和服务机构及行业组织等,构成了韩国中小企业服务体系的主体框架。在该框架下实施的各种政策、措施和做法,形成了中小企业服务体系的具体内容。在该服务体系中的主要服务机构包括以下几个。

一是总统中小企业委员会。总统中小企业委员会是韩国负责中小企业事务的最高政府机构,成立于1998年4月1日。其主要工作是组织、协调和监督由商务部、工业和能源部、中小企业管理局所承担的项目,加强对支持中小企业的管理。

二是韩国中小企业管理厅。韩国中小企业管理厅是负责制定和实施中小企业政策的政府职能部门,制定和实施与中小企业有关的政策。该厅在全国设有12个分支机构,以加强中小企业政策的实施,并为地方中小企业提供支持。该机构现有雇员约600人。

三是韩国中小企业振兴公团。韩国中小企业振兴公团是一家成立于1979年的非营利性政府机构，旨在通过金融支持、技术咨询、培训和国际产业合作等方式，促进中小企业的发展、繁荣和适应经济发展的需要。韩国中小企业振兴公团共设18个处室，15个地区办事机构和5个海外机构，现有雇员706人。

四是韩国中小企业协同组合中央会（以下简称"中央会"）。中央会是依据韩国《中小企业合作工会法》，于1962年成立的一家非营利性中小企业社团组织，旨在通过中央会成员的集体力量，保护中小企业的共同利益。其主要职能包括：调查和研究中小企业普遍性的困难和瓶颈，组织产业组织合作，为解决方案和政策提供建议；经营合作工会的互助合作基金；支持中小企业的人力资源开发，保护产品的销售渠道。

五、日韩两国金融支持相对全面和完整

（一）日本

在日本，《中小企业信用保险法》（1950年）、《中小企业金融公库法》（1953年）、《中小企业信用保险公库法》（1958年）为日本中小企业的融资支持政策提供了法律基础。在解决中小企业融资问题上，日本政府专门成立了对中小企业优惠贷款的一些金融机构，如中小企业金融公库，按照规定提供设备和长期经营所需资金贷款。

日本政府对中小企业的融资支持政策主要以提供信用担保为主，通过"政策性资金、市场化运营"的模式，在构建融资支持体系的同时，尽可能保证资源配置效率和日本金融体系的安全（见图9-1）。

（二）韩国

韩国的中小企业政策性金融体系构建思路清晰，并以全面、完整为特征。其体系不仅包括政策性贷款，还包括政策性信用担保及央行层面为

B.9 日韩中小企业法律、创新、服务、金融举措及对我国的启示

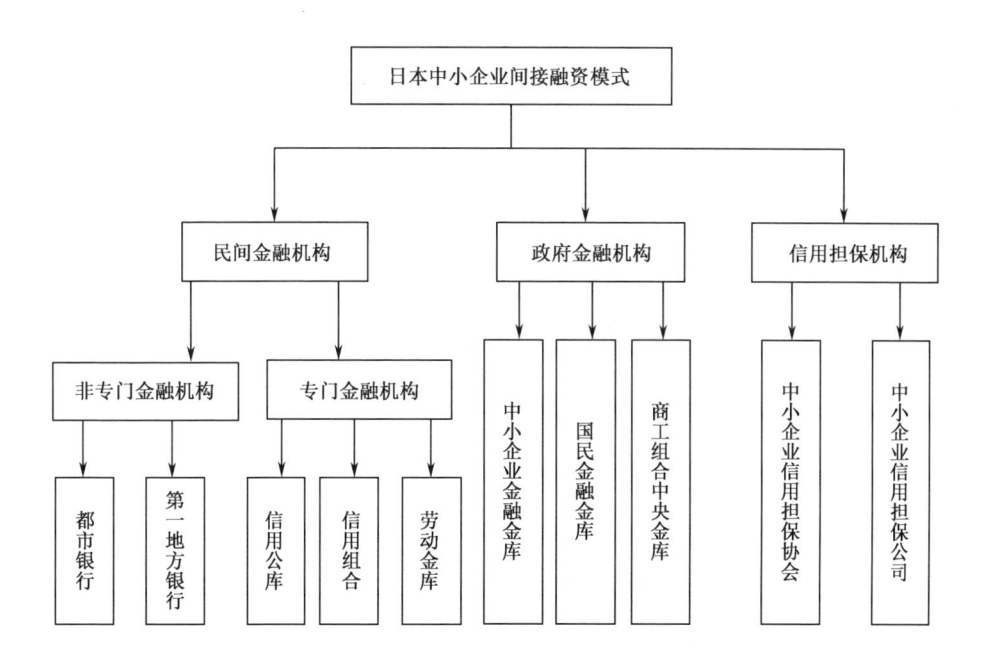

图 9-1 日本中小企业融资体系框架图

解决融资约束而采取的制度等，为纠正市场失灵，解决中小企业融资难，提升中小企业的竞争力，做出了积极的贡献。韩国政府对中小企业进行了积极的金融扶持，通过构建系统、完整的中小企业政策性金融体系，改善了中小企业的融资难、融资贵，促进了中小企业的发展。

韩国对中小企业的金融支持体系不同于美国的以信用担保为主、德国的以间接贷款为主和日本的以直接贷款为主的政策性金融，是一套包含政策性贷款和政策性担保的综合性金融体系。具体由中小企业核心管理机构——中小企业厅、政策性贷款机构——中小企业振兴公团、政策性担保机构——信用担保基金和技术担保基金、中小企业专业银行——中小企业银行，以及致力于解决商业银行的中小企业融资约束的韩国银行（央行）等机构构成（见图9-2）。

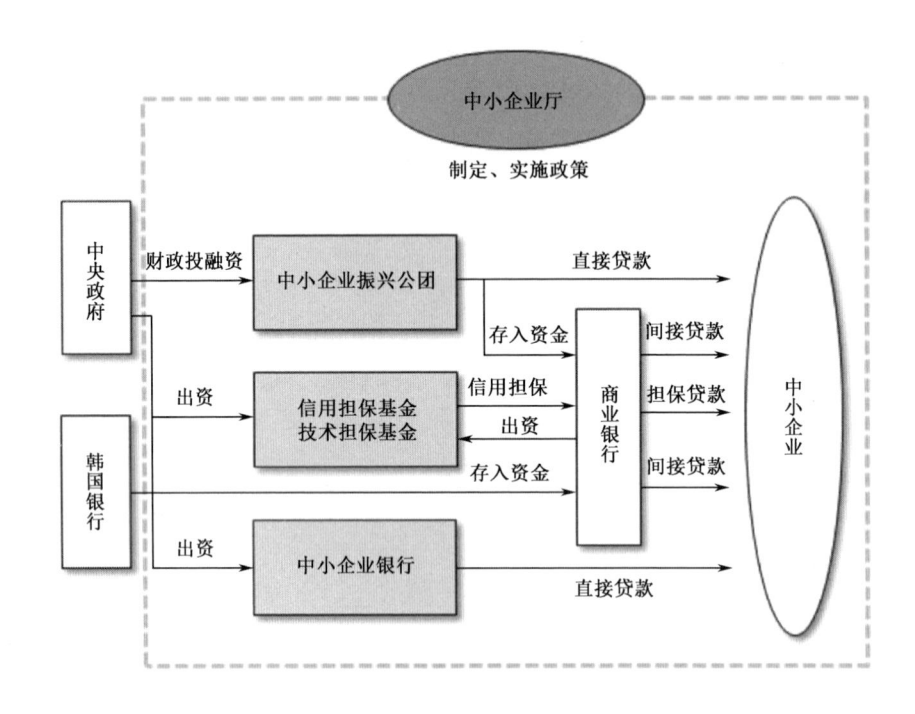

图 9-2　韩国中小企业政策性金融体系的框架图

六、日韩两国中小企业相关举措对我国的启示

（一）我国中小企业法律法规建设与日本、韩国存在较大差距

2003年颁布的《中华人民共和国中小企业促进法》（以下简称《中小企业促进法》）是目前我国调整中小企业的重要法律之一，其立法精神和理念成为指导中小企业基本政策构建的核心和根本。但是《中小企业促进法》本质上属于政策法范畴，具有明显的框架性，不涉及企业的设立、变更和中小企业的权利、义务等方面的内容。日本的系统立法模式值得我国借鉴，统一的专门立法和完备的法律体系能够确保中小企业的生产经营具有更好的法律环境，法律冲突较小，也易于修改。综合考虑中小企业生产经营的具体现实和制约其发展的瓶颈问题，一部完整的

中小企业法应该包括以下内容：金融扶持制度、税收优惠制度、智力支持制度、技术协助制度、专门的中小企业管理机构制度等。我国应当以上述原则为基准，制定一部《中小企业基本法》，对《中小企业促进法》中较为宽泛的规定进一步加以说明和规制，通过基本法的形式细化促进法的内容，肯定中小企业的作用，明确中小企业在国民经济中的地位，保证中小企业进一步缓解就业岗位紧缺、促进科学技术创新、创造更多社会财富价值，并且在这个过程中有法可依，受到法律更全面、具体的保护和管理。

（二）我国中小企业创新的组织管理机构和法律法规缺乏

一是中小企业创新的组织管理机构缺乏。目前，我国对中小企业的管理是按经济成分和行业来划分的，从实践中看这种分部门管理造成了不同经济成分、行业的中小企业在地位和发展环境等方面先天的不平等，不利于中小企业的技术创新活动。我国可吸取日韩两国在这方面的成功经验，设立一个国家级的中小企业创新管理组织机构，协调政府各部门有关促进中小企业发展及其技术创新活动的法律政策和管理问题，充分调动各方面的积极性，保护中小企业的利益。

二是中小企业创新相关的法律法规与日本、韩国仍存在较大差距。完善有关法律法规是改善中小企业经营环境，促进中小企业技术创新的重要前提和保障。我国自1978年以来，也陆续颁布了科技进步和科技创新方面的法律法规，如《促进科技成果转化法》《关于加强技术创新发展高科技实现产业化的决定》《关于鼓励和促进中小企业发展的若干政策意见》《科技型中小企业技术创新基金》等。但是还没有一部关于中小企业技术创新的法律，这使得中小企业在技术创新中的地位长期得不到确立，从而使中小企业在技术创新中处于不利的竞争地位。因此，可加快中小企业基本法和公平竞争法等法律的建设。

（三）我国中小企业服务机构有待健全

在服务机构设置上，日本、韩国拥有体系完善的中小企业管理、服务的政府和非政府机构，对于中小企业的信息提供、咨询辅助、技术传播、人才培训等服务发挥着不可替代的作用。与之相比，我国的服务机构还有较大的提升空间。一方面，我国缺乏统一的中小企业管理机构。我国中小企业领域曾先后由国家发展和改革委员会、工业和信息化部主管，目前许多以第三产业为主业的中小企业存在业务归口管理上的不对口，同时由于工业和信息化部中小企业局是司级单位，而其需要协调的国家发展和改革委员会、中国银行保险监督管理委员会等，均是部级单位，行政级别上存在不对等，往往造成协调工作无法顺利开展；另一方面，相比于发达国家和地区，我国当前专门针对中小企业建立的营利性/非营利性服务机构较少、专业化程度有待提升，需要加快完善和健全支持中小企业的社会化服务体系，使其更好地为中小企业提供服务。

（四）我国中小企业金融体系有待加强

目前，我国的中小企业金融支持体系，仍存在战略框架不清晰、职能定位模糊等问题。一方面，我国尚无专门性的中小企业政策性贷款机构和担保机构，可参照日本、韩国等国家和地区的经验，充分发挥我国国家融资担保基金和国家中小企业基金的作用，通过向具有良好发展潜力的创业企业和中小企业提供政策性贷款和信用担保，解决中小企业的融资难、融资贵、担保难的问题；另一方面，我国的金融体系是以大型国有银行为主导的金融体系，普遍存在对中小企业的规模歧视，更愿意为大型企业或国有企业提供融资服务。国家应当优化金融支持体系、出台相关政策措施，激励商业银行参与中小企业融资服务的积极性，尝试建立中小企业专业银行为中小企业提供金融支持。

七、建立统一规范的管理机构或协调机制，支持中小企业创新发展

（一）建立统一规范的中小企业管理机构或协调机制

我国可以吸取日韩两国经验，建立国家级中小企业管理机构或协调机制，协调政府各部门有关促进中小企业发展的法律政策和管理问题，并根据职能特点设置相关的机构部门，充分调动各方面的积极性，保护中小企业的利益，提高中小企业的管理与治理能力。

（二）建立健全中小企业法律法规

借鉴日韩两国中小企业法律法规的建设经验，我国应尽快完善中小企业相关的法律体系，提高与大企业的竞争能力；建立为中小企业服务的技术创新等相关的支持法律体系，鼓励和促进中外中小企业之间的合作，为中小企业技术创新创造良好的创业条件和平等的市场经济环境。

（三）优化中小企业融资、担保模式

我国可以借鉴发达国家和地区的经验，结合各大商业银行及投资公司，建立包含中小企业管理局等官方机构的自上而下、统一协作的金融体系，提高资本市场对中小企业的融资效率。

一是进一步完善中小企业政策性融资体系，如设立政策性金融机构、中小企业专门银行等。

二是完善面向中小企业的信用担保体系，政府通过法律法规引导商业担保机构和企业互助担保机构为中小企业提供担保服务，逐步形成由全国性、区域性和社区性担保机构组合成的多层次中小企业信用担保体系。可仿效日本的做法，建立中小企业信用保险机构，对中小企业信用担保机构

开办信用保险业务，以保证中小企业信用担保机构运作的安全性和稳定性。

三是加强从财政税收方面对中小企业的资金支持，进一步直接给予中小企业税收减免优惠，特别是针对小型微利企业的财税政策优惠。

（四）倡导通过政府采购方式支持中小企业创新发展

我国可以参考日本、韩国的政策实践，进一步优化我国中小企业的创新环境，鼓励中小企业加大创新投入，通过政府采购等方式支持中小企业的创新发展。一是为中小企业创新提供良好的政策环境，确定中小企业，尤其是科技型中小企业在国家创新能力构建中的特殊地位，注重从需求端与供给端的联动上，为创新提供制度支持和政策环境。二是完善中小企业创新激励机制，实施鼓励中小企业研发投资的税收优惠、财政支持政策，发挥各级政府对中小企业技术创新的引导作用。三是积极推动政府采购支持中小企业创新，充分发挥各级政府的协同作用，进一步开放政府采购市场，在人工智能、电子信息、新能源等高新技术领域试点，建立财政性资金采购自主创新产品制度，给予中小企业自主创新产品优先待遇。

参考资料

1. 黄国建. 日本的中小企业法律政策体系. 经营与管理，2008，000（006）：70-71。

2. 钱宇丹. 日本中小企业立法现状及其对我国的启示. 法制与社会，2012，1：159-161。

3. 崔和燮. 中韩中小企业法律制度研究. 中国政法大学。

4. 贾平. 论我国中小企业的法律保护. 河北法学，2008-10-05。

5. 何光辉. 发达国家扶持中小企业技术创新政策及启示. 软科学，2012，26（6）：119-121。

6. 康青松.韩国中小企业政策性金融体系及其启示.亚太经济,2016-05-20。

7. 吴富伟.日本、韩国关于中小企业技术创新的政策比较及对我国的借鉴.商场现代化,2005,00(035):122-122。

B.10 我国中小企业相关政策发布总体与实施情况评估

高卉杰　贾丹　孙一赫　冯开瑞[1]

摘　要： 2020年，新冠肺炎疫情迅速蔓延，国家和地方出台了多项政策支持中小企业以缓解疫情带来的负面影响。根据中小企业政策信息互联网发布平台显示，国务院、国家发展和改革委员会、工业和信息化部等18个部门2020年共出台了促进中小企业发展政策391条，涉及复工复产、规范规划、资金支持、税费减免、资质认定、法规管制等方面。为进一步了解相关支持政策的落实情况，本文以中小企业数字化/信息化相关政策为例，对其落实情况进行评估。调查发现：数字化/信息化相关政策落实取得显著成效，但也面临一些困难和瓶颈，如中小企业获得信息不及时，创新困难和人才不足，缺少提供政策咨询、信息交流、企业合作、产品推广的公共服务等。未来，涉企政策制定及落实应充分听取企业家意见，多方位加强相关政策的宣传解读，进一步加大对中小企业创新发展的扶持力度，加强人才队伍建设和公共服务平台建设，为中小企业发展提供更好的营商环境。

---

[1] 高卉杰，国家工业信息安全发展研究中心工程师，北京科技大学博士（后），主要研究方向为中小企业、产业分析、创新管理、政策研究等；贾丹，国家工业信息安全发展研究中心工程师，中国科学院大学硕士，主要研究方向为中小企业、政策研究等；孙一赫，国家工业信息安全发展研究中心工程师，中国人民大学硕士，主要研究方向为宏观经济政策、中小企业发展等；冯开瑞，国家工业信息安全发展研究中心工程师，同济大学硕士，主要研究方向为知识组织、知识服务等。

B.10 我国中小企业相关政策发布总体与实施情况评估

关键词： 中小企业；政策发布；实施评估

Abstract: In 2020, the epidemic of pneumonia infected by novel coronavirus has spread rapidly. The state and local governments have issued a number of policies to support SMEs to alleviate the negative impact of the epidemic. According to an online platform for SMEs policy information, 18 ministries and commissions, including the State Council, the National Development and Reform Commission and the Ministry of Industry and Information Technology, issued a total of 391 policies to promote the development of SMEs, including resumption of work and production, standardized planning, financial support, tax reduction and exemption, qualification recognition, and regulatory control. In order to further understand the implementation of relevant support policies, this paper takes the digitizatio related policies of SMEs as an example to evaluate their implementation. The survey found that the implementation of digitization related policies has achieved remarkable results, but there are also some difficulties and bottlenecks, such as the lack of timely access to information, innovation difficulties and talent shortage of SMEs, the lack of public services to provide policy consultation, information exchange, enterprise cooperation, product promotion, etc. In the future, the formulation and implementation of enterprising policies should fully listen to the opinions of entrepreneurs, strengthen the publicity and interpretation of relevant policies from various aspects, further strengthen the support for the innovation and development of SMEs, strengthen the construction of talent team and public service platform, and provide a better business environment for the development of SMEs.

Keywords: Small and Medium-sized Enterprises; Policy Release; Implementing Evaluation

2020年,新冠肺炎疫情暴发,各中小企业都受到了不同程度的影响。新冠肺炎疫情发生后国家和地方均积极做出响应,出台了涉及财政、金融、劳动、人事、工业、交通、信息、司法、商贸、海关、科技、教育、税务等诸多主题的"一揽子"政策,紧急纾困,助力中小企业复工复产,持续发展。

一、国家积极出台支持中小企业发展的相关政策

一是新冠肺炎疫情发生后国家积极做出响应,第一时间出台相关政策。根据国家中小企业政策信息互联网发布平台显示,截至2020年12月31日,国务院、国家发展和改革委员会、工业和信息化部等18个部门共出台促进中小企业发展的政策391条,其中1—4月新冠肺炎疫情严重期间,共出台了286条,占全年中小企业发展总政策的75.1%(见图10-1)。

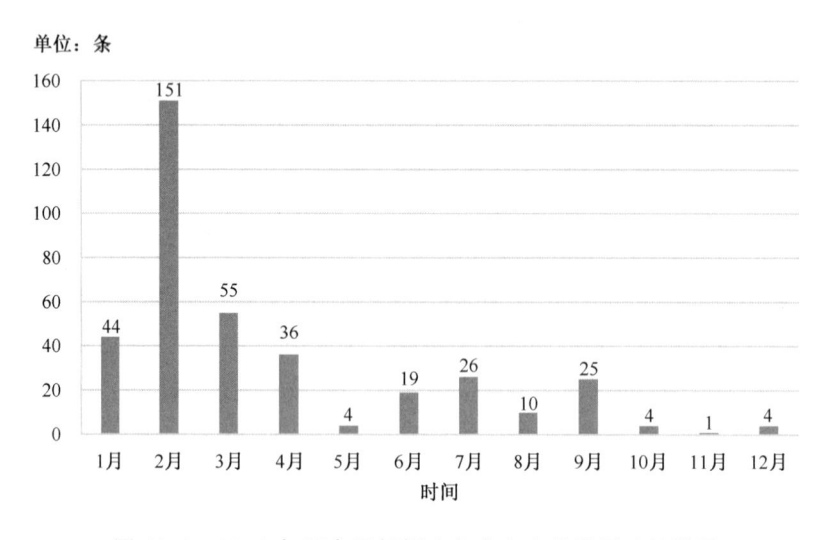

图10-1 2020年国家及部门出台中小企业发展政策数量

B.10 我国中小企业相关政策发布总体与实施情况评估

二是政策发布内容涉及面广。根据国家中小企业政策信息互联网发布平台显示，国家发布的391条政策从规范规划（101条）、资金支持（21条）、税费减免（46条）、资质认定（44条）、法规管制（76条）等多方面对中小企业发展提出了指导意见，助力中小企业抗击疫情、恢复发展。国家支持中小企业发展政策分类如图10-2所示。

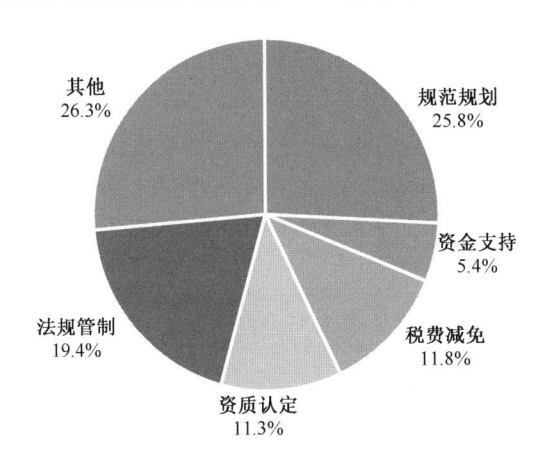

图 10-2 国家支持中小企业发展政策分类

三是中小企业发展政策区域分布呈现明显的差异性。2020年，全国各地均出台了关于中小企业发展的相关政策。首先，经济发展水平高的区域相关支持政策较多，北京（70条）、山东（65条）、江苏（54条）、浙江（54条）、广东（48条）发布政策共计291条，占全国中小企业发展政策的34.5%。其次，以山东、浙江、江苏为代表的华东地区相关政策发布数量（317条）最多，占比37.6%，以北京、河北、天津为代表的华北地区中小企业相关政策发布数量（163条）位居第二，占比19.3%。最后，以重庆、四川为代表的西南地区中小企业相关政策发布数量（50条）最少，占比5.9%，其中西藏2020年仅出台中小企业相关政策5条（见图10-3）。

单位：条

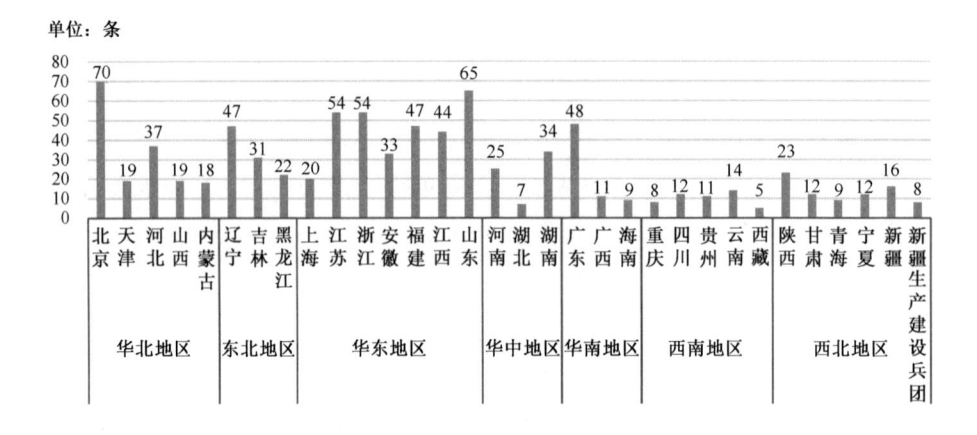

图 10-3　中小企业相关政策区域分布情况

二、中小企业政策主要集中在复工复产、外贸、数字化等方面

2020年2月3日，习近平总书记主持召开中共中央政治局常务委员会会议，研究新冠肺炎疫情防控工作。会议强调，要在做好防控工作的前提下，全力支持和组织推动各类生产企业复工复产。2020年，我国多个部门和地方政府陆续出台了相关政策，为推进中小企业发展提供了多方位的指导。本文节选了与中小企业复工复产、外贸、数字化/信息化相关的政策进行重点分析。

（一）中小企业复工复产政策总体情况

2020年2月，随着春节假期结束，新冠肺炎疫情防控处于最吃劲的关键阶段，中小企业复工复产也迫在眉睫。在新冠肺炎疫情的叠加影响下，中小企业复工复产成为一大难题。在春节假期结束后的3周内，国家各部门、各地区在确保安全的前提下，分区分级、精准施策，陆续打出政策"组合拳"，帮助企业解决资金不足、用工缺口、产业链断裂等痛点、难点问题，积极支持和推动各类企业复工复产。通过对网上公开发布的政策信息进行梳理，据不完全统计，截至2020年2月21日18时，全国共发布抗击疫情推进复工复产相关政策230项，其中部门层面累计发布24项，各地政府累计发布政策206项。相关政策内容主要涵盖以下几个方面。

一是疫情防控保障。部门层面，2020年1月29日，国务院办公厅率先发布了《关于组织做好疫情防控重点物资生产企业复工复产和调度安排工作的紧急通知》，号召各省（区、市）人民政府迅速组织本地区生产应对疫情使用的重点防控物资企业复工复产。随后，多个部门纷纷发布政策，从各领域为企业复工复产提供支持措施，但均把做好疫情防控保障作为复工的首要条件。地方层面，在各地方政府出台的政策中，均规定要依据主管部门的要求指导复工企业做好疫情防控工作，调配防控物资，做好复工企业返岗人员疫情检查和防控，根据分级分区的疫情差别，采取适当的防控措施，做到有序复工。

二是财税金融支持。在国家税务总局、国家发展和改革委员会、商务部、海关总署、工业和信息化部出台的政策中，都提出了对企业复工复产给予财税金融方面支持的具体条款，主要有以下两个方面的内容：一方面，在财税支持方面，延长纳税申报，落实国家对防疫重点企业的财税优惠政策，依法依规减免税款和行政事业性收费；另一方面，在金融扶持方面，加大信贷支持力度，强化融资担保服务，创新融资产品和服务，加快推进股权投资及服务，大力推动产融结合，加快推进外商投资。疫情防控期间，对相关企业用电、用水、用气实施阶段性缓缴费用。

三是人员物资保障。为了加强员工返岗和防控物资保障，保证企业复工生产，国务院联防联控机制、国家发展和改革委员会、工业和信息化部、农业农村部、人力资源和社会保障部在政策中提出了明确要求。例如，对于已有工作岗位和新确定工作岗位拟进城务工的农民工，安全有序返岗复工；对春节期间开工生产、配送疫情防控急需物资的企业，符合条件的可给予一次性吸纳就业补贴等。

四是技术与服务支持。工业和信息化部、国家发展和改革委员会、人力资源和社会保障部等部门在指导企业复工复产政策中明确提出要加强新兴技术、新型服务模式的推广应用，主要强调了以下几方面内容：在运用新一代信息技术方面，用两化融合提升生产管理水平，推动制造企业与信息技术企业合作，发挥大型平台企业和行业龙头企业的作用，支持运用云计算大力推动企业上云，支持互联网交通、物流、快递等生产性服务企业率先复工复产；在宽带网络建设方面，建立协调推动机制，对接宽带网络需求，提高网络服务能力；在平台服务方面，支撑开工建设项目的信息在线报送和远程监测调度，融资服务平台积极开展线上政银企对接，中小企业公共服务平台提供全面的线上服务。

（二）中小企业外贸政策总体情况

新冠肺炎疫情对我国外贸企业造成的冲击亟待修复，各部门、各地方在打赢疫情防控阻击战的同时，纷纷出台稳定外贸企业发展的政策、措施，为外贸企业减负助力，指导外贸企业迅速复工投产。相关政策内容主要涵盖以下几个方面。

一是指导外贸企业复工复产。商务部出台了《关于积极指导帮助走出去企业做好新冠肺炎疫情应对工作的通知》《关于积极做好疫情应对支持服务外包企业发展工作的通知》《关于积极应对新冠肺炎疫情加强外资企业服务和招商引资工作的通知》等多项政策，要求各地方商务主管部门积极指导本地区走出去企业严格落实相关复工管理制度和防疫措施，支持服务外包企业复工生产，帮助外资企业有序恢复正常生产经营。在做好防控工作的前提下，按照当地政府统一安排，协助做好复工前各项准备工作，大力支持有序复工复产。随后，广东、天津、湖南、浙江、福建、贵州、河北、江苏、江西、辽宁、山东、陕西等多省市出台了支持外贸企业复工复产政策。

二是加大财政金融支持。中国人民银行、财政部等联合发布了《关于进一步强化金融支持防控新型冠状病毒感染肺炎疫情的通知》，指出加大货币信贷支持力度，合理调度金融资源，切实保障公众征信相关权益，建立"绿色通道"，切实提高外汇及跨境人民币业务办理效率。湖南、天津、浙江、江苏、福建、甘肃、广东、河北、河南、江西、辽宁、山东、山西、上海等各地市政府均提出了相应的支持政策,通过加快对外经贸专项资金拨付,加大信保、融资支持力度,落实中小企业税费减免政策,提高出口企业投保政策性出口信用保险的保费补贴标准,降低企业出口成本等措施扶持外贸企业发展。

三是扩大进口助力防疫工作。一方面,加大防控物资及生产原材料等进口。商务部办公厅印发了《关于积极扩大进口应对新冠肺炎疫情有关工作的通知》,要求各地商务主管部门高度重视扩大进口对疫情防控的重要性,扩大医疗物资及生产原料进口,积极利用进口增加国内肉类等农产品市场供应,充分发挥外贸新业态优势,结合本地实际做好扩大进口有关工作。天津、吉林、广东、广西也发布了有关医疗物资及生产原料进口等相关的通知。另一方面,保障疫情防控物资快速通关。海关总署发布了《关于用于新型冠状病毒感染的肺炎疫情进口捐赠物资办理通关手续的公告》《关于临时延长汇总征税缴款期限和有关滞纳金、滞报金事宜的公告》,明确海关在全国各通关现场设立专门受理窗口和绿色通道,按照特事特办原则,为疫情防控物资提供便捷高效的通关服务。全国多地发布政策,设立进口防控物资快速通关专用窗口和绿色通道,利用扩大通关绿色通道、落实税收优惠措施、简化特殊物品通关手续等多种手段,保障捐赠物资、防疫物资扩产设备、防控所需疫苗、药品及医疗器械科研攻关商品等疫情防控物资的进口。

四是加大市场开拓力度。一方面,创新方式、多措并举开拓市场。商务部政策号召企业发挥互联网平台优势,整合各类招商资源,积极通过网上洽谈、视频会议、在线签约等方式推进网上招商,持续不断推进投资促进和招商工作。天津、河南、山东、湖南、江西、浙江等地商务厅、贸促会、行业协会等积极行动,利用网络平台组织开展外贸企业服务工作。另一方面,展位费补助、减少企业因新冠肺炎疫情不能参展的损失。商务部办公厅发布了《关于帮助外贸企业应对疫情克服困难减少损失的通知》,要求各商会协调国内外组展机构,帮助因疫情无法出国参展的企业妥善处理已付费用等相关问题。江苏泰州市、江西赣州市、广东河源市、江门市、山东烟台市、滨州市，以及浙江宁波市、湖州市、丽水市、台州市、金华市、衢州市、绍兴市、德清市、嘉善市、余姚市等多地政府商务部门都提出了支持政策，对于在新冠肺炎疫情期间不能正常参加境外展会并已发生展位费用的外贸企业，给予展位费一定比例的补偿。

五是做好外贸服务保障。一方面，强化法律援助与信息咨询服务。商务部提出要充分运用信息化手段，加强研判和预警，有针对性地加强服务和指导等。浙江、广西、江苏、湖南、山东、上海、天津等多个省市加大涉外法律援助力度，帮助企业处理因新冠肺炎疫情引起的商贸问题，利用多种渠道汇集分享商贸、物流、法律等各类信息，助力外贸企业复工复产。另一方面，及时出具不可抗力证明。商务部办公厅先后印发了《关于帮助外贸企业应对疫情克服困难减少损失的通知》《商务部办公厅关于积极指导帮助走出去企业做好新冠肺炎疫情应对工作的通知》，指导企业提出不可抗力主张，积极做好疫情应对工作，帮助企业维护合法权益，减少经济损失。商务部指导纺织、轻工、五矿、食土、机电、医保等六家商会，全力做好出具不可抗力证明、法律咨询、参展协调、供需对接等相关服务。

（三）中小企业数字化/信息化政策总体情况

在全力以赴抓好新冠肺炎疫情防控的同时，统筹做好"六稳"工作，充分发挥工业互联网、大数据、云计算、5G 等新一代信息技术的支撑作用，助力中小企业复工复产，多地推出了加强中小企业信息化服务支持相关政策，数字化赋能中小企业复工复产、转型发展。相关政策内容主要涵盖以下几个方面：

一是提供数字化办公产品和解决方案。山西、江西、广西等地纷纷征集遴选了一批远程协同办公、云视频会议等数字化办公产品和解决方案，供新冠肺炎疫情期间各企业免费参考使用。其中，山西大同市提供的产品和服务涵盖生产制造、经营管理、疫情防控、办公平台、智慧园区及运维服务等 7 大类别 29 项产品。北京、上海等地也帮助企业对接应用服务，鼓励企业开发提供视频会议、协同办公、任务绩效等云办公产品。

二是发展电子商务,拓宽线上营销渠道。第一,支持网络销售平台建设。例如,天津市提出了支持批发零售平台建设,对于市商务局认定的网络批发、零售、自营或第三方平台,电子商务服务企业和网络综合型平台建设提升改造项目,给予一定比例的补助。第二,协调企业拓宽线上销售渠道。例如,内蒙古指导餐饮行业协会与网络餐饮服务第三方平台加强合作,帮助餐饮单位快速开通线上餐饮门店、拓宽网络配送渠道。第三,引导已有电商拓展网络营销模式。例如,江西省抚州市积极引导绿色农产品、商业家具、日用陶瓷、零售商贸等各领域电商商户通过开展网络直播营销等模式实现居家营销,共同发展"宅经济"等新兴消费业态和模式。

三是支持中小企业上云上平台。工业与信息化部引导大企业及专业服务机构面向中小企业推出云制造平台和云服务平台。河北省推动"企业上云",开展"万企上云"行动计划。湖南省加快部署协同制造平台,推广应用工业互联网平台,实施中小企业"上云上平台"行动计划,年内全省预计新增10万家中小企业"上云"等。

四是鼓励中小企业数字化智能化改造。例如,河北省建立政策激励机制,鼓励医用连体防护服、N95口罩、医用外科口罩等应急物资生产企业实施技术改造,扩大生产规模;浙江省促进大数据和人工智能应用,鼓励和支持政府数据和社会数据融合共享、互动互用,联合开展筛选排查、物资调配等智能应用研发。

五是推动线上招商交流。商务部针对人员流动受阻等难题,发挥互联网平台优势,整合各类招商资源,积极通过网上洽谈、视频会议、在线签约等方式推进网上招商,持续不断推进投资促进和招商工作。山东省开发推广"云"招商模式,推行线上推介、线上洽谈、线上签约、线上开工。

六是推动线上用工服务。一方面是推动线上招聘,促进供需对接。例如,上海市搭建企业用工对接服务平台,依托微信、网络、视频等渠道开展各类线上招聘活动,畅通企业间对接通道,帮助企业缓解招工难问题。

另一方面是推动线上职业培训，提升工作技能。例如，山东省支持互联网平台企业开展"互联网+职业培训"，引导劳动者灵活安排时间参加线上培训。

七是降低融资成本等其他线上服务保障。首先是提升精准服务能力。山西省开辟绿色通道精准服务，优化中小企业网上办事流程，指导企业上云，开通申报技术中心、"专精特新"企业、两化融合贯标、小微企业"双创"基地等网上绿色通道。其次是降低融资成本。上海市积极利用银税互动、上海市大数据普惠金融应用等平台解决银企信息不对称难题，大力发展数字普惠业务，加大对小微企业的支持，降低融资成本。最后是对疫情防控期间提供信息技术服务的企业予以扶持。内蒙古自治区对在疫情防控期间开发疫情防控信息服务、人工智能等信息技术企业及承担社会责任不休业、保供给的线上服务企业给予融资、税费减免、项目资金扶持。

三、中小企业相关政策实施取得良好成效

针对新冠肺炎疫情防控形势，我国出台了一系列财政、税收、金融、社会保障、能源等政策，帮助中小企业。工业和信息化部督促各地根据当地实际，为当地中小企业制定政策，并组织第三方评估机构对各地的实施情况进行评估，以便中小企业克服面临的困难。

本文选取中小企业数字化/信息化政策为研究对象，共梳理2020年1月26日至4月30日网上公开发布的有关应对疫情积极推动企业复工复产的政策信息，涉及中小企业信息化服务的支持政策共62项。其中，部门层面，工业和信息化部、商务部、科学技术部等发布相关政策8项；地方层面，北京、天津等18个省、自治区、直辖市相继出台相关政策54项。为进一步了解新冠肺炎疫情期间我国中小企业数字化/信息化支持政策的落实情况，助力未来相关政策的全面优化，本节采用舆情分析和问卷调研等方法，对我国新冠肺炎疫情期间（2020年2—4月）发布的中小企业数字化/信息化支持政策落实情况进行了研究与评估。

B.10 我国中小企业相关政策发布总体与实施情况评估

本次调查周期为半个月,通过赛创网、中小企业社群等渠道发布,调查涉及企业基本情况、对数字化/信息化支持政策的认知情况、数字化/信息化支持政策的落实情况、政策落实改进建议等方面,参与问卷调查的中小企业负责人来自20余个省、自治区、直辖市。

本次调查共收回问卷362份,其中有效问卷355份,问卷回收有效率98.1%。提交有效调查问卷的355家企业来自18个不同的行业,其中,来自制造业的企业最多,占比达32.86%,其他占比较高的行业包括住宿和餐饮业,信息传输、软件和信息技术服务业,批发和零售业,教育等。按照国家统计局发布的国民经济行业分类,来自前五大行业的中小企业共占总调查样本的83.42%,行业分布具有典型性(见图10-4)。

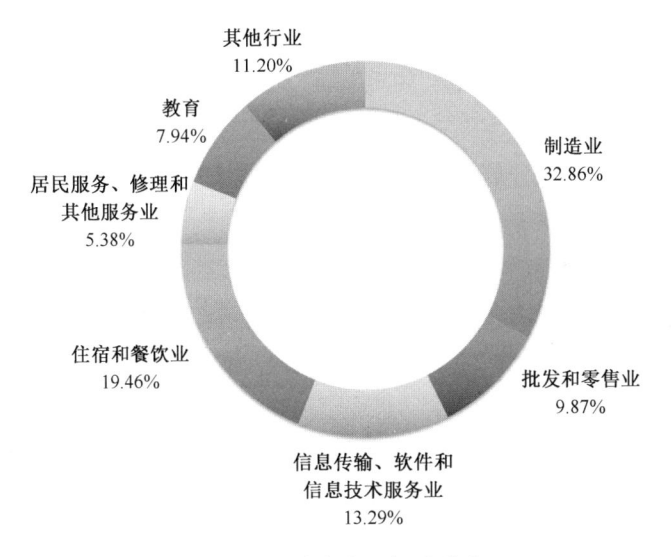

图 10-4 受访企业行业分布

基于本次调查数据,重点分析了中小企业对相关政策的知晓情况、政策实施现状、实施过程中遇到的问题等,主要得出以下结论:

(一)中小企业数字化/信息化政策实施成效显著

一是中小企业对数字化/信息化相关政策的知晓率普遍较高。推进中小企业数字化转型和信息化建设已经成为业内共识，尤其在助力中小企业复工复产中，除了切实解决企业的资金资源问题，还要积极探索数字化、信息化的经营管理模式，帮助中小企业运用技术打造创新生产力。调查显示，57.15%的受访企业表示对数字化/信息化相关政策比较了解或很了解，仅有12.7%的企业表示不了解。这表明中小企业对数字化/信息化相关政策的关注度普遍较高。

二是客户端是数字化/信息化政策的主要传播渠道。2—4月，据舆情检测显示，网上与中小企业数字化转型和信息化建设有关的信息共计1069636条，其中客户端报道486984篇，占45.5%；新闻报道253368篇，占23.7%。随着数字化/信息化政策的颁布，每周一至周五舆情热度呈现高位运行，且在多数政策颁布当日或次日，中小企业数字化、信息化发展等相关舆情会达到高峰。

三是新冠肺炎疫情期间中小企业数字化/信息化支持政策覆盖面广，惠及多数中小企业。国家工业信息安全发展研究中心开展的新冠肺炎疫情期间中小企业数字化/信息化支持政策落实情况调研结果表明，中小企业数字化/信息化支持政策受众面广泛，超过六成（65.08%）的受访企业表示，在新冠肺炎疫情期间享受过数字化/信息化政策；网络、计算和安全等数字化服务支撑、提供数字化办公产品和解决方案、鼓励数字化/智能化改造等政策覆盖半数以上受访中小企业。

四是针对中小企业的数字化/信息化支持政策成效明显，在企业疫情防控、复工复产等方面取得良好效果。根据调研结果，近八成（77.78%）的受访企业认为在新冠肺炎疫情期间，政府在中小企业数字化/信息化服务方面有所改善，使企业可以更便利地申请、享受相关政策。具体而言，76.19%的受访企业表示曾从政府及服务机构处获得过利用信息技术加强疫情防控的服务，42.86%的受访企业曾享受利用数字工具尽快恢复生产运营的服务，反映出相关政策切实减轻了新冠肺炎疫情给中小企业带来的负面影响，助力中小企业进行数字化/信息化转型。

B.10 我国中小企业相关政策发布总体与实施情况评估

（二）中小企业数字化/信息化政策实施过程中政策咨询、信息交流、企业合作、公共服务等有待进一步改进

当前制造业竞争力和企业竞争格局已经出现了显著转变，数字化转型和信息化建设成为中小企业面临的紧迫任务。但针对中小企业数字化/信息化建设相关的政策在实施过程中还面临着一些困难和瓶颈，有待进一步解决。

一是政策制定中听取企业的意见和建议方面有待进一步改进。据调查显示，近七成（69.84%）的受访企业希望政府在政策制定中，更多地听取企业的意见和建议。调查结果表明，部分中小企业数字化/信息化支持政策在制定出台过程中，仍存在听取中小企业意见不充分、政策之间相互不协调等情况。一些初衷不错的政策并未收到预期效果，与中小企业的话语缺席不无关系。

二是获得信息不及时是中小企业在申请及享受数字化/信息化政策时遇到的主要问题。据调查显示，在中小企业申请及享受数字化/信息化政策时，认为获得信息不及时的占比最高，为76.19%；其次是不知晓政策，占比55.56%；其他依次为申请手续烦琐（41.27%）、政策看不懂（34.92%）、申报成本高（30.16%）、政策门槛高（30.16%）、存在所有制歧视（12.7%）、政策不实用（12.7%）和存在企业规模歧视（3.17%）。

三是创新困难、人才不足和资金不足是制约企业数字化/信息化发展的主要困难。在制约企业数字化/信息化发展的困难中，据调查显示，认为人才不足和创新困难的比例最高，占比均为66.67%；其次是资金不足，占比58.73%；其他依次为成本过高（52.38%）、技术门槛高（30.16%）、效果难达预期（19.05%）。

四是缺少提供政策咨询、信息交流、企业合作、产品推广的公共服务是政府在为中小企业提供数字化/信息化服务方面存在的最突出问题。据调查显示，认为缺少提供政策咨询、信息交流、企业合作、产品推广的公共服务的中小企业比例最高，占比71.43%；其次是反映问题或投诉时找

不到受理部门或部门推诿扯皮，占比50%；随后依次是行政审批环节多、时间长、审批手续烦琐（42.86%）；指定、推荐或暗示特定中介组织、行业协会等提供有偿服务（35.71%）；不作为、慢作为（28.57%）。

五是中小企业数字化/信息化发展环境有待进一步改善。随着数字经济的发展，中小企业对数字化/信息化服务支持的需求进一步扩大，这要求各级政府积极推动改善中小企业数字化/信息化发展环境。据调查显示，半数以上的受访企业期待政府提供数字化办公产品和解决方案、鼓励推动中小企业数字化/智能化改造、支持中小企业上云上平台等支持服务。

四、多方位加强相关政策宣传解读，切实保障政策落地

一是涉企政策制定过程中应充分听取专家、企业家的意见。政策制定过程中需要通过座谈会、实地走访、问卷调查、书面发函、大数据分析等方式，广泛听取企业家的意见建议，根据企业的痛点难点有针对性地研究并提出政策措施。涉企政策出台前，适宜公开征求意见的，要利用政府门户网站、网上政务平台、实体政务大厅、移动客户端、广播电视等线上线下载体，开辟涉企政策征求意见专栏，公开征求意见，方便企业家和社会公众咨询政策、反映问题、提出建议、表达诉求。

二是多方位加强相关政策的宣传解读，切实打通政策落地"最后一公里"。政策起草部门要建立标准化、规范化的制度体系，增强相关政策宣传解读的实效性，形成长效机制。要加强与新闻媒体的沟通协调，在政府门户网站、新闻网、官方微博、微信公众号等新媒体及时推送解读信息，做好相关政策文件的宣传解读；提高政策宣传解读工作质量，充分发挥媒体融合优势，以创新的传播手段，进行全方位立体式解读；拓宽宣传解读渠道，利用大讲堂、电视电话会议等多种方式，贴近中小企业需求进行宣传解读，让中小企业及时了解政策、掌握政策。

三是进一步加大对中小企业创新的扶持力度。加大对中小企业科技创新的政策支持，进一步完善相关政策，并制定配套措施，特别是对新能源、

新材料等新兴产业加强政策倾斜，并加大对中小企业科研项目的经费扶持力度；强化中小企业科技创新服务平台建设，进一步加强科技创新园、创新产业孵化基地等创新公共服务平台建设，按照需求互通、促成合作的共享原则，为中小企业提供科技创新服务；加强对中小企业科技创新的宣传引导，把科技创新作为一项增强中小企业发展后劲的重要工作抓紧抓好，营造良好的科技创新环境。

四是要加强人才队伍建设。一方面，各级政府应通过敞开事企人才双向流动通道、改革人才管理模式等手段，有计划地设立一些公共技术培训中心或与大专院校和科研院所联合为中小企业培训各类创新型技术人才，鼓励高校、科研院所人才到企业兼职，做好中小企业人才引进相关政策、管理咨询和信息服务。另一方面，要引导中小企业自主进行人才培养，根据自身发展阶段招募各层次的专业人才、建立公平的激励制度、竞争用人机制和人才培训体系，发展一批掌握现代信息技术、懂管理会经营且具有企业家创新精神的人才队伍。

五是要加强企业公共服务平台建设。一方面，各级政府应积极研究制定支持平台发展的政策措施，推动中小企业公共服务平台建设。另一方面，整合分散在各政府部门的公益性服务平台，建立以适应中小企业需求为核心的统一、共享的服务窗口平台，解决中小企业不了解、不敢买和买不起数字化/信息化服务的问题，提升平台的服务能力。

六是进一步优化中小企业发展营商环境。增强对中小企业基础核心技术的应用支持，以应用为牵引，支持数字化、信息化技术典型应用场景的建设和推广，鼓励中小企业开展 5G、工业互联网、人工智能示范应用，打造有利于中小企业数字化、信息化发展的外部环境。加快建设一批中小企业数字经济创新平台载体，提供中小企业数字化办公产品和解决方案，实现政企数据融合。强化中小企业数字化、信息化发展意识，鼓励中小企业进行数字化/智能化改造，支持中小企业上云上平台，推动中小企业线上用工、招商服务，发展数字普惠金融。

Ⅳ 热点篇

Hot Topic Articles

B.11
新冠肺炎疫情对我国中小企业的影响研究

高卉杰　郐媛莹　谢向丹[1]

摘　要： 在新冠肺炎疫情之下，中小企业短期受到了较大冲击，普遍面临生存危机，市场供需大幅下降。随着我国统筹疫情防控和经济社会发展各项政策措施成效持续显现，新冠肺炎疫情对我国中小企业的中长期影响有限。受新冠肺炎疫情影响，后疫情时代中小企业发展趋势也呈现出明显变化，加速向数字化、智能化转型，"互联网+"营销模式不断涌现，中小企业出口转内销迅猛增长。未来，中小企业应借助新基建风口加速优化商业模式，借助新媒体、新技术创新营销模式和手段，将"望国际"战略转为"看中国"战略，拓展国内销售通路，获得生存发展契机。

---

[1] 高卉杰，国家工业信息安全发展研究中心工程师，北京科技大学博士（后），主要研究方向为中小企业、产业分析、创新管理、政策研究等；郐媛莹，国家工业信息安全发展研究中心工程师，对外经济贸易大学博士（后），主要研究方向为中小企业、创新创业、智能制造等；谢向丹，国家工业信息安全发展研究中心助理工程师，中国石油大学（北京）学士，主要研究方向为中小企业、创新创业、政策服务等。

关键词： 中小企业；新冠肺炎疫情；疫情防控；数字化

Abstract: Under the COVID-19, with a sharp decline in market supply and demand, SMEs have been greatly impacted in the short term and generally face a survival crisis. As the effectiveness of Chinese policies and measures to coordinate epidemic prevention control and economic and social development continues to show, the medium-and long-term impact of the epidemic on Chinese SMEs is limited. Affected by the epidemic, the development trend of SMEs in the post-epidemic era also shows obvious changes, accelerating the transformation to digitalization and intelligence, the "Internet +" marketing model keeps emerging, and the transformation of SMEs from export to domestic sales has witnessed rapid growth. In the future, SMEs should accelerate the optimization of business models with the help of new infrastructure tuyents, new media and new technology to innovate marketing models and means, change the "looking at the international" strategy to the "looking at China" strategy, expand domestic sales channels, and obtain survival and development opportunities.

Keywords: Small and medium-sized enterprises; COVID-19; Epidemic Prevention and Control; Digital

2020年伊始，新冠肺炎疫情突然暴发并蔓延全球，对我国经济发展造成了深刻的影响。中小企业是我国经济发展的重要力量和现代化经济建设的中坚力量。由于中小企业行业分布广和抗风险能力差等因素，相比于大型企业，新冠肺炎疫情对中小微市场主体影响程度更深。我国中小企业生产经营普遍陷入困境，多份调研报告指出，多达30%的企业上半年营收同比下降超过50%，面临种种困难，生存遇到危机，且波及领域逐渐扩展到产业链上游，并催生出新的公共风险。为帮助中小企业渡过难关，国家和地方出台了一系列惠企政策，推动企业复工复产，纾解企业疫情之困。本文分析了新冠肺炎疫情对中小企业的影响，以及新冠肺炎疫情期间针对中小企业开展的防控举措，阐述了后疫情时代中小企业的发展方向，并提出了相应的政策建议。

一、新冠肺炎疫情对中小企业短期带来巨大冲击

一是新冠肺炎疫情对中小企业短期冲击较大，中长期影响有限。中国制造业经理指数（PMI）是国际通行的宏观经济监测指标体系，反映了制造业在生产、新订单、商品价格等方面的发展状况，通常以百分比来表示，以50%作为经济强弱的分界点：当指数高于50%时，被解释为经济扩张的信号；当指数低于50%，尤其是非常接近40%时，则有经济萧条的忧虑。根据国家统计局数据显示，2020年以来，我国制造业（35.7%）、中型企业（35.5%）、小型企业（34.1%）PMI除2月份低于40%以外，在其余月份均高于40%，尤其是中型企业，自6月份以来连续位于分界点以上，而小型企业则在分界点处呈现震荡现象。这表明我国中小企业短期受新冠肺炎疫情冲击较大，长期来看，中小企业PMI得益于政策的扶持，总体呈现持续回暖趋势，但小型企业回暖速度略小于中型企业（见表11-1和图11-1）。

表11-1 中国制造业经理指数

时间	PMI				制造业				
	制造业	大型企业	中型企业	小型企业	生产	新订单	原材料库存	从业人员	供应商配送时间
2019-12	50.2	50.6	51.4	47.2	53.2	51.2	47.2	47.3	51.1
2020-01	50.0	50.4	50.1	48.6	51.3	51.4	47.1	47.5	49.9
2020-02	35.7	36.3	35.5	34.1	27.8	29.3	33.9	31.8	32.1
2020-03	52.0	52.6	51.5	50.9	54.1	52.0	49.0	50.9	48.2
2020-04	50.8	51.1	50.2	51.0	53.7	50.2	48.2	50.2	50.1

续表

时间	PMI				制造业				
	制造业	大型企业	中型企业	小型企业	生产	新订单	原材料库存	从业人员	供应商配送时间
2020-05	50.6	51.6	48.8	50.8	53.2	50.9	47.3	49.4	50.5
2020-06	50.9	52.1	50.2	48.9	53.9	51.4	47.6	49.1	50.5
2020-07	51.1	52.0	51.2	48.6	54.0	51.7	47.9	49.3	50.4
2020-08	51.0	52.0	51.6	47.7	53.5	52.0	47.3	49.4	50.4
2020-09	51.5	52.5	50.7	50.1	54.0	52.8	48.5	49.6	50.7
2020-10	51.4	52.6	50.6	49.4	53.9	52.8	48.0	49.3	50.6
2020-11	52.1	53.0	52.0	50.1	54.7	53.9	48.6	49.5	50.1
2020-12	51.9	52.7	52.7	48.8	54.2	53.6	48.6	49.5	49.9

资料来源：国家统计局。

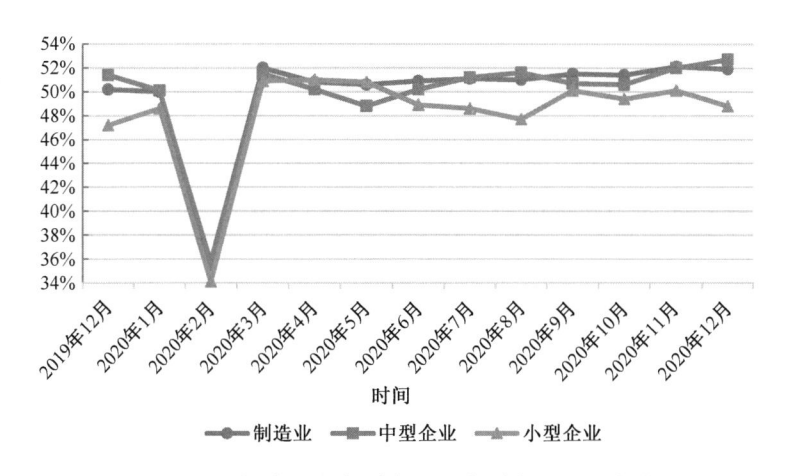

图 11-1　制造业、中型企业和小型企业 PMI 指数

资料来源：国家统计局。

二是新冠肺炎疫情期间中小企业普遍面临生存危机。中国中小企业协会发布的《关于新冠肺炎疫情对中小企业影响及对策建议的调研报告》（2020）显示，在调研的 6422 家中小企业中，86.46% 的企业受新冠肺炎疫情影响较大；98.43% 的企业延长了春节假期；截至 2 月 14 日，已复工的企业占 59.29%；在已复工的企业中，有 38.9% 的企业经营暂时处于停顿状

态，20.43%的企业反映所受影响特别严重，将导致亏损，18.13%的企业经营勉强可以维持。中国财政科学研究院刘尚希和李成威对3167家实体企业进行了线上调查，显示新冠肺炎疫情期间中小微市场主体生产经营陷入的"四大困境"为：流动资金紧张、营业收入断崖式下跌、外部公共风险转化导致成本攀升、盈利预期大幅恶化导致持续经营堪忧。同时经营风险会沿着产业链、供应链和担保链等横纵向蔓延，随着疫情时间延长，复工复产困难，或将出现企业大面积倒闭、失业率上升的风险，进而波及就业、金融和财政等领域，新的公共风险正在衍生。澳大利亚知名经济学家彼得德赖斯代尔也指出，新冠肺炎疫情在全球多点暴发蔓延，对世界经济造成严重影响，对劳动密集型企业和小型企业的结构性影响尤其大（见图11-2）。

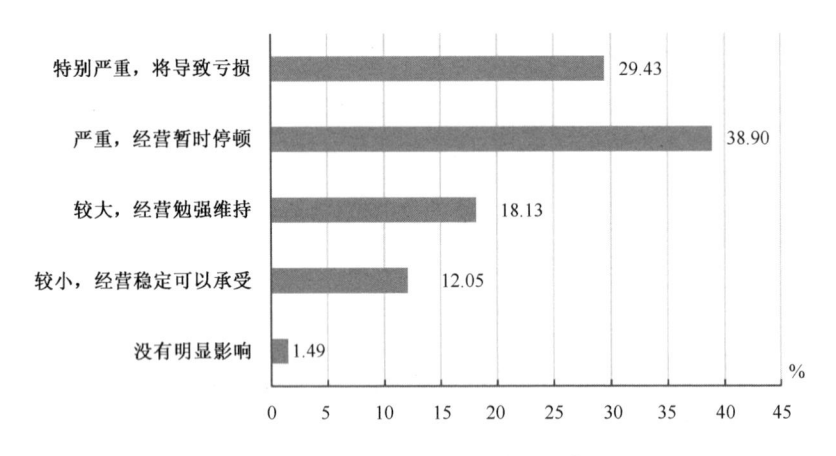

影响程度	百分比(%)
特别严重，将导致亏损	29.43
严重，经营暂时停顿	38.90
较大，经营勉强维持	18.13
较小，经营稳定可以承受	12.05
没有明显影响	1.49

图 11-2　疫情给中小企业带来的损失

资料来源：中小企业协会。

三是新冠肺炎疫情对不同行业冲击呈分化态势。在新冠肺炎疫情全球肆虐、国际经营环境持续恶化的大背景下，对于有强大抗风险能力的中央企业和外资企业来说，疫情带来的负面效应也已凸显，对于天生抗风险能力较弱的个体工商户和中小企业来说，处境则尤为艰难。从细分行业来看，受新冠肺炎疫情影响最重的是住宿餐饮旅游业，其次是教科文卫娱乐业、批发零售业，以及以居民服务业为代表的其他服务业。中国企业改革与发

B.11 新冠肺炎疫情对我国中小企业的影响研究

展研究会和云图元睿科技有限公司分别于 2020 年 2 月和 5 月发布了《关于新冠肺炎疫情对企业经营发展影响的跟踪调查》，结果显示，受新冠肺炎疫情冲击最为严重的个体工商户，受冲击面 2020 年 5 月为 71.3%，比 3 月上升了 3.8%；其次是中小民营企业，5 月受冲击面为 57.0%，较 3 月上升了 1.2%；大型民营企业 5 月受冲击面为 55.3%，比 3 月上升了 12.1%（见图 11-3）。

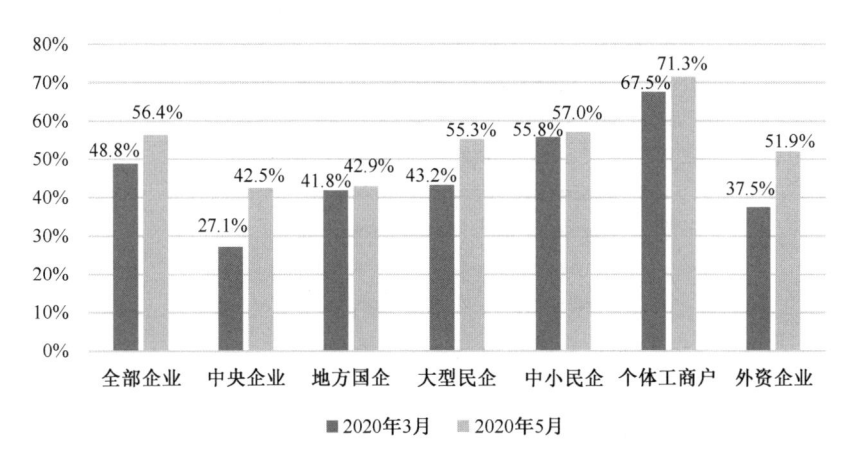

图 11-3 不同类型企业的受冲击面

资料来源：中国企业改革与发展研究会、云图元睿科技有限公司。

从细分行业来看，住宿餐饮旅游业受冲击面最广，高达 76.1%，比总体高出近 20%。其次是批发零售业（62.6%）、交运仓储快递业（59.4%）、房地产业（57.5%），其受冲击面也高于总体。相对而言，金融服务业（44.2%）、建筑业（47.9%）、工业（51.9%）受冲击面较小，但也均在 40% 以上（见图 11-4）。

四是新冠肺炎疫情导致中小企业市场供给大幅下降。第四次全国经济普查显示，小微企业最为集中的是民营企业，行业以批发零售业为主，其次是工业企业，主要从事门槛较低的生产制造，如农副食品、设备类、非金属矿物类等；中型企业分布最为明显的是工业领域中的纺织服装和化学、电气类，其次大部分旅游饭店和快餐也是中型企业集中的行业。新冠肺炎疫情期间，民营企业的生产经营，以及食品、纺织、批发零售、住宿和餐饮、居民服务等中小企业相关行业的生产投资、出口交货值累计增速均呈现大幅下降。

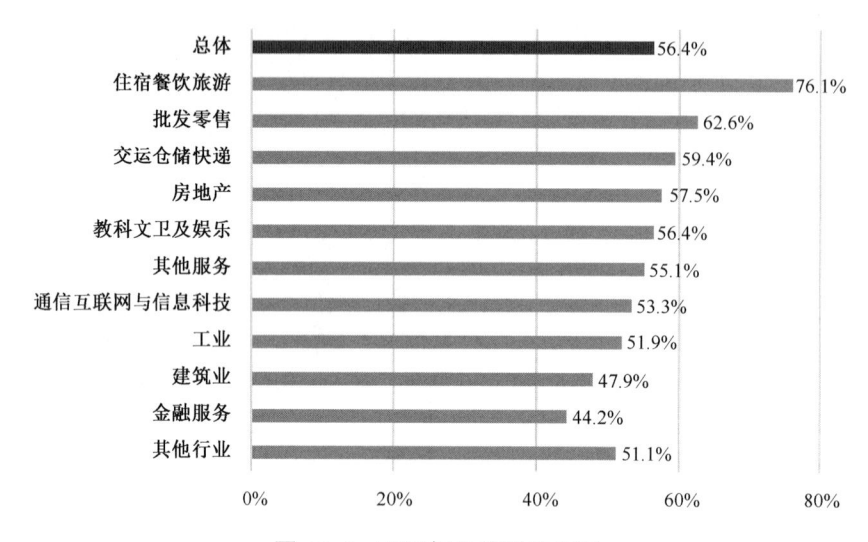

行业	受冲击面
总体	56.4%
住宿餐饮旅游	76.1%
批发零售	62.6%
交运仓储快递	59.4%
房地产	57.5%
教科文卫及娱乐	56.4%
其他服务	55.1%
通信互联网与信息科技	53.3%
工业	51.9%
建筑业	47.9%
金融服务	44.2%
其他行业	51.1%

图 11-4　不同行业的受冲击面

资料来源：中国企业改革与发展研究会，云图元睿科技有限公司。

国家统计局数据显示，民营企业在新冠肺炎疫情严重期间（2020年2月）生产经营整体处于恶化状态，工业增加值、营业收入、投资收益、利润总额均处于2020年最低水平，分别为-20.2%、-20.5%、-28.5%和-36.6%，但随着援企政策的有效实施，民营企业的生产经营逐渐好转（见表11-2）。

表 11-2　民营企业相关指标累计增长

时间	工业增加值累计增长/%	营业收入累计增长/%	投资收益累计增长/%	利润总额累计增长/%
2019-12	7.7	5.6	14.6	2.2
2020-02	-20.2	-20.5	-28.5	-36.6
2020-03	-11.3	-16.1	4.0	-29.5
2020-04	-5.6	-9.2	-0.3	-17.2
2020-05	-1.4	-6.4	15.0	-11.0

续表

时间	工业增加值累计增长/%	营业收入累计增长/%	投资收益累计增长/%	利润总额累计增长/%
2020-06	-0.1	-4.4	32.2	-8.4
2020-07	0.6	-3.7	45.2	-5.3
2020-08	1.3	-2.4	43.8	-3.3
2020-09	2.1	-1.5	42.9	-0.5
2020-10	2.8	-0.5	52.4	1.1
2020-11	3.2	0.1	47.4	1.8

资料来源：国家统计局。

从固定资产投资角度来看，新冠肺炎疫情严重期间（2020年2月），食品、纺织、批发零售、住宿和餐饮、居民服务等行业固定资产投资均呈现大幅下降趋势，纺织服装、服饰业（-50.2%），居民服务、修理和其他服务业（-46.2%）的固定资产投资增速下降远超制造业整体水平（-31.5%）（见表11-3）。

表11-3　中小企业主要相关行业固定资产投资累计增速

时间	制造业/%	农副食品加工业/%	食品制造业/%	酒、饮料和精制茶制造业/%	纺织业/%	纺织服装、服饰业/%	皮革、毛皮、羽毛及其制品和制鞋业/%	化学纤维制造业/%	批发和零售业/%	住宿和餐饮业/%	居民服务、修理和其他服务业/%
2019-12	3.1	-8.7	-3.7	6.3	-8.9	1.8	-2.6	-14.1	-15.9	-1.2	-9.1
2020-02	-31.5	-38.9	-35.1	-39.2	-44	-50.2	-24.3	-35.7	-41.8	-32	-46.2
2020-03	-25.2	-32.8	-29.1	-24.5	-37.1	-45.8	-25.7	-19.2	-42.1	-19.3	-36.5
2020-04	-18.8	-27.9	-21.5	-24.6	-32.5	-41.7	-20.4	-16.2	-38.7	-15.1	-34
2020-05	-14.8	-22.9	-17.9	-21.9	-26.2	-39.2	-22.9	-23.2	-35.9	-12.6	-25.2
2020-06	-11.7	-16.8	-12.6	-19.8	-22.4	-37.9	-20.9	-16.9	-30.7	-9.6	-16.1
2020-07	-10.2	-13.7	-9.5	-18.3	-17.4	-36.6	-20.6	-21.2	-28.2	-7.6	-13.2
2020-08	-8.1	-9.9	-6.6	-15.3	-13.9	-34.2	-16.7	-22	-25.6	-5.5	-10.7
2020-09	-6.5	-6.3	-5.1	-13.4	-11.3	-32.7	-17.9	-22.3	-25.3	-7.2	-7.7
2020-10	-5.3	-3.9	-3.2	-11.3	-10.5	-31.6	-17.5	-20.6	-24.2	-5.8	-9.2
2020-11	-3.5	-1.8	-1.0	-11.4	-8.0	-29.8	-15.3	-21.1	-23.7	-6.2	-9.8

资料来源：国家统计局。

根据海关总署出口行业分类，我国在家居用品、纺织服装等行业出口占全球比重较大，全球各主要行业对中国大陆供应商高度依赖。从出口交货值角度来看，中小企业主要相关行业出口交货值累计增速也呈现大幅下降趋势，尤其是随着海外新冠肺炎疫情的蔓延，皮革、毛皮、羽毛及其制品和制鞋业，化学纤维制造业出口交货值累计增速均大幅下降（见表11-4）。

表11-4 中小企业主要相关行业出口交货值累计增速

时间	农副食品加工业/%	食品制造业/%	酒、饮料和精制茶制造业/%	纺织业/%	纺织服装、服饰业/%	皮革、毛皮、羽毛及其制品和制鞋业/%	化学纤维制造业/%
2019-12	2.4	6.1	-1	-2.4	-2.1	-1.7	-5.3
2020-02	**-11.6**	**-17.5**	**-11**	**-27.5**	**-26.5**	**-28.6**	**-10.6**
2020-03	**-6.9**	**-7.4**	**12.4**	**-20.2**	**-23.4**	**-25.3**	**-6.9**
2020-04	-4.1	-2.3	-7.2	-21.3	-21.5	-26.7	-16.9
2020-05	-3.9	-1.1	-11	-21.1	-21.8	-28.5	-23.3
2020-06	-4.2	-1.1	-10.9	-19	-22.5	-28.2	-25.8
2020-07	-3.7	-0.8	-12.9	-17.1	-21.8	-27.5	-25.4
2020-08	-4.4	-2	-15.1	-14.8	-21.3	-26.9	-23.7
2020-09	-4.8	-1.4	-11.1	-12.5	-20.3	-26.4	-22.6
2020-10	-5.2	-0.8	-8.0	-11.2	-19.8	-24.3	-21.5
2020-11	-8.5	-5.9	-10.8	-9.4	-19.3	-24.8	-20.4

资料来源：国家统计局。

五是新冠肺炎疫情导致中小企业国内市场消费性需求大幅下降。新冠肺炎疫情期间，要求减少外出和集聚，减少人员交叉和流动，尽可能居家生活和办公，这直接导致部分行业尤其是服务类行业的消费需求急剧下降，以餐饮业、旅游业等表现最为直接和明显。这些行业主要以中小企业为主，如餐饮行业中80%是中小企业。2021年2月12日中国烹饪协会发布的《2020年新冠肺炎疫情对中国餐饮业影响报告》显示，相比2019年春节，78%的餐饮企业营收损失达100%以上；9%的企业营收损失达到九成以上；

7%的企业营收损失在七成到九成之间；营收损失在七成以下的仅为5%。从消费角度来看，国家统计局数据显示，2020年1—12月，我国社会消费品零售总额为39.20万亿元，国内新冠肺炎疫情严重暴发期间（2—3月），社会消费品零售总额累计同比增长大幅下降20%左右，尤其是餐饮类，零售总额累计同比增长下降超过40%。新冠肺炎疫情同时也导致居民消费习惯发生改变，相比较而言，网上零售总额累计同比增长下降较少，尤其是用类实物商品网上零售总额累计同比增长仍呈正向增长，新冠肺炎疫情严重期间的2020年2月和3月分别为7.5%和10.0%。另外，居民消费价格指数也显示，2020年3月居民消费价格指数为98.8，受新冠肺炎疫情影响比较严重，消费水平严重下降，尤其是食品烟酒类行业（97.3）、交通和通信类行业（97.5），而医疗保健类行业消费需求则呈现上升趋势，3月消费价格指数为100.2（见表11-5、表11-6）。

表11-5 社会消费品零售总额累计同比增长

时间	社会消费品/%	餐饮收入/%	商品零售/%	吃类实物商品网上零售/%	穿类实物商品网上零售/%	用类实物商品网上零售/%
2019-12	8.0	9.4	7.9	30.9	15.4	19.8
2020-02	**−20.5**	**−43.1**	**−17.6**	**26.4**	**−18.1**	**7.5**
2020-03	**−19.0**	**−44.3**	**−15.8**	**32.7**	**−15.1**	**10.0**
2020-04	−16.2	−41.2	−13.1	36.7	−12.0	12.4
2020-05	−13.5	−36.5	−10.6	37.0	−6.8	14.9
2020-06	−11.4	−32.8	−8.7	38.8	−2.9	17.3
2020-07	−9.9	−29.6	−7.5	38.2	−0.9	18.6
2020-08	−8.6	−26.6	−6.3	35.4	1.1	18.3
2020-09	−7.2	−23.9	−5.1	35.7	3.3	16.8
2020-10	−5.9	−21.0	−4.0	34.3	5.6	17.4
2020-11	−4.8	−18.6	−3.0	32.9	5.9	17.1

资料来源：国家统计局。

表 11-6 中小企业相关行业居民消费价格指数（上月=100）

时间	居民消费价格指数	食品烟酒类	衣着类	居住类	生活用品及服务类	交通和通信类	教育文化和娱乐类	医疗保健类	其他用品和服务类
2019-12	100.0	99.8	99.9	100.1	100.1	100.2	100.0	100.2	99.9
2020-10	99.7	98.8	100.4	100.1	100.1	99.8	100.6	100.1	98.3
2020-01	101.4	103.1	99.5	100.0	100.2	101.4	101.4	100.6	101.8
2020-02	**100.8**	**103.0**	**99.7**	**99.9**	**99.9**	**98.5**	**100.0**	**100.1**	**99.8**
2020-03	**98.8**	**97.3**	**99.9**	**99.7**	**99.9**	**97.5**	**99.9**	**100.2**	**100.4**
2020-04	99.1	97.9	99.9	99.8	99.9	98.8	99.8	100.2	99.9
2020-05	99.2	97.6	100.2	99.8	100.0	100.0	100.0	100.0	100.5
2020-06	99.9	100.1	99.8	99.8	99.9	99.7	99.7	100.0	100.4
2020-07	100.6	102.0	99.5	100.0	100.0	100.3	99.8	100.0	100.8
2020-08	100.4	101.0	99.8	100.1	100.0	100.3	99.7	100.1	102.4
2020-09	100.2	100.3	100.9	100.0	100.0	99.9	100.8	100.0	99.1
2020-10	99.7	98.8	100.4	100.1	100.1	99.8	100.6	100.1	98.3
2020-11	99.4	98.4	100.3	100.0	100.0	99.7	99.2	100.0	99.4
2020-12	100.7	102.0	100.0	100.1	100.1	100.9	99.9	100.0	99.6

资料来源：国家统计局。

六是新冠肺炎疫情导致中小企业国际需求大幅下降。2020年3月中下旬，新冠肺炎疫情在境外其他国家暴发和蔓延，各国纷纷采取限制外出等封闭和隔离措施，这对中小企业国际市场需求也造成了严重影响。国外疫情对国内各行业的影响主要体现在两方面：市场需求和供应链。罗兰贝格咨询公司基于百度搜索数据对中小企业相关的行业如生产制造、金融保险、房产装修等进行调研，结果显示，国外订单搜索热度暴涨了近30倍，主要内容聚焦在"如何获得国外订单"和"如何应对国外订单取消"。出口方面，据海关总署数据显示，2020年一季度，我国出口4.78亿美元，累计同比下降13.3%。其中，民营企业出口2.36亿美元，累计同比下降8.9%，占出口总额的49.4%；外商投资企业出口1.28亿美元，累计同比下降16.6%，占出口总额的26.8%。另外，2020年3月制造业PMI新出口订单指数仅为-46%，一季度外贸出口基本上是在履行之前的订单，随着境外疫情不断发展，第二、第三、第四季度外贸型中小企业的外贸形势仍面临巨大挑战（见表11-7）。

表11-7 不同类型企业出口额累计同比增长

时间	出口总额/%	外商投资企业/%	民营企业/%
2019-12	5.0	-2.6	13.8
2020-1—2	-15.9	-20.4	-12.4
2020-03	**-13.3**	**-18.5**	**-8.9**
2020-04	-9.0	-13.1	-5.1
2020-05	-7.7	-12.3	-2.7
2020-06	**-6.2**	**-12.1**	**0.5**
2020-07	-4.1	-10.6	3.8
2020-08	-2.3	-9.0	6.0
2020-09	**-0.8**	**-8.3**	**8.1**
2020-10	2.4	-5.7	11.9
2020-11	3.7	-4.2	13.2

资料来源：海关总署。

二、加大政策实施力度，助力中小企业的疫情防控

根据全球知名商业决策信息和分析服务机构邓白氏推出的新冠肺炎疫情影响指数（2020）显示，随着全球新冠肺炎疫情的蔓延，目前全球各主要国家的企业受影响程度都比较大，虽然买家拖欠账款、违约频发等都成了影响我国中小企业现金流甚至企业存续问题的重要因素，但整体来看，我国企业相较于美国、德国、俄罗斯、日本和韩国等其他国家受到的影响则较小，这主要得益于我国疫情防控的显著成效。中小企业在新冠肺炎疫情得到控制后实现了有效复工复产，正在成为全球经济稳定复苏的主要支撑力量。新冠肺炎疫情期间我国发布多项政策举措推动中小企业渡过难关。

一是货币政策和财政税收优惠向中小企业进一步扩大。我国在新冠肺炎疫情期间着重减免企业成本费用，缓解企业现金流紧张。新冠肺炎疫情

发生后，2020年2月5日，国务院召开常务会议，确定支持疫情防控和相关行业企业的财税金融政策。随后，财政部、国家税务总局出台了多项支持疫情防控和企业复工复产方面的税费优惠政策。可以看出，中国政府着重从"减、增、降、缓、优"5个方面出发，切实帮助中小企业解决供应链和现金流紧张等困难，助其渡过难关（见表11-8）。

表11-8 针对中小企业的疫情防控政策列举

涉及领域	部门	政策名称	时间
减税费	国家税务总局	《支持疫情防控和经济社会发展税收优惠政策指引》	3月15日
减税费	财政部、海关总署、国家税务总局	《关于扩大内销选择性征收税收政策试点的公告》	4月15日
增信贷	国家税务总局、中国银行保险监督管理委员会	《关于发挥"银税互动"作用 助力小微企业复工复产的通知》	4月8日
增信贷	财政部	《关于开展疫情防控重点保障企业财政贴息资金审核工作的通知》	4月8日
降成本	住房和城乡建设部、财政部、中国人民银行	《关于妥善应对新冠肺炎疫情实施住房公积金阶段性支持政策》	2月21日
降成本	财政部	《关于贯彻落实阶段性减免企业社会保险费政策的通知》	2月27日
缓期限	中国银行保险监督管理委员会、中国人民银行、国家发展和改革委员会、工业和信息化部、财政部	《关于对中小微企业贷款实施临时性延期还本付息的通知》	3月2日
优服务	国家市场监督管理总局、国家发展和改革委员会、财政部、人力资源和社会保障部、商务部、中国人民银行	《关于应对疫情影响 加大对个体工商户扶持力度的指导意见》	2月28日

资料来源：德勤研究（统计时间2020年2月18日—4月30日）。

二是加大宏观政策实施力度，确保相关政策落实，切实为企业减负。在上述政策的指导下，财政部、国家发展和改革委员会、中国人民银行及工业和信息化部等部门先后采取了进一步的具体工作举措，保证政策施行的有效性。例如，2020年5月发布的政府工作报告中6次提到中小微企业，强调延长疫情期间的优惠政策，降低企业生产经营成本，延缓缴税和还本付息时间。具体政策包括继续执行下调增值税税率和企业养老保险费率等制度，新增减税降费约5000亿元，预计全年为企业新增减负超过2.5万亿元。此外，中小微企业贷款延期还本付息政策再延长至2021年3月底，并要求把减税降费政策落实到企业。

三是借助大中型企业，帮助中小微企业得到更多更好的发展机会。2020年5月发布的《政府工作报告》提出，要"支持大中小企业融通发展"，借助大中型企业的"手"，帮助中小微企业得到更多更好的发展机会。这表明，对于创新型中小企业来说，未来会有更多的机会享受大中型企业的创新平台，增加科技创新成果转化的机会。同时也表明，对于真正具有科技创新实力的中小微企业，政府将展开更加具有针对性的帮扶。

四是进一步优化中小微企业的帮扶路径。2020年5月，中共中央、国务院出台了《关于新时代加快完善社会主义市场经济体制的意见》（以下简称《意见》），对未来相当长一段时期内的我国经济改革方向进行了顶层设计。《意见》强调：健全支持中小企业发展制度，增加面向中小企业的金融服务供给，支持发展民营银行、社区银行等中小金融机构；完善民营企业融资增信支持体系；健全民营企业直接融资支持制度；健全清理和防止拖欠民营企业中小企业账款长效机制，营造有利于化解民营企业之间债务问题的市场环境。

三、数字化成为后疫情时代中小企业的发展方向

新冠肺炎疫情蔓延，各国都在应对各种挑战，全球经济发展和企业运行都受到了冲击，中小企业的生存与发展备受关注。随着新冠肺炎疫情的影响逐步减弱，我国消费市场长期向好的趋势不会改变，新冠肺炎疫情后中小企业相关行业发展趋势也呈现出明显的转变。中小企业应顺势而为、把握机遇。

一是借助平台企业，实现中小企业数字化转型。2020年5月，中共中央、国务院出台了《关于新时代加快完善社会主义市场经济体制的意见》，突出强调了数据要素的重要性。对于广大的中小企业，数字化转型过程中必将面临资源、资金以及能力等多种问题。因此，两会召开前夕，国家发展和改革委员会联合17个部门及互联网平台、行业龙头企业、金融机构等145家单位，启动了《数字化转型伙伴行动倡议》，借助平台企业着力解决中小微企业数字化转型过程中面临的困难。未来，随着人工智能、大数据、5G、区块链等新技术、新产业的兴起，企业乃至整个社会的运营效率将大大提升，将会有更多的中小企业着手数字化转型，打造新的业态模式。

二是新基建为中小企业提供新动力。2020年3月4日，中共中央政治局常务委员会召开会议，强调要加快5G网络、数据中心等新型基础设施建设的进度，新基建成为经济发展的热点话题，将进一步加强我国在互联网、云计算、人工智能等领域的优势，这意味着中小企业面临的外部环境和依托的基础设施发生了重大变化。根据百度搜索大数据显示，自新基建这一概念提出后，其搜索热度便始终处于高位。在新基建的带动下，"传感器""滤波器""充电桩""印制电路板"等与新基建相关的配件产业的搜索热度均呈现上涨趋势。其中，"传感器"搜索热度涨幅最高，上涨了119%，充分彰显出中小企业未来发展蕴含的结构性机会（见图11-5）。

三是"互联网+"营销模式助力中小企业发展。随着计算机网络、通信技术和"互联网+"的普及应用，疫情让电子商务的内容和形式越发多元化，逐渐成为中小企业最新、最重要的商品交易方式，各类新业态、新模式、新兴渠道不断涌现，购物场景从有限地域、空间和时间的线下实体转向充斥海量商品及海量信息的线上平台。例如，以抖音、快手为代表的短视频内容平台开始了直播带货的尝试，为追求更高的交易效率与更优的购物体验，消费者开始从集合式的大型购物平台转向"头部"人物，通过其市场号召力及影响力，推荐高性价比的产品，成为中小企业新的产品推广及购物渠道。根据《2020双十一搜索大数据》报告显示，疫后双十一搜索热度同比上涨263%，10月15至11月10日，百度、抖音、快手等平台直播搜索热度同比增长93%，而"头部"主播李佳琦、薇娅的搜索热度同比增长106%。经过新冠肺炎疫情期间的推动,直播正在走向更广泛的受众,成为相关中小企业尤其是电商的营销标配,这为中小企业的疫后发展也提供了非常好的机会。中小企业可根据品牌能级灵活决策,尝试借势红利,孵化打造品牌自有的营销模式(见图11-6)。

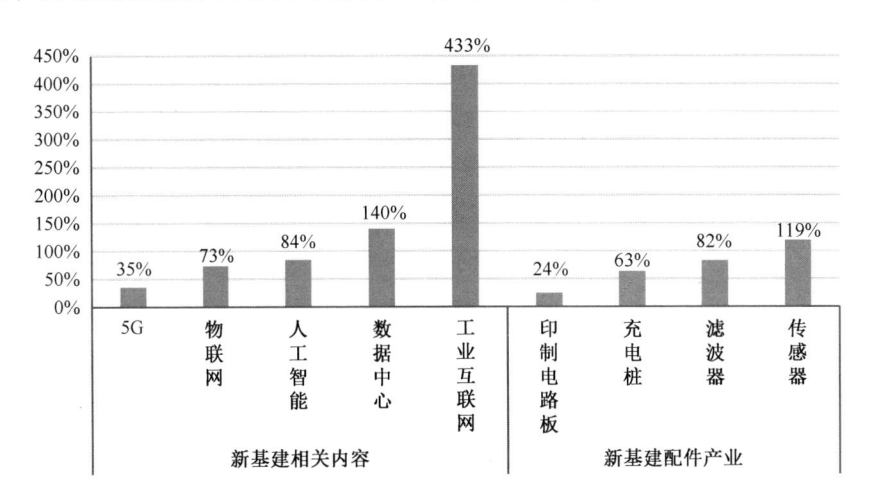

图11-5 新基建关注点搜索热度(2020年3月4日—4月3日)

资料来源:《百度新型冠状病毒肺炎搜索大数据报告》。

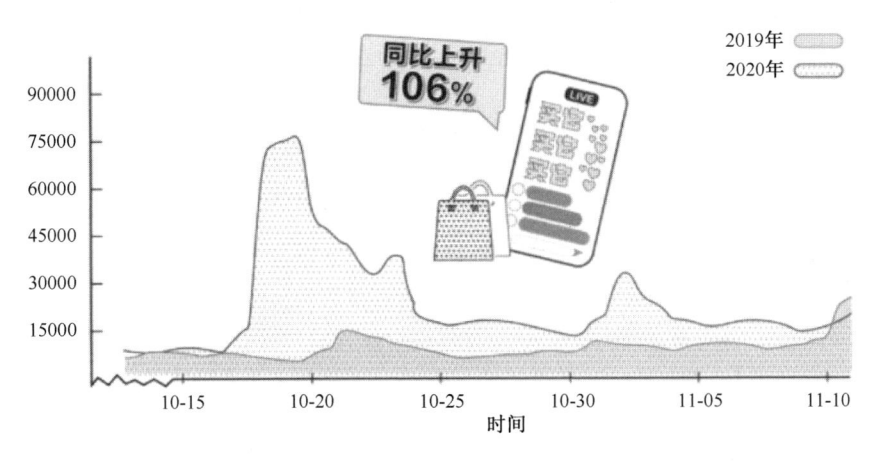

图11-6 "薇娅""李佳琦"等相关搜索热度及同比趋势

资料来源:《2020双十一搜索大数据》报告。

四是中小企业出口转内销迅猛增长。据调研发现,部分出口导向型的制造业企业由于国外订单被取消而处于完全停工的状态，同时企业的刚性支出，如厂房租金和人工成本等并不会减少。国内消费侧需求则在逐渐回暖，上下游工业也将逐渐恢复。由于新冠肺炎疫情的全球蔓延，外贸型企业受影响较大，尤其是2020年1—2月的外商投资企业出口额累计同比下降20.4%，较2019年下跌17.8%。罗兰贝格咨询公司基于百度搜索大数据调研显示，外贸相关资讯搜索量自2020年2月起持续攀升，"国际化战略"关注度下降，"出口转内销"关注度迅猛增长，成为中小企业关注的热门领域（见图11-7）。

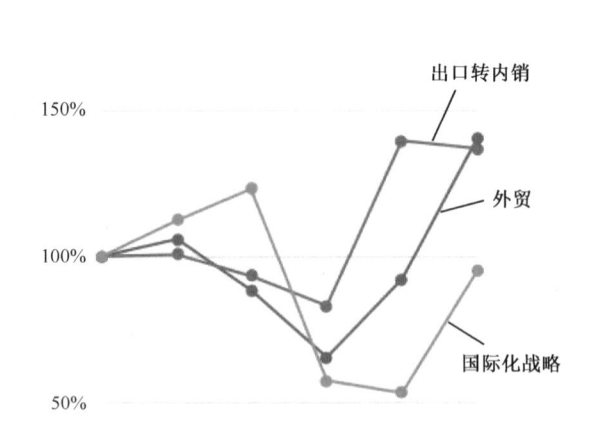

图11-7 外贸关注热点百度搜索热度

资料来源：百度搜索大数据，罗兰贝格。

四、借助数字化手段，实现中小企业产业结构体系现代化转型

一是加速中小企业数字化转型升级。大数据与人工智能在整个疫情防

控中发挥着巨大的作用，数字化成为中小企业转型发展的新方向。另外，受到此次新冠肺炎疫情的影响，未来政府将加强对高成长创新型企业的全力支持，培育原创新药、网络诊疗、医疗器械等新产业、新业态、新模式，发展智能经济、数字经济、服务经济、健康经济等，为中小企业实现新的飞跃营造良好的数字化转型环境。

二是借助新基建风口加速优化商业模式。从中小企业本身而言，新基建的发展可以为中小企业转型升级形成"工业互联网"等高效平台，为其数字化、自动化发展提供有力支持。从长远来看，新基建更是具备广阔空间，能够助力中小企业未来发展。一方面，新基建有助于各行业中小企业享受政策改革红利。随着大数据、人工智能等应用部署不断完善，政府将更加精准地定位中小企业的需求；另一方面，新基建能够有效拉动投融资与扩大消费，牵动新兴产业中小企业发展。因此，中小企业应及时提振发展自信，朝着专、精、特、新的方向发展，借助新基建浪潮，实现中小企业产业结构高端化、体系现代化转型。

三是借助新媒体、新技术创新营销模式和手段。互联网的发展使企业营销方式多样化，从微博、微信流媒体广告，到直播、短视频等，互联网营销、移动营销也在不断发展。企业直播营销改善了互联网营销高成本、低转化的营销现状，也开启了视频营销模式，让企业持续不断地输出优质内容。中小企业也应积极布局线上营销，创新新媒体、新技术等营销手段，借力大企业科技赋能，获得业务全流程线上销售能力，拓展销售渠道边界，实现商品流、信息流的线上线下打通及自身与经销商数据流打通，提升品牌竞争能力，促进产品销售。

四是将"望国际"战略转为"看中国"战略，拓展国内销售通路。2020年9月，国务院办公厅印发了《关于以新业态新模式引领新型消费加快发展的意见》，明确提出要加力推动线上线下消费有机融合、加快新型消费基础设施和服务保障能力建设、优化新型消费发展环境、加大新型消费政策支持力度。这为中小企业出口转内销营造了良好的发展契机。另外，多份研究报告表明，部分出口导向型的制造业企业由于国外订单被取消而处于完全停工的状态，同时企业的刚性支出，如厂房租金和人工成本等并不会减少，因此，中小企业应重塑新环境下的企业战略，重新审视行业发展趋势和竞争格局，制定企业发展战略，基于行业特性、国内消费者行为变化及竞争格局，明确企业的核心竞争力，重新定义自己的细分市场、目标人群和价值定位，及时调整发展策略，获得生存发展契机。

参考资料

1. 中共中央　国务院关于新时代加快完善社会注意市场经济体制的意见，人民日报，2020-05-19。

B.12 产业链转移背景下制造业中小企业发展现状

孙一赫　张洁雪　贾丹[1]

摘　要：自 2001 年加入世界贸易组织以来，我国在全球产业链中的地位不断提升，在全球产业链中的参与程度逐步提高。然而，长期以来我国制造业企业，特别是中小企业，主要集中于附加值较低的产业链中下游环节的情况依然普遍存在。近年来，随着我国人力成本逐渐上升，国际国内环境愈加复杂，我国制造业外迁趋势日益明显，给制造业中小企业带来了巨大的挑战。制造业中小企业大多规模较小、抗风险能力弱、缺乏自主品牌、创新能力不足，难以向产业链上游拓展，极易受到产业链转移的冲击。在此背景下，我国政府应当加强顶层设计，推动产业转型升级，简政放权、扩大开放，深化全球产业链合作，以更好地支持制造业中小企业应对产业转移、实现可持续发展。

关键词：中小企业；产业链转移；制造业

Abstract: Since the accession to the World Trade Organization in 2001, the role of China in the global industrial chain has been continuously

---

[1] 孙一赫，国家工业信息安全发展研究中心工程师，中国人民大学硕士，主要研究方向为宏观经济政策、中小企业发展等；张洁雪，国家工业信息安全发展研究中心工程师，北京大学情报学硕士，主要研究方向为知识组织、信息服务；贾丹，国家工业信息安全发展研究中心工程师，中国科学院大学硕士，主要研究方向为中小企业、政策研究等。

improved, and its participation in the global industrial chain has gradually increased. However, for a long time, Chinese manufacturing enterprises, especially Small and Medium-sized Enterprises, have been mainly concentrated in the middle and lower reaches of the industrial chain with lower added value. In recent years, as Chinese labor costs have gradually risen, and the trend of Chinese manufacturing industry relocation has become increasingly obvious, which has brought huge challenges to manufacturing small and medium-sized enterprises. Most manufacturing SMEs are small in scale, weak in anti-risk capabilities, lack of independent brands and innovation capabilities. They are difficult to expand to the upstream of the industrial chain and are vulnerable to the impact of industrial chain transfer. In this context, government should strengthen top-level design, promote industrial transformation, expand opening and deepen global industrial chain cooperation, so as to better support manufacturing SMEs to cope with industrial transfer and achieve sustainable development.

Keywords: Small and Medium-sized Enterprises; Industrial Chain Transfer; Manufacturing

一、我国在全球产业链中的位置有所提升

自2001年加入世界贸易组织以来，我国融入全球产业链的程度不断加深。通过APEC、上海经合组织等区域性联盟，以及与世界主要经济体的双边、多边贸易联系，我国在全球产业链中的地位不断提升。

近年来，随着国际环境日趋复杂，我国经济发展进入新常态，在全球产业链中的位置也有所改变。面对百年未有之大变局，我国向世界发出

"一带一路"倡议,主导建立亚洲基础设施投资银行,使我国经济发展以新的面貌与世界各国同频共振。

进入2020年,新冠肺炎疫情席卷全球,国际国内政治经济形势也发生了新的变化,党中央提出"推动形成以国内大循环为主体、国内国际双循环相互促进的新发展格局"。随着2020年11月15日区域全面经济伙伴关系协定(RCEP)的签订,我国产业与全球产业链的情况进一步变化。

整体来看,我国在全球产业链中的参与程度较高。我国自加入世界贸易组织以来,积极融入全球贸易体系,在全球产业链中占据重要地位。虽然经历全球金融危机、中美贸易摩擦、新冠肺炎疫情等各种"黑天鹅"事件,全球产业链出现短期收缩,但我国制造业在全球产业链和贸易体系中的地位不断提升的势头并未改变(见图12-1)。

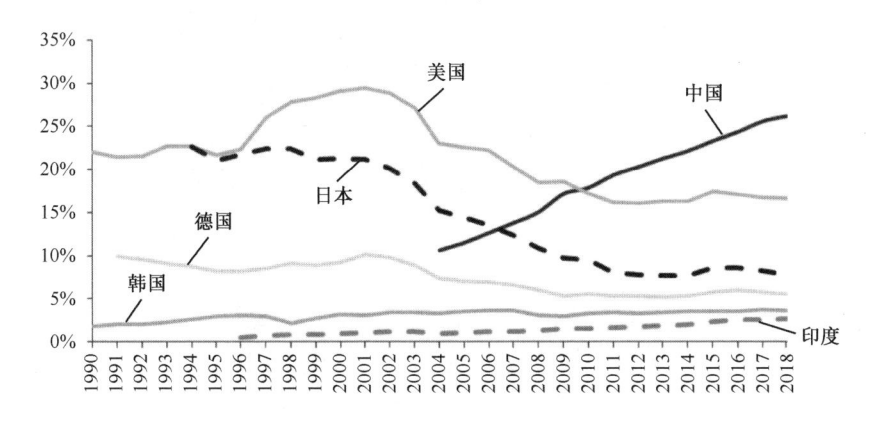

图12-1 主要国家制造业占全球比重

资料来源:世界贸易组织数据库。

根据WTO发布的全球贸易数据显示,从2010年起,我国制造业规模就跃居世界首位,且占全球制造业比重不断提升。2019年,我国进出口贸易占全球贸易的比例达12%,其中出口占全球出口贸易额的13.2%,进口占全球进口贸易额的10.8%。新冠肺炎疫情发生以来,因美国、印度等国家疫情控制不力,企业复工复产困难,全球主要贸易国对我国制造业需求进一步加大,客观上使我国制造业在全球产业链中的重要性进一步提升。

从产业门类和长度来看,我国制造业产业链门类齐全、上下游纵深较长。根据广发证券发布的研究报告显示,在全球17大类货物出口行业中,美、中、德三国关键性行业门类最为齐全。

同时也要看到,我国制造业企业主要集中于附加值较低的产业链中下游环节。根据UNCTAD(联合国贸易和发展会议)发布的全球价值链数据显示,与欧美发达国家相比,我国制造业出口的产品主要为技术含量和利润都较低的一般消费品,在高端制造、奢侈品牌等领域,较为弱势。按照全球产业链分工的"微笑曲线"理论,我国大多数行业的制造业企业仍处于"微笑曲线"的中间位置——组装环节,而在上游利润较为丰厚的产品设计研发和下游售后服务环节,仍以美、日、德等发达国家为主。据UNCTAD全球价值链数据显示,近几年中国在全球价值链中的参与程度保持稳定,同时在产业链中的位置不断向上游发展,来自中国的增加值对其他国家出口的贡献日趋重要(见图12-2)。

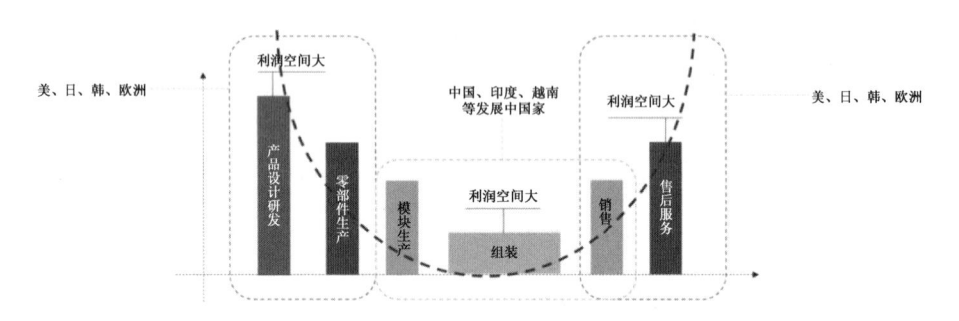

图 12-2　中国处于微笑曲线的中间环节

2020年,美国政府对华为、中芯国际等公司实施制裁,对利用美国技术生产的芯片进行出口管制,导致我国部分芯片制造和终端消费品公司遭遇困境,进一步暴露出在我国的集成电路、先进设备制造等高端制造业仍处于全球产业链的中下游环节,对美、日、德等发达国家的技术依赖程度较高的困局。

二、产业链转移日趋明显

近年来,随着我国人力成本逐渐上升,以及中美贸易摩擦等因素,我国制造业产业链向外转移趋势日趋明显。整体来看,产业链转移主要有综合成本上升和贸易摩擦两大原因。

一方面,随着我国经济社会的发展,劳动力、房租、环保等各项成本上升,一些低附加值、劳动密集型产业不再具备相对竞争优势,正在加速离开我国。客观上,这种综合成本上升导致的产业链转移也是我国制造业在转型升级、走向更高端环节的必经之路。这一趋势在十余年前就初现端倪,富士康、立讯精密等劳动密集型企业,早在2010年就逐步把部分工厂转移至劳动力成本更低廉的越南、柬埔寨等东南亚国家。纺织业的产业转移史则更典型地反映出受综合成本影响的这一趋势,在1900年左右,纺织工厂从英国转移到棉花价格和人力成本更加低廉的美国;第二次世界大战后,由于美国人力成本大幅提高,纺织工厂又从美国转到了百废待兴的日本,推动了日本相关企业的发展;20世纪六七十年代,这一产业大量转移至韩国等亚洲国家;2001年,中国加入WTO后,纺织工业企业大量向中国转移;近年来,随着中国的产业转型升级政策和客观综合成本的提升,纺织工业向东南亚国家转移。以中国最大的纺织代工企业申洲国际为例,在其国内生产线满负荷运转后,公司管理人员开始在东南亚布局建厂、扩张产能,申洲国际的越南服装厂于2019年投入使用,其柬埔寨工厂也于2020年投产经营,以进一步降低公司生产成本,提高公司的全球竞争力。

另一方面,自美国总统特朗普上任以来,中美贸易摩擦频发,也在客观上导致部分企业为避免地缘政治风险,离开我国。近年来,逆全球化势力抬头,国际环境日趋复杂,以美国为代表的部分国家设置贸易壁垒、增加关税、限制人员跨境流动,给经济全球化带来了负面预期,政治风险带来的贸易不确定性进一步增加。在这样的背景下,许多大型跨国企业为了规避地缘政治风险，纷纷将集中于中国的供应链企业分散至其他低成本的发展中国家，或将工厂迁回至发达国家。2020年新冠肺炎疫情的暴发，让我国部分工厂一度停产，国际物流也一度受阻，更增加了跨国企业对于全球产业链不确定性的担忧，进一步助推了部分制造工厂回流至发达国家的趋势。但也应当认识到，此类产业链转移的影响相对有限，且有可能随着贸易摩擦降级和新冠肺炎疫情得到控制而进一步减小。

三、产业链转移对制造业中小企业冲击巨大

对于制造业中小企业，产业链转移是机遇也是挑战。但在目前阶段，产业链转移对制造业中小企业冲击巨大，主要体现在以下几个方面：

一是制造业中小企业规模较小，抗风险能力弱，易受产业链转移冲击。在产业链转移的背景下，制造业中小企业信息相对不灵敏、抗风险能力弱，面对国际供需、汇率、政治波动，处于被动地位。一旦大型跨国品牌企业更换制造商，对国内大量中小代工企业而言，无异于灭顶之灾。同时，制造业中小企业资金实力薄弱，无力在海外建厂，在产业链转移的背景下竞争力进一步减弱。在经济全球化的背景下，大型跨国企业往往通过大规模的产业链转移来降低自身成本、提高国际竞争力。在国内人力、地租、环保等各项综合成本不断上升的情况下，各领域的制造业中小企业竞争力进一步减弱，在与通过全球建厂降低成本的大型企业的竞争中，亦处于劣势，市场空间和利润率受到挤压。

二是缺乏自主品牌，终端零售创新机会有限。在全球产业链转移、跨国企业通过海外建厂降低成本的背景下，国内部分本土企业采用升级产品/服务、提高售价的方式来支撑自身可持续发展。以智能手机制造产业为例，2015年，国际品牌苹果和三星在中国市场的占比一度高达28.2%，利润率更是远超国产手机。但我国本土手机品牌通过全方位品牌构建，得到了国内消费者的认可，2019年华为、OPPO、Vivo、小米4个国产品牌在中国智能手机市场中的占比达到84%，且这些主流品牌的主力机型售价均在

2000元人民币以上，实现了自身的蝶变式发展。而制造业中小企业所从事的多是"购买者驱动"的劳动密集型产业，核心技术和产品往往较为同质化，消费者对品牌的认知和零售网络的可触达性在较大程度上影响了其消费选择。我国大部分制造业中小企业仍处于原始的代工阶段，即使通过提升管理、技术水平等方式生产出更高质量的产品，但在未能培育出自有品牌，也未构建相应的销售网络的情况下，面向消费终端几乎没有提价的空间，商业创新机会较为有限。

三是供应链把握能力不强，难以向产业链上游拓展。在全球产业链中，发达国家的大型跨国公司牢牢把控全球产业链，即使在跨国企业代工厂中，领导厂商把控核心技术和前沿战略方向，高层级代工厂一般拥有部分自主知识产权和专利技术，而我国大部分制造业中小企业处于上文所说的"微笑曲线"中间环节，可替代性较强。在商品设计、材料采购、物流运送、订单处理、制造加工、市场运营、批发代理和终端零售等各市场增值环节中，往往仅局限于小规模单一环节的制造加工。面对全球产业链转移的大趋势，制造业中小企业因自身对于供应链的把握能力较弱，与上下游企业的议价空间有限，以往赖以生存的履约灵活、成本较低、交货及时等优势不再具有吸引力，利润率被进一步挤压。同时，由于制造业中小企业往往利润较低、人才缺乏，研发能力比较薄弱，难以通过研发向产业链上游拓展，自身产品和业务模式较难实现转型升级，始终处于产业链的从属地位，可获得的收益预期进一步降低。

四、多点着力，助力制造业中小企业应对产业链转移

一是加强顶层设计，健全支持制造业中小企业应对产业转移的政策措施。通过对新一轮全球产业链分工趋势、影响、应对策略的科学研判，尽快制定出台支持制造业中小企业应对产业转移的政策法规，通过引导我国制造业中小企业外迁的区域和产业环节，鼓励部分有实力的制造业中小企业按照国家产业整体战略规划到海外投资建厂，支持制造业中小企业形成

自身的国际比较优势，抓住全球产业链价值重构的新机会。同时，对于暂时无力海外建厂的制造业中小企业，各地政府可着力搭建并购重组集聚平台，推动中小企业联盟的形成和零散资本的集中，鼓励中小企业成立分工合理、规模较大的生产联盟或产业集团，提高在全球产业链中的议价能力，提升利润率水平，更好地应对全球产业链转移趋势。

二是推动产业转型升级，提升在全球产业链中的位置。对于低端制造业来说，随着我国人力成本的提升，产业链向东南亚等成本更低的发展中国家转移难以避免。各级政府对于符合宏观经济转型升级方向的节能环保、信息技术、生物、高端装备制造、新能源、新材料、新能源汽车等新兴制造业要予以扶持补贴，引导中小企业加强研发、自主创新，在与产业链上游企业和高层级代工厂商的互动中加快技术进步，探索培育自主品牌，不断提高制造业中小企业在全球产业链中的位置。通过进一步提高企业的技术研发能力，构筑自身竞争优势，实现制造业从低成本劳动力到高水平人力资本优势的转变，提升我国制造业中小企业在全球产业链中的位置，是应对产业链转移的根本出路。

三是着力简政放权，改善制造业中小企业的营商环境。通过继续深化"放管服"改革，简政放权、减税降费，进一步取消或下放部分审批事项，切实优化制造业中小企业的营商环境，加快实现财政、税务、海关等部门的数据共享，降低全球产业链在中国深化分工的交易成本，使我国以制度优势、基础设施优势替代逐渐削弱的人力成本优势，在全球产业竞争中形成独有的核心竞争力。

四是扩大开放，积极加强与全球高端价值链的联系。在中美经贸及科技竞争加剧的背景下，坚决贯彻落实党中央"加快构建以国内大循环为主体、国内国际双循环相互促进的新发展格局"的战略部署，依托"一带一路"倡议，不断推进要素市场化改革，加快对外开放步伐、扩大对外开放水平。通过积极加入区域全面经济伙伴关系协定（RCEP）、全面与进步跨太平洋伙伴关系协定（CPTPP）等全球自贸协定，推动我国制造业中小企业深度融入全球产业链，加强与韩国、日本等处于全球制造业第二梯队国家的关键产业技术合作,提高我国产业附加值,积极探索利用全球资源应对全球产业转移的竞争压力。

五是深化全球产业链合作,加大与其他发展中国家产业的融合。借助"一带一路"建设契机,强化与东南亚、南亚、非洲等区域的发展中国家产业合作,通过积极引导布局,建立海外分厂与本土企业的紧密分工联系,提高其对本土产业链的依赖性,将简单的产能转移转变为我国制造业中小企业的国际化扩展、保持制造体系稳定性、加快本土工厂转型升级的新机会,提升我国产业体系在全球产业链中的影响力。

我国"专精特新"优质企业梯度培育体系构建研究

谢向丹 高卉杰 郜媛莹[1]

摘　要： 国家发布了一系列政策文件推动中小企业"专精特新"发展道路，各地方积极贯彻落实政策要求开展培育工作，取得了初步进展，但我国"专精特新"优质企业梯度培育体系在顶层设计、创新环境、技术服务体系方面还不完善。本文整理了当前我国"专精特新"优质企业梯度培育工作进展及成效，分析了梯度培育体系不足之处，并提出了相关思考和重点完善方向，以期助力我国"专精特新"优质企业梯度培育体系构建，促进中小企业走好"专精特新"发展道路。

关键词： "专精特新"企业；中小企业；培育体系

Abstract: The government has issued a series of policy documents to promote the development of small and medium-sized new special expertise enterprises, and most provinces have actively implemented the policy requirements to carry out the cultivation work, which has

---

[1] 谢向丹，国家工业信息安全发展研究中心助理工程师，中国石油大学（北京）学士，主要研究方向为中小企业、创新创业、政策服务等；高卉杰，国家工业信息安全发展研究中心工程师，北京科技大学博士（后），主要研究方向为中小企业、产业分析、创新管理、政策研究等；郜媛莹，国家工业信息安全发展研究中心工程师，对外经济贸易大学博士（后），主要研究方向为中小企业、创新创业、智能制造等。

made preliminary progress. However, the gradient cultivation system of high-quality new special expertise enterprises in China is not perfect in terms of top-level design, innovation environment and technical service system. This paper summarizes the progress and effectiveness of gradient cultivation of high-quality new special expertise enterprises, analyzes the shortcomings of gradient cultivation system, and puts forward relevant thinking and key improvement directions, so as to help the construction of gradient cultivation system of high-quality new special expertise enterprises, and promote small and medium-sized enterprises to take the development road of "new special expertise enterprises".

Keywords: The New Special Expertise Enterprise; Small and Medium-sized Enterprises; Cultivation System

据工业和信息化部统计显示，截至2018年年底，中国中小企业的数量已经超过了3000万家，个体工商户数量超过7000万户，贡献了全国50%以上的税收、60%以上的GDP、70%以上的技术创新成果和80%以上的劳动力就业。由此可见，中小企业是国民经济和社会发展的生力军，是扩大就业、改善民生的重要支撑。中小企业的发展关系着我国经济的全面、科学、高质量发展。

"专精特新"其中"专"即专业化，是指采用专项技术或工艺，通过专业化生产制造的专用性强、专业特点明显、市场专业性强的产品；"精"即精细化，是指采用先进适用技术或工艺，按照精益求精的理念，建立精细高效的管理制度和流程，通过精细化管理，精心设计生产的精良产品；"特"即特色化，是指采用独特的工艺、技术、配方或特殊原料研制生产的，具有地域特点或具有特殊功能的产品；"新"即新颖化，是指依靠自主创新、转化科技成果、联合创新或引进消化吸收再创新方式研制生产的，具有自主知识产权的高新技术产品。"专精特新"中小企业长期专注于某个细分市场，主导产品市场占有率高，且具有较强的创新研发实力和配套能力，对补齐产业链条、弥补关键领域短板、支撑地方经济创新发展等具有重要支撑作用。中小企业走"专精特新"发展之路，对于传统产业转型升级、战略新兴产业培育发展、激发创新活力和市场竞争力，都具有十分重要的意义。引导中小企业走"专精特新"发展道路是增强核心竞争力，实现我国高质量发展的重要举措。

一、我国"专精特新"优质企业梯度培育体系已基本形成

（一）国家发布系列政策文件，不断细化培育"专精特新"中小企业工作安排

我国十分重视"专精特新"中小企业的培育和发展，近年来，发布了一系列政策文件，不断细化培育"专精特新"中小企业工作安排。2011年9月，工业和信息化部发布的《"十二五"中小企业成长规划》中首次提出"专精特新"，并提出将"专精特新"发展方向作为中小企业转型升级、转变发展方式的重要途径。2013年7月，工业和信息化部发布《关于促进中小企业"专精特新"发展的指导意见》，提出从加大财税金融扶持、建立和完善服务体系、组织市场开拓活动、加强培育和推进工作、建立协同工作机制等方面促进中小企业"专精特新"发展。2016年6月，工业和信息化部发布的《促进中小企业发展规划（2016—2020年）》中提出"培育一批可持续发展的'专精特新'中小企业"，重点培育一大批"专精特新""单项冠军"中小企业。2018年11月，工业和信息化部、国家发展和改革委员会、财政部、国务院国有资产监督管理委员会联合印发的《促进大中小企业融通发展三年行动计划》中提出以智能制造、工业强基、绿色制造、高端装备等为重点，在各地认定的"专精特新"中小企业中，培育主营业务突出、竞争能力强、成长性好的企业，引导成长为制造业"单项冠军"。

2019年4月出台的《关于促进中小企业健康发展的指导意见》是近10年来我国出台的专门支持中小企业发展的、规格最高的一个综合性文件，其中提出引导中小企业"专精特新"发展，培育"小巨人"企业，以及在政府采购活动中，向"专精特新"中小企业倾斜。

（二）国家与地方政府合力推动优质中小企业梯度培育体系不断完善

专精特新"小巨人"企业是指"专精特新"中小企业中的佼佼者，是指专注于细分市场、创新能力强、市场占有率高、掌握关键核心技术、质量效益优的排头兵企业。为进一步推动民营经济和中小企业高质量发展，提高企业的专业化能力和水平，2018年工业和信息化部办公厅出台了《关于开展专精特新"小巨人"企业培育工作的通知》（工信厅企业函〔2018〕381号）、2020年工业和信息化部办公厅出台了《关于开展第二批专精特新"小巨人"企业培育工作的通知》（工信厅企业函〔2020〕159号），经各省级中小企业主管部门初核和推荐、行业协会限定性条件论证、专家审核及社会公示等流程，截至目前，已经评定出1832家国家级"小巨人"企业，包括第一批国家级专精特新"小巨人"企业248家、第二批国家级专精特新"小巨人"企业1584家，它们的平均研发经费占营业收入比重达6.4%，平均拥有专利数49.6项，其中发明专利11.8项，产品填补国内空白的企业达160余家。

同时，在国家级"小巨人"企业的引领下，带动各地培育省级"专精特新"中小企业2万多家，遴选"单项冠军"企业596家。全国现在共有27个省级中小企业主管部门出台了"专精特新"培育的认定办法，包括工业发展水平比较高的计划单列市、新疆生产建设兵团；29个省份建立了企业培育库，为入库培育的6万多家企业提供各项政策措施支持，其中有26个省份提供了"专精特新"专项资金支持。国家层面与地方政府合力，正在推动优质中小企业梯度培育体系不断完善，初步形成了各地共同推进"专精特新"企业培育工作的格局。我国优质中小企业的梯度培育体系已经基本形成，中小企业专业化水平也在不断提高。

（三）"专精特新"中小企业在新冠肺炎疫情防控期间表现出了较强的抗风险能力

2020年，受新冠肺炎疫情和复杂严峻的国内外形势影响，中小企业生产经营面临巨大挑战，而"专精特新"中小企业在此期间表现出了较强的抗风险能力，复工率明显高于中小企业总体水平。据工业和信息化部统计显示，截至2020年2月26日，中小企业复工率为32.8%，2020年2月28日，2万多家省级"专精特新"中小企业复工率已经达到了53.6%；第一批国家级专精特新"小巨人"企业复工率已经达到了91.4%。新冠肺炎疫情防控期间，全球经济发展受阻，在市场订单萎缩、物流受阻的大环境下，一些新模式、新业态呈现快速发展的势头，在线医疗、网络教育、远程办公、数字内容等领域的中小型企业依托较强的创新能力和竞争力实现逆势增长。

二、我国"专精特新"优质企业梯度培育体系仍有不足之处

（一）顶层设计仍需不断完善

在当前各地共同推进"专精特新"企业培育工作格局初步形成的基础上，培育工作计划仍需不断细化和完善，还需建立和完善省市联动的"专精特新"企业梯度培育机制、企业库动态维护机制、运行监测体系、扶持政策体系和奖励机制等，充分发挥示范引领作用。

（二）创新环境仍需不断优化

我国在某些产业领域一直存在薄弱环节，导致出现一批"卡脖子"问题，尤其是"缺芯少核"短板明显，原创性、基础性创新不足，关键核心

技术、零部件和生产装备仍严重依赖进口，充分说明我国对发达国家的技术、知识产权依赖性较大。此外，在知识产权保护方面，还存在集体侵权、反复侵权多发，专利维权难度大、效果差等问题。因此，仍需不断加强对知识产权和创新研发成果的保护力度、对科技成果转化和产业化的促进力度等，从而激发各市场主体的自主创新活力与动力，提升整体创新发展能力。

（三）技术服务体系仍需不断加强

产业关键共性技术研发与服务的有效供给能够改善企业获取技术服务的能力，降低应用性研发的技术风险，是企业核心技术形成的引擎和提高自主创新能力的源泉，也是关乎产业高质量、可持续发展的基石。同时，产业关键共性技术具备涉及领域广、研发周期长、要素投入密集的特征。当前，我国技术服务体系还缺乏统筹，资源比较分散，导致大多数企业创新模式以内部研发为主，从外部获取技术协作与支持较少，也没有形成产学研合作互动机制；即便"专精特新"中小企业创新能力较强，但也由于缺乏资金、技术基础较为薄弱、人才储备不足等原因，面临应用技术供给不足、基础研究缺乏支撑、独立研发实力不够等问题。

三、以普惠化、功能性政策举措推动我国"专精特新"优质企业梯度培育体系构建

"专精特新"发展道路，"专"为基础。中小企业的专业化发展是国际上的普遍趋势。我国推动中小企业专业化发展主要表现为实施中小企业专业化能力提升工程，通过普惠化、功能性的政策举措，加大支持力度，优化发展环境，健全优质企业梯度培育体系。针对当前我国"专精特新"优质企业梯度培育体系的不足之处，应该从强化顶层设计、优化创新发展环境、加快培育共性技术平台等方面进行完善。

（一）不断强化顶层设计

一是各级中小企业主管部门应结合各地实际情况，健全优质企业梯度培育体系，做好培育计划，按照"推选入库、择优认定、选拔'小巨人'企业"的步骤，有序推进梯度培育工作；构建"科学、合理、有效、动态"的中小企业认定评价体系，加强企业结构性分析，在"专精特新"培育认定办法的基础上，不断细化和完善专精特新"小巨人"、制造业"单项冠军"等培育认定标准，做好有机衔接，充分体现专业化、精细化、特色化、新颖化特征，做好企业培育认定把关工作，为搭建资源对接平台、开展精准服务奠定坚实基础。

二是建立"专精特新"中小企业生产运行监测机制，将入库培育企业纳入监测范围，充分运用人工智能、大数据、云计算、物联网等新一代信息技术，建立即时反馈机制，收集中小企业发展过程中面临的各种问题和政策诉求；同时，加强国内外经验对比研究，针对不同区域、不同发展阶段、不同行业的中小企业特点和政策诉求，持续完善政策扶持体系，加强政策储备，支持中小企业发展；此外，国家层面应重点聚焦扶持重大产业链关键环节的专精特新"小巨人"企业和"单项冠军"企业，做好政策支撑服务。

三是加大对"专精特新"中小企业的财政奖励和补贴支持力度。在省市两级中小企业发展专项资金中设立中小企业"专精特新"发展专项资金，探索建立"技术开发准备金"制度，扩大研发费用加计扣除政策扶持范围，对认定的"专精特新"企业、专精特新"小巨人"企业、制造业"单项冠军"企业进行一次性奖补；积极推动落实相关减税降费政策，将"专精特新"中小企业纳入企业所得税减免范畴；鼓励引导"专精特新"企业加大研发投入，对于组建关键核心技术难题攻关团队或设立研发中心的，给予一定的政策补贴，对于开发具有行业特点和具有市场竞争力的技术和产品，特别是具有国际水平的新技术、新产品，支持加强市场推广和产品运用，并将"专精特新"企业提供的技术、产品和服务，纳入政府购买服务目录；

充分发挥政府财政资金作用,撬动引领社会风险资金、银行等金融机构加大对"专精特新"企业的支持,提供低成本、中长期融资服务;鼓励探索区域性股权市场改革,设立"专精特新板"。

(二)大力优化创新发展环境

一是国家和各省级中小企业主管部门需加大宣传工作力度,定期组织中小企业管理者、领导者开展创新思维、创新方法、创新技术相关的培训活动,加强中小企业对行业发展现状、发展趋势、前沿技术动态、最新市场需求、政府政策导向及政策优惠信息的掌握能力,提升对创新的重视程度,激发自主创新动力,明确创新目标和方向,进而营造全社会关注和支持中小企业走"专精特新"发展道路、大力弘扬企业家和工匠精神的创新发展氛围。

二是充分利用新闻媒体、互联网等渠道,广泛持续开展知识产权相关内容的宣传,提高知识产权保护意识,形成良好的社会氛围。持续开展中小企业知识产权战略推进工程,完善中小企业知识产权创造、运用、保护的培训体系,协助具有一定技术创新能力的企业做好知识产权管理人员储备;搭建专利导航平台,提供专利信息检索、专利申请辅导、专利技术分析、专利展示交易、专利预警、专利技术评估等专业化、综合性服务,加强平台运营管理工作,汇集丰富、优质的知识产权服务资源和机构,提升知识产权管理水平,优化知识产权服务体系,营造良好的知识产权应用环境。

三是加快研究建立知识产权和专利的侵权惩罚性赔偿制度,不断完善相关法律体系,提升侵权违法成本。完善司法裁判、行政执法、仲裁调解、行业自律、社会监督多方协同联动机制,推动市场监督管理局、知识产权局、版权局等政府部门与法院等国家机关之间的信息交换共享,强化对侵权、商标抢注、专利非正常申请等知识产权侵权失信行为的联合惩戒;加大知识产权侵权执法力度,确保对知识产权纠纷处理的有效执行,切实做好保护企业创新研发成果的相关工作。

（三）加快培育共性技术平台

一是建立政府部门—科研院所—市场机构—领军企业多主体协同推进的产业关键共性技术研发供给体系，充分调动各主体积极性，分工协作，为中小企业走"专精特新"发展道路奠定坚实的技术基础。政府部门牵头，设立产业关键共性技术研发专项资金，为研发工作提供资金保障，主要承担基础性强、关联性强、外部性强的通用产业共性技术研发；高校、研究机构等科研院所加强与企业合作，重点以市场需求和应用为导向，加强关键共性技术的"产学研用"协同创新，促进科技成果转化；市场机构主要加强容易界定收益成本、容易保护知识产权的专项产业共性技术研发，加强面向中小企业的共性技术解决方案研发；领军企业主要针对本行业、本领域需要突破的关键共性技术发力，同时发挥产业链辐射效应和影响力，在上下游中小企业之间扩散与推广研发成果，加快对技术和产业转型升级的带动作用。

二是搭建产业关键共性技术平台，汇聚各行业关键共性技术资源、供给主体资源、中小企业需求资源，促进部门之间、行业之间、产业链上下游企业之间的交流合作，提高产业关键共性技术研发需求的针对性，明确产业关键共性技术创新的发展方向。依托产业关键共性技术平台，以需求为导向，探索构建起专门的中小企业技术服务体系，优化服务模式，支撑企业低成本、高效率地开展创新活动和探索，建立核心技术储备，降低应用性研发技术风险，不断提高自主创新能力，增强市场竞争力。

参考资料

1. 王成仁. 发展"专精特新"中小企业提升产业链供应链现代化水平. 经济参考报，2021 年/1 月/19 日/第 007 版。

2. 曹致玮. 企业创新环境下我国知识产权保护问题探析. 北京化工大学学报（社会科学版），2019 年第 2 期。

B.14 我国上市中小企业发展现状及典型案例研究

冯开瑞 高卉杰 贾丹[1]

摘　要： 中小企业在国民经济中发挥着重要作用，是推动经济发展的重要组成部分。长期以来，融资难、融资贵问题一直是中小企业的"顽疾"，而上市成为中小企业的重要融资渠道。目前，我国上市中小企业呈现增长的趋势，其中主要以制造业企业为主，地区分布呈现以东部为主，向中西部发展的趋势。同时，也有不少上市中小企业面临退市的风险。因此，上市中小企业在发展过程中应该树立创新意识，保持可持续发展。

关键词： 上市中小企业；制造业；典型案例

Abstract: Small and medium-sized enterprises play an important role in the national economy, and they are an important part of promoting economic development. For a long time, the problem of difficult financing and expensive financing has always been a "stubborn disease" of SMEs, and listing has become an important financing channel for SMEs. At present, Chinese listed small and medium-

---

[1] 冯开瑞，国家工业信息安全发展研究中心工程师，同济大学硕士，主要研究方向为知识组织、知识服务等；高卉杰，国家工业信息安全发展研究中心工程师，北京科技大学博士（后），主要研究方向为中小企业、产业分析、创新管理、政策研究等；贾丹，国家工业信息安全发展研究中心工程师，中国科学院大学硕士，主要研究方向为中小企业、政策研究等。

sized enterprises are showing a growing trend, among which manufacturing companies are the main ones, and their regional distribution is mainly in the east and developing towards the central and western regions. At the same time, many listed SMEs face the risk of delisting. Therefore, listed SMEs should establish a sense of innovation and maintain sustainable development in the development process.

Keywords: Listed Small and Medium-sized Enterprises; Manufacturing; Typical Cases

一、上市中小企业加速发展，制造业企业尽显优势

本文主要以 A 股上市中小企业数据为基础分析上市中小企业的发展现状和趋势，资料来源于 Wind。

（一）上市中小企业以中型企业为主，数量呈现增长趋势

根据 Wind 数据显示，A 股中上市中小企业共 1106 户，占所有 A 股市场（4047 户）的 27.33%，是上市企业的重要组成部分，在现代国民经济中发挥着重要作用。在上市中小企业中，中型企业有 982 户，占上市中小企业户数的 88.79%，小型企业有 116 户，占上市中小企业户数的 10.49%，微型企业共 8 户，所占比例较小（见图 14-1）。

在上市中小企业中，大部分中小企业选择在主板和创业板上市，分别占 40%和 30%；少部分即将或已进入成熟期、盈利能力强、但规模较主板小的中小企业则选择中小企业板上市，占 A 股市场的 18%；科创板作为独立于现有主板市场的新设板块，企业重点以信息技术、高端装备、新材料、生物制药等高新技术产业和战略性新兴产业为主，如紫晶存储、中微

公司、国盾量子、寒武纪、神州细胞等，占A股市场的12%（见图14-2）。

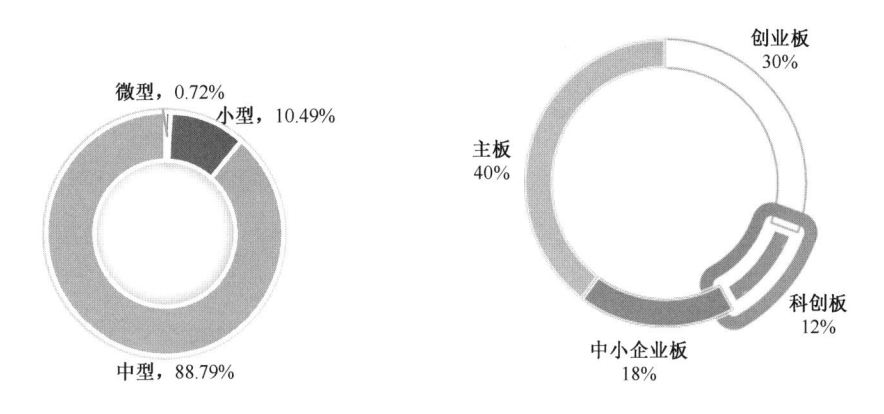

图14-1　不同企业规模占比

图14-2　不同板块所占比例

近几年来，在鼓励"大众创业、万众创新"的情况下，我国给予中小型企业许多政策优惠，鼓励创新型中小型企业发展，上市中小企业的数量也出现爆炸性增长，2017年和2020年（截至2020年10月15日）新增上市中小企业的数量均达150户以上，总体上呈现出增长的趋势（见图14-3和图14-4）。

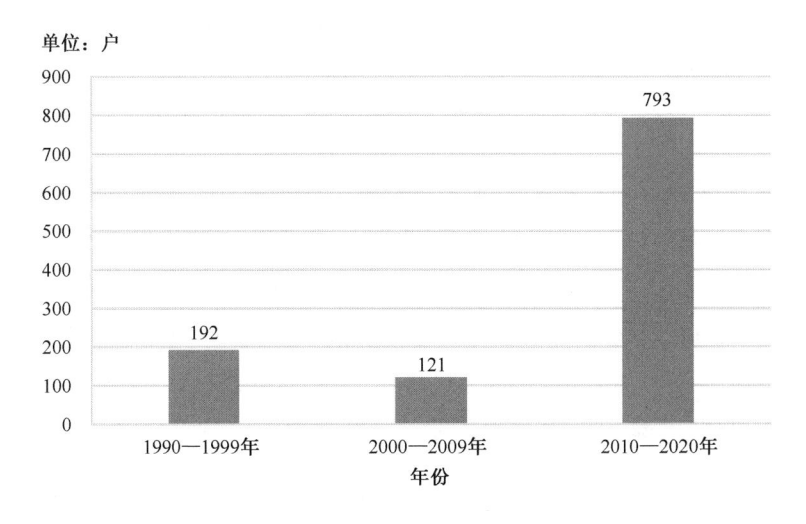

图14-3　新增上市中小企业数量

221

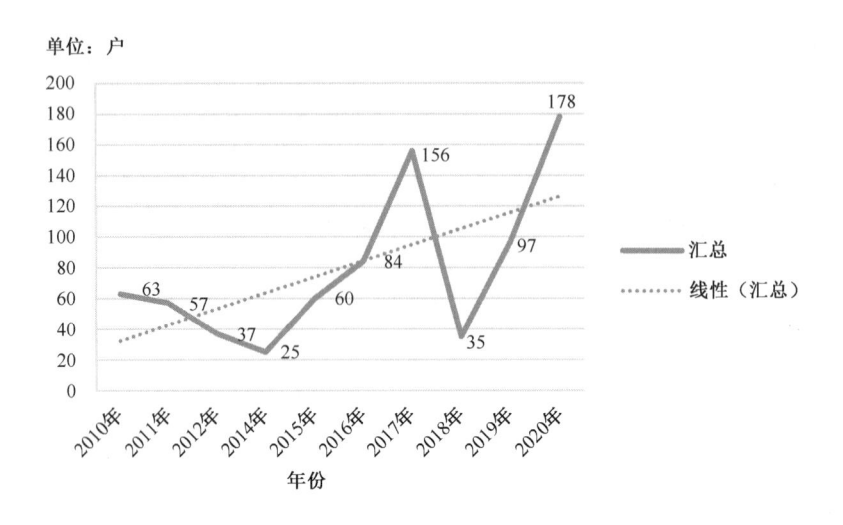

图 14-4 新增上市中小企业数量变化趋势

（二）上市中小企业以制造业为主，制造业中以机械行业为首

分行业来看，工业企业所占比重最大，占所有上市中小企业的77.67%，其中制造业中小企业有813户，占上市中小企业总数的73.51%，金融业（6.78%），信息传输、软件和信息技术服务业（3.98%），以及房地产业（3.98%）所占比重次之，在3%~7%；采矿业，电力、热力、燃气及水生产和供应业所占比例较小，分别为1.36%和2.80%（见图14-5）。

在制造业31个行业中，上市中小企业户数占比超过5%的共5个行业，分别为机械（18.52%）、基础化工（16.54%）、医药（12.96%）、电子（9.51%）、电力设备及新能源（8.15%）；通信（4.07%）、汽车（3.21%）、国防军工（2.96%）、计算机（2.84%）、轻工制造（2.84%）、有色金属（2.84%）、建材（2.47%）和食品饮料（2.47%）等行业的占比均在2%~5%；建筑（0.12%）、煤炭（0.12%）、房地产（0.12%）、消费者服务（0.37%）等行业占比较小，均在1%以下（见图14-6）。

B.14 我国上市中小企业发展现状及典型案例研究

其他，3.51%
采矿业，1.36%
电力、热力、燃气及水生产和供应业，2.80%
房地产业，3.89%
租赁和商务服务业，1.18%
交通运输、仓储和邮政业，1.81%
金融业，6.78%
批发和零售业，1.18%
信息传输、软件和信息技术服务业，3.98%
制造业，73.51%

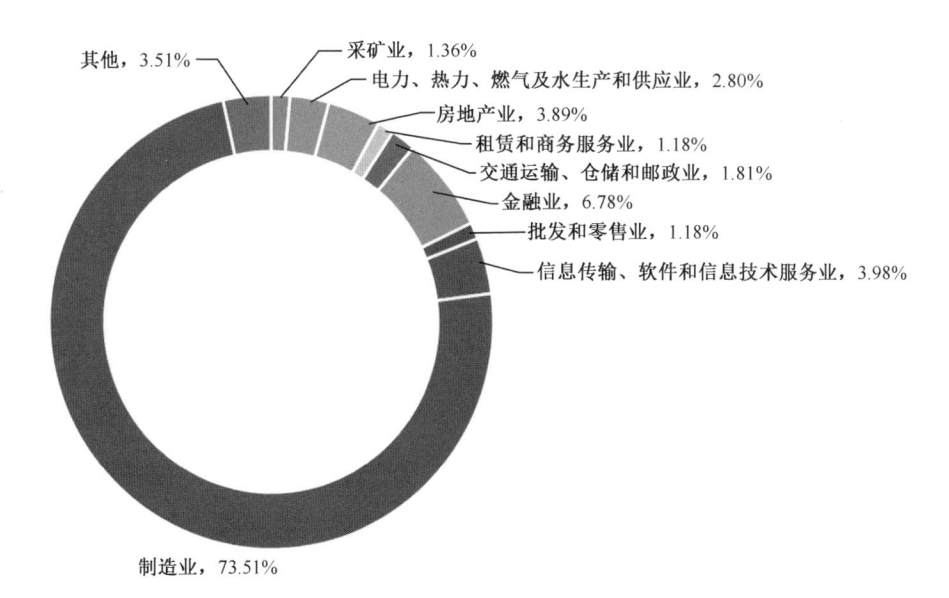

图 14-5 上市中小企业不同行业占比

注：其他包括建筑业，农、林、牧、渔业，水利，环境和公共设施管理业，卫生和社会工作，文化、体育和娱乐业，住宿和餐饮业，综合，科学研究和技术服务业等占比较小的行业。

其他，2.73%
通信，4.07%
电力及公用事业，1.11%
食品饮料，2.47%
电力设备及新能源，8.15%
石油石化，1.23%
商贸零售，1.23%
轻工制造，2.84%
电子，9.51%
汽车，3.21%
农林牧渔，1.48%
纺织服装，1.36%
有色金属，2.84%
国防军工，2.96%
医药，12.96%
机械，18.52%
建材，2.47%
家电，1.48%
计算机，2.84%
基础化工，16.54%

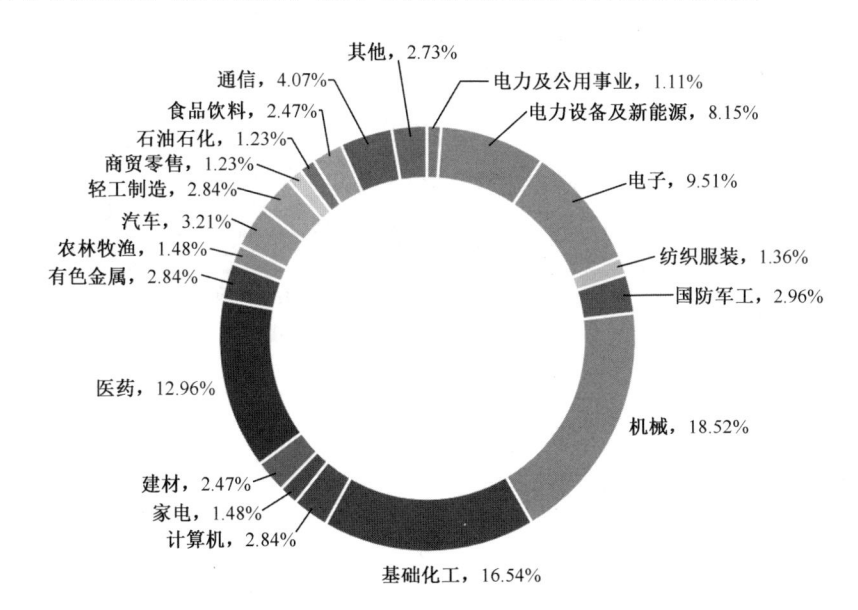

图 14-6 上市制造业中中小企业不同行业占比

注：其他包括传媒、房地产、钢铁、建筑、煤炭、消费者服务、综合等占比较小的行业。

223

近5年上市的中小企业所属行业仍以制造业（83.86%）为首，其余行业以金融业（6.35%），信息传输、软件和信息技术服务业（3.63%），电力、热力、燃气及水生产和供应业（1.45%），交通运输、仓储和邮政业（1.09%）为主；制造业中机械（18.28%）、基础化工（14.99%）、医药（12.25%）和电子（10.79%）行业仍是重点行业，电力设备及新能源（5.85%）、银行（3.47%）等行业的占比有所增加（见图14-7、表14-1）。

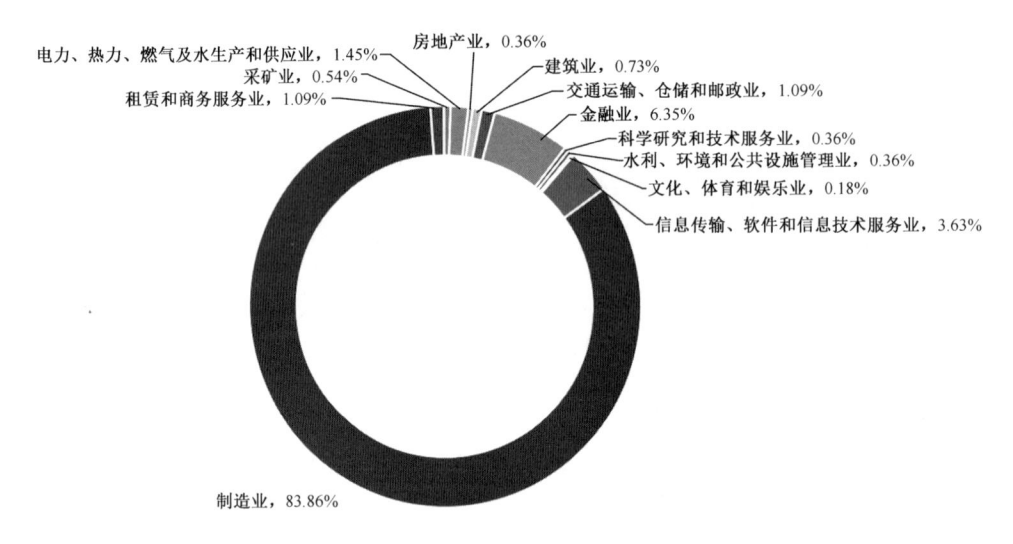

图14-7　2016—2020年上市中小企业行业占比

表14-1　2016—2020年上市中小企业制造业细分行业占比

行业名称	上市中小企业制造业细分行业占比
传媒	0.91%
电力及公用事业	2.38%
电力设备及新能源	5.85%
电子	10.79%
房地产	0.55%
纺织服装	0.55%
非银行金融	2.93%
钢铁	0.73%
国防军工	3.29%

续表

行业名称	上市中小企业制造业细分行业占比
机械	18.28%
基础化工	14.99%
计算机	3.84%
家电	0.91%
建材	0.73%
建筑	0.73%
交通运输	0.91%
农林牧渔	1.10%
汽车	3.29%
轻工制造	2.93%
石油石化	1.10%
食品饮料	1.28%
通信	3.84%
消费者服务	0.37%
医药	12.25%
银行	3.47%
有色金属	2.00%
总计	100.00%

（三）上市中小企业地区分布呈现以东部为主，向中西部发展的趋势

分地区来看，上市中小企业在东部地区分布最多。从省份来看，分布数量较多的省份分别为广东省（169）、江苏省（157）、浙江省（150）、上海市（103）和北京市（99），分别占上市中小企业总数的15.28%、14.20%、13.56%、9.31%和8.95%；另外，中西部地区的分布数量也较多，以四川省（3.53%）、湖北省（2.71%）和湖南省（2.53%）为主，所占比例均在2%～4%（见图14-8）。

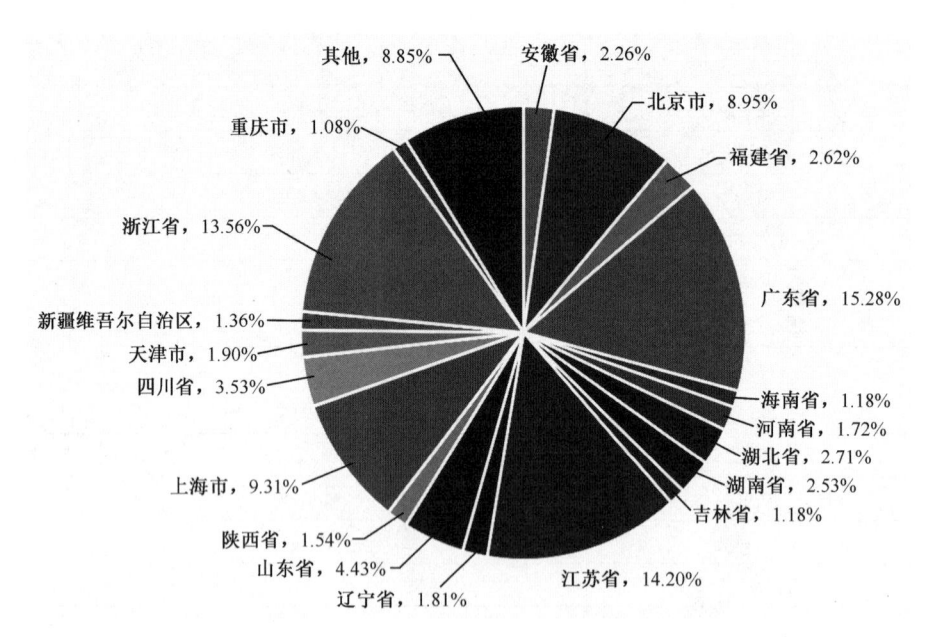

图 14-8 上市中小企业不同省份分布

注：其他包括甘肃省、广西壮族自治区、贵州省、内蒙古自治区、宁夏回族自治区、青海省、山西省、西藏自治区、云南省、河北省、黑龙江省、江西省等占比较小的 12 个省份。

（四）上市中小企业有小部分存在退市风险，以制造业企业为主

从 Wind 数据中分析可知，目前已上市的中小企业中，存在退市风险（ST 和*ST）的有 108 户，占全部上市中小企业的 9.76%，其中退市风险较为严重（*ST：公司经营连续三年亏损）的有 62 户，占存在退市风险企业总数的 57.41%；存在退市风险的上市中小企业以制造业企业为主，占全部行业企业的 62.02%，其他有退市风险的中小企业占比较大的行业还有信息传输、软件和信息技术服务业（10.19%）、房地产业（6.48%）和电力、热力、燃气及水生产和供应业（5.56%）等（见图 14-9）。

存在退市风险（ST）的制造业企业中，以综合（10.28%）、基础化工（8.41%）、商贸零售（8.41%）、传媒（6.54%）、机械（6.54%）和有色金属（5.61%）等行业为主，计算机（4.67%）、电力及公用事业（3.74%）、电力设备及新能源（3.74%）、电子（3.74%）、医药（3.74%）、通信（3.74%）、

B.14 我国上市中小企业发展现状及典型案例研究

房地产（2.80%）、家电（2.80%）、建筑（2.80%）、轻工制造（2.80%）等行业占比也较大（见图14-10）。

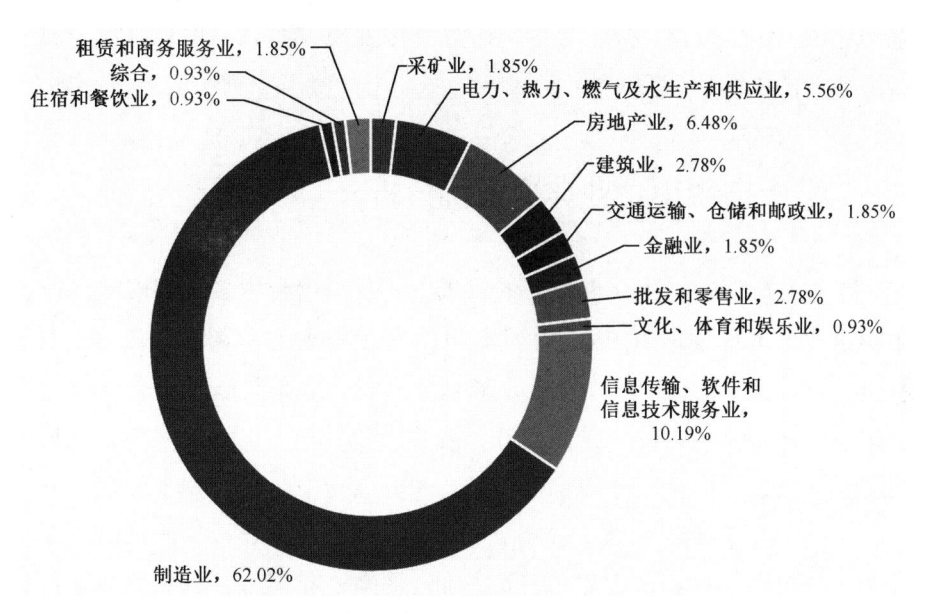

图 14-9 退市风险中小企业的不同行业占比

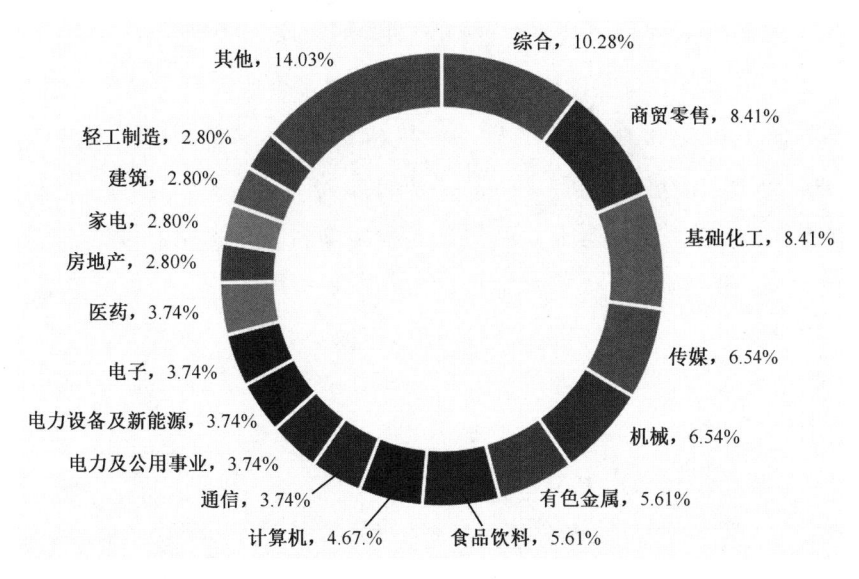

- 租赁和商务服务业，1.85%
- 综合，0.93%
- 住宿和餐饮业，0.93%
- 采矿业，1.85%
- 电力、热力、燃气及水生产和供应业，5.56%
- 房地产业，6.48%
- 建筑业，2.78%
- 交通运输、仓储和邮政业，1.85%
- 金融业，1.85%
- 批发和零售业，2.78%
- 文化、体育和娱乐业，0.93%
- 信息传输、软件和信息技术服务业，10.19%
- 制造业，62.02%

图 14-10 退市风险上市制造业中小企业不同行业占比

- 其他，14.03%
- 轻工制造，2.80%
- 建筑，2.80%
- 家电，2.80%
- 房地产，2.80%
- 医药，3.74%
- 电子，3.74%
- 电力设备及新能源，3.74%
- 电力及公用事业，3.74%
- 通信，3.74%
- 计算机，4.67%
- 食品饮料，5.61%
- 有色金属，5.61%
- 机械，6.54%
- 传媒，6.54%
- 基础化工，8.41%
- 商贸零售，8.41%
- 综合，10.28%

注：其他包括钢铁、国防军工、非银行金融、煤炭、石油石化等占比较小的行业。

另外存在严重退市风险（*ST）的制造业企业中，以综合（10.00%）、商贸零售（10.00%）、有色金属（8.33%）、传媒（8.33%）、机械（6.67%）、基础化工（6.67%）等行业为主。通过对比发现，商贸零售、有色金属、传媒行业的占比有明显的增加。

二、上市中小企业典型案例分析

在"大众创业、万众创新"的背景下，我国出台了多个利好政策改善中小企业发展环境。2019年10月21日，李克强总理签署国务院令，发布《优化营商环境条例》，致力于改善营商环境。但是我国中小企业很多都面临着资金缺乏的问题，导致出现"麦克米伦缺口"，仅仅依赖企业自身的资金无法保证企业的正常运转，所以融资成为中小企业资金的重要来源。由于对中小企业投资的风险较高，且获得的利益与需要承担的风险不平衡，导致银行对中小企业的发展信任度较低，投资态度较为冷淡。再加之贷款等间接融资渠道对于许多中小企业来说行不通，因而近些年来，IPO上市在我国的中小型企业中出现了"井喷"现象。

仅2020年（截至10月15日）上市的中小企业就有178户，其中制造业企业占89.94%，制造业企业中以机械（21.71%）、医药（16.57%）、电子（12.57%）、基础化工（11.43%）等行业的企业为主，包括信息技术、高端装备、新材料新能源及生物医药等众多高新技术企业，例如科大国盾量子技术股份有限公司、安徽蓝盾光电子股份有限公司、南京迪威尔高端制造股份有限公司、上海复旦张江生物医药股份有限公司等。另外，金融业、信息技术、文体娱乐业等行业公司相继上市，上市中小企业的行业分布更加广泛。众多地方性银行（浙商银行股份有限公司、西安银行股份有限公司、青岛银行股份有限公司、长沙银行股份有限公司、郑州银行股份有限公司、成都银行股份有限公司等）的成功上市，为中小企业积极支持地方金融业的发展产生了积极影响。下文以3个典型的上市中小企业为例，分析其核心竞争力的重要体现（见图14-11）。

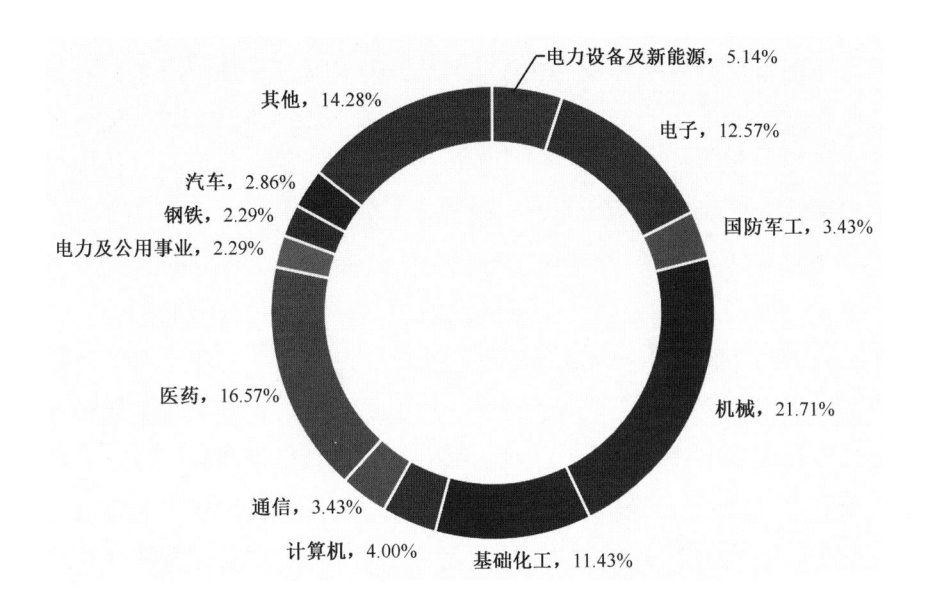

图 14-11　2020 年上市制造业中小企业不同行业占比

（一）科大国盾量子技术股份有限公司：用量子技术保护每一个比特，实现量子技术全面产业化

科大国盾量子技术股份有限公司（以下简称"国盾量子"）于2009年5月成立，其成立的初心是为了推动量子信息技术的发展，实现量子信息技术的全面产业化。经过十几年的努力，在量子通信领域不断研究和探索，已成长为全球领先的量子通信设备制造商和量子安全解决方案供应商，在我国量子通信产业化发展中扮演着重要角色。

国盾量子的核心竞争力主要体现在以下四个方面：

一是拥有人才优势。国盾量子注重广纳英才，以产学研相互结合的理念为基本原则，重视人才的综合素质培养，不仅技术牢固、全面发展，而且素质过硬，核心技术团队涵盖理论研究、系统设计、光学、电子学与集成电路、硬件逻辑、软件等专业方向。其中"规模化量子网络组网产业创新团队"被评为合肥市第二批"228"产业创新团队，"量子通信接入网络核心技术产业创新团队"被评为合肥市第五批"228"产业创新团队。

二是拥有核心技术优势。国盾量子是密码行业标准化技术委员会首批会员单位、中国量子通信产业联盟发起单位、国家云安全联盟（CSA）量子安全国际工作组（QSSWG）发起单位、国际电信联盟（ITU）成员单位，拥有安徽省认定企业技术中心、安徽省量子信息工程技术研究中心。国盾量子坚持自主研发创新，聚焦量子通信领域核心技术与先进的 ICT 及信息安全技术的融合，特别是在电信基础设施、大数据、专网与云服务等领域，为各行业、组织和个人提供富有竞争力的量子安全产品和解决方案。目前，公司已拥有专利 212 项，其中发明专利 50 项、实用新型专利 118 项、外观设计专利 33 项、国际专利 11 项，拥有计算机软件著作权 195 项，并拥有多项非专利技术。围绕光源稳定控制、探测器高速精密控制、编码调制、系统同步、终端集成、规模化组网、密钥输出控制、安全服务等核心技术，对自主研发的量子通信相关产品形成了有效保护和多层次布局。

三是拥有产品竞争力。国盾量子的产品涵盖量子保密通信网络核心设备（QKD）、量子安全应用产品、核心组件以及管理与控制软件四大门类。尤其是打破了国外在一些关键元器件核心零部件方面的垄断。

四是拥有品牌优势。国盾量子重视品牌培育和建设，具有较高的知名度。自创办以来，公司在量子通信领域不断探索发展，为"京沪干线"、"武合干线"、北京城域网、上海城域网、济南城域网、合肥城域网、武汉城域网等建设项目提供了产品和技术方面的保障，参与了"墨子号"量子卫星保密通信地面站的建设，树立了良好的品牌形象。截至 2020 年，国内共有 7000 余千米实用化光纤量子保密通信网络，其中超过 6000 千米使用了国盾量子产品并处于在线运行状态。

（二）中科寒武纪科技股份有限公司：打造各类智能芯片，让机器更好地理解和服务人类

中科寒武纪科技股份有限公司（以下简称"寒武纪"）在全球智能芯片领域处于领先地位，是全球第一个成功流片并拥有成熟产品的智能芯片公司。公司旨在打造各类智能云服务器、智能终端以及智能机器人的核心处理器芯片，可以让机器更好地理解和服务人类。在2016年，寒武纪发布的1A处理器是世界上首款商用深度学习专用处理器，目前已应用于数千万智能手机中，同时还入选了第三届世界互联网大会评选的十五项"世界互联网领先科技成果"。在2018年，寒武纪又推出了MLU100机器学习处理器芯片，其运行主流智能算法时性能功耗比全面超越CPU和GPU。

寒武纪能发展成为智能芯片领域的佼佼者，主要有以下几个方面的优势：

一是拥有强大的技术团队。寒武纪作为中科院计算所下孵化的AI芯片研发单位，团队曾参与研发国产"龙芯"芯片，具有丰富的芯片研发经验。

二是拥有深厚的专利储备。寒武纪的创始团队是全球最早提出专用NN计算芯片机构及通用集设计思想的团队，团队成员在AI芯片领域发表了多篇领先业界的芯片结构及指令集设计论文，多篇论文获学界顶级奖项，拥有雄厚的技术储备。根据天眼查显示，公司共有境内外专利65项（其中境内专利50项、境外专利15项）、PCT专利申请120项和37项软件著作权。

三是拥有领先的核心技术优势。寒武纪是目前国际上少数几家全面系统掌握智能芯片及其基础系统软件研发和产品化核心技术的企业之一，能提供本地到云端的全套软硬件方案，包括终端智能处理器、云端智能处理器，其用于云端的人工智能芯片/板卡产品（ASIC）实现了从终端到云端的全线布局，也是我国第一款用于云端的人工智能芯片。除此之外，还开发了配套的软件开发包（SDK）和专用的指令集（ISA），构建了从硬件到软件到指令集的完善的生态体系。

四是拥有品牌优势。寒武纪成立伊始，就受到了市场和业界的高度关注。随着近年来的快速发展，公司迭代推出了多款智能芯片、处理器IP产品，通过提供优秀的产品性能、可靠的产品质量、完善的技术支持积累了良好的市场口碑，在业内的知名度不断提升。2018年11月，寒武纪上榜由美国著名权威半导体杂志《EETimes》评选的"全球60家最值得关注的半导体公司（EETimesSilicon60）"榜单；2019年10月21日，胡润研究院发布了《2019年胡润全球独角兽榜》，寒武纪科技排名第138位；2019年6月11日，寒武纪入选了"2019年福布斯中国最具创新力企业榜"。

（三）北京神州细胞生物技术集团股份公司：专注生物技术，研发具有国际差异化竞争的创新生物药产品

北京神州细胞生物技术集团股份公司（以下简称"神州细胞"）是由国际知名的生物药研发和产业化专家、新药创制重大专项总体组专家谢良志博士创办的创新型生物制药研发公司，专注于单克隆抗体、重组蛋白、疫苗等生物药产品的研发和产业化。

自2002年集团下属的神州细胞工程有限公司创立以来，公司一直致力于通过生命科学和工程技术创新，建立具有领先技术水平和成本优势的生物药研发和生产技术平台，解决新药研发和生产中的技术断点和瓶颈，为全球患者提供高质量并在经济成本方面可被大众承担的生物药，以提高我国和发展中国家患者对高端生物药的可及性。同时神州细胞还在不断研发在临床上具有差异化竞争优势的同类最佳（Best-in-Class）或"Me-better"创新生物药产品，推动我国自研和自产的生物药打入欧美发达市场，提升国际品牌影响力。

神州细胞作为微型企业能成功在科创板上市，具有以下几个方面的优势：

一是拥有经验丰富的管理团队。公司管理团队拥有丰富的生物药研发和生产经验。公司创始人谢良志博士在麻省理工学院攻读博士期间，首创化学计量控制的动物细胞流加培养工艺，1994年将抗体产量从50毫克/升提高到2400毫克/升的领先水平，为抗体药物规模化生产奠定了重要的基础；2002年回国后，承担了多项国家"863"计划，国家"新药创制"重大专项课题，带领团队建立了国际一流的生物药研发和产业化技术平台，突破了一系列关键技术，攻克了重组凝血八因子、长效干扰素-β、14价HPV疫苗等高难度生物药生产工艺。公司副总经理王阳博士拥有20多年

的疫苗和抗体药物研发和项目管理经验，曾主导宫颈癌疫苗的质量分析和质量标准建立工作，是国际知名的生物药质控专家。

二是产品研发能力优势。神州细胞十多年持续和专注于大分子生物技术和工艺的研发，目前已建立了涵盖生物药研发和生产全链条的高效率、高通量技术平台，并自主研发了多样化及具有特色的单克隆抗体、重组蛋白、疫苗等生物药产品管线，依托于这些技术平台和产品管线，公司致力于为患者开发高质量、具有临床竞争优势并在经济成本方面可被大众承担的生物药。同时，公司亦致力于持续独立研发具有国际差异化竞争优势的创新生物药产品，争取实现公司自主研发的同类最佳（Best-in-Class）或"Me-better"生物药进入国际市场，树立领先的生物制药品牌。目前公司共有5大技术平台体系，恶性肿瘤、自身免疫性疾病、遗传病、感染性疾病、湿性黄斑5个研发领域和23个在研产品。同时，依托于其核心技术承担了包括国家高科技研究发展计划（"863"计划）、国家科技重大专项和国家战略性新兴产业发展专项等数十项重大科研项目。

三是生产运营优势。神州细胞已建成1条制剂生产线，并在建2条制剂生产线，覆盖西林瓶液体灌装剂型、冻干粉针剂型和预灌封式不同类型的生物药剂型，可以支持多个品种的制剂生产。其中，SCT800产品具有高产能和高稳定性。神州细胞拥有SCT800产品的高效、稳定表达的工程细胞株、无血清无白蛋白成分的悬浮流加培养工艺、以自主研发和生产的亲和纯化抗体为核心步骤的高效率和高特异性下游纯化工艺、无白蛋白添加剂的成品制剂配方以及4000升细胞培养规模的生产线。根据工艺验证批次实际产量情况推算，公司现有的4000升细胞培养规模生产线的设计产能最高每年可达到100亿IU。上述高效的生产工艺有助于神州细胞根据市场需求快速提供相应产品。

三、加强机制创新，提升上市中小企业核心竞争力

上市可以为中小企业提供直接融资的平台，提高企业自身抗风险的能

力，同时可以树立品牌，提高企业的声誉。然而，并不是所有的IPO上市公司绩效比未上市前都有提升，仍有一部分公司在上市之后出现绩效不佳的现象，面临退市的风险。因此，上市中小企业在经营过程中应该更加严格地要求自己，树立创新意识，保持可持续发展。通过以上对目前上市中小企业发展现状分析和上市中小企业典型案例分析，得出以下启示：

一是中小企业需要建立全面创新机制，打造核心技术产品。创新是企业的核心，尤其对于中小企业而言，没有创新就失去了核心竞争力。对于上市中小企业而言，建立全面创新机制，打造核心技术产品，保持企业创新的可持续性是其不断发展提升的关键。上市中小企业需要不断加强技术创新能力，根据市场的需求进行产品更新迭代。由于创新的难度大、周期长，因此，企业需要建立有效的创新激励机制，投入更多的人力物力财力支持创新。

二是中小企业需要不断完善人才培养机制，建立强大的技术团队。人才是企业发展的根本动力，也是企业竞争力的源泉。上市中小企业需要建立人才选拔与任用制度，同时不断完善人才培养机制，保证企业能"招得来人，留得住人"。在此基础上，建立强大的技术团队，为企业提供源源不断的创造力和竞争力。

三是树立品牌意识，维护企业形象。品牌是核心竞争力的最直接体现，而且品牌是一个复杂的特征，兼具质量与服务等各方面。品牌对于消费者来说，是衡量产品好坏的重要指标，因此，对于上市中小企业而言，树立品牌意识极为重要，是企业能否获得可持续发展的重要因素。中小企业需要通过运用多种竞争手段提高品牌意识，搞好品牌定位，塑造良好的品牌形象。

参考资料

1. 寒武纪官网. https: //www.cambricon.com/index.php?m=content&c=index&a=lists&catid=7。

Ⅴ 附　录
Appendice

B.15
2020年中小企业大事记

高卉杰　郭鹏　黄凤仙　周卫红　赵千[1]

1月

2日　湖北省高级人民法院出台《关于对涉企案件实行经济影响评估的暂行规定》，要求全省法院在办理案件的一方当事人或者双方当事人为企业时，在立案、保全、审理、执行、司法公开和审限管理等各环节对涉案企业生产经营可能受到的影响进行分析、评估并做出有效防范和处置，

---

[1] 高卉杰，国家工业信息安全发展研究中心工程师，北京科技大学博士（后），主要研究方向为中小企业、产业分析、创新管理、政策研究等；郭鹏，国家工业信息安全发展研究中心工程师，主要研究方向为科技信息咨询服务、科技查新服务等；黄凤仙，国家工业信息安全发展研究中心工程师，吉林大学学士，主要研究方向为科技信息咨询服务、科技查新服务等；周卫红，国家工业信息安全发展研究中心高级工程师，英国城市大学硕士，主要研究方向为科技查新服务；赵千，国家工业信息安全发展研究中心高级工程师，首都师范大学学士，主要研究方向为科技查新。

使司法活动对企业生产经营的负面影响降至最低,实现案件处理的政治效果、法律效果和社会效果有机统一。

3日 《温州市财政支持深化民营和小微企业金融服务综合改革试点实施方案》(以下简称《实施方案》)获批,于2020年2月1日起施行。《实施方案》提出,力争到2021年,融资规模有效扩大,全市本外币贷款每年新增1000亿元以上,小微企业贷款每年新增250亿元以上;融资利率进一步下降,全市一般贷款加权平均利率控制在6%左右,国有大型银行小微企业贷款利率控制在5%左右;融资担保服务持续提升,小微企业融资担保在保余额达120亿元以上,政府性融资担保机构平均担保费率逐步降至1%以下。

3日 安徽省合肥市政府第49次常务会议审议通过《〈合肥市促进民营经济发展条例〉实施细则》。重点从降低企业成本、融资信贷、人才支持、营商环境等方面着手,切实将条例各项内容落到实处。要充分结合合肥市支持民营经济发展10条及合肥市高质量发展150条相关政策,进一步增强条例的可操作性和可执行性,不断推动全市民营经济高质量发展。

6日 2019年"创客中国"中小企业创新创业大赛组委会主席、工业和信息化部党组书记、部长苗圩参观了2019年"创客中国"中小企业创新创业大赛成果展。工业和信息化部党组成员、中央纪委国家监委驻工业和信息化部纪检监察组组长郭开朗,大赛组委会副主席、工业和信息化部党组成员、副部长王江平等部领导一同参观。

8日 广东省广州市科学技术局发布《2017—2019年广州市加快生物医药产业发展若干规定相关奖励性补助申报指南的通知》。

9日 自然资源部印发《关于推进矿产资源管理改革若干事项的意见(试行)》,主要包括矿业权出让制度改革、油气勘查开采管理改革、储量管理改革3个大的方面内容,11条具体改革内容。

14日 国家能源局印发《能源领域首台(套)重大技术装备评定和评价办法(试行)》的通知。

14日 为深入学习贯彻党的十九届四中全会精神,落实《中共中央 国务院关于营造更好发展环境 支持民营企业改革发展的意见》《中共中央办公厅 国务院办公厅关于促进中小企业健康发展的指导意见》和国务院促进中小企业发展工作领导小组会议部署，坚持社会主义基本经济制度和"两个毫不动摇"，充分发挥中小企业促进工作综合管理部门作用，促进民营经济和中小企业持续健康发展，工业和信息化部中小企业局在山东省青岛市开展促进民营经济发展工作情况调研。工业和信息化部中小企业局副局长秦志辉参加调研座谈并讲话，青岛市人民政府副市长耿涛致辞，来自全国15个省市的中小企业主管部门相关负责人参加调研座谈。调研座谈由工业和信息化部中小企业局二级巡视员王岩琴主持。

15日 福建省科学技术厅开展做好2020年度科技创新券补助工作。

15日 《烟台市民营经济促进条例》于2019年10月29日经烟台市第十七届人民代表大会常务委员会第二十二次会议通过，并于2020年1月15日经山东省第十三届人民代表大会常务委员会第十六次会议批准，自2020年3月1日起施行。

16日 浙江省第十三届人民代表大会第三次会议举行第三次全体会议，表决通过《浙江省民营企业发展促进条例》，条例于2月1日起施行。据悉，以民营企业发展促进为题开展地方性立法，在全国尚属首次。

16日 国务院新闻办公室举行国务院政策例行吹风会，工业和信息化部副部长辛国斌，新闻发言人、运行监测协调局局长黄利斌，财政部经济建设司负责人濮剑鹏，国务院国有资产监督管理委员会财管运行局负责人裴仁佺介绍清理拖欠民营企业中小企业账款工作有关情况，并答记者问。

17日 国务院促进中小企业发展工作领导小组办公室主任、工业和信息化部党组成员、副部长王江平主持召开领导小组办公室2020年第一次月度专题会，研究培育"专精特新"中小企业，提升企业专业化能力和水平问题。

18日 山西省第十三届人民代表大会第三次会议审议通过《山西省优化营商环境条例》，本条例自2020年3月1日起施行。

21日 河北省科学技术厅印发《河北省省级科技创新券实施细则》，

明确创新券是由政府向科技型中小企业免费发放的电子权益凭证,主要用于支持科技型中小企业利用高等学校、科研院所等创新服务提供机构的资源开展研发活动和科技创新。

2月

6日 湖北省人民政府办公厅印发《关于印发应对新型冠状病毒肺炎疫情支持中小微企业共渡难关有关政策措施的通知》,明确对承租国有资产类经营用房的中小微企业,3个月房租免收、6个月房租减半。

7日 福建省科学技术厅、福建省财政厅组织申报2020年度省科技计划项目。

10日 上海市经济和信息化委员会、市财政局开展2019年"创客中国"奖补项目申报工作。

10日 上海市经济和信息化委员会组织实施新型冠状病毒诊断与治疗创新品种研发及产业化特别专项。

11日 北京市经济和信息化局发布《关于向受疫情影响严重的中小微企业发服务券的通知》,明确产品供应商2020年2—12月期间收取服务产品合同额的50%,另外50%通过服务券补贴。每家中小微企业享受服务券补贴金额不超过20万元。

11日 北京市经济和信息化局向受疫情影响严重的中小微企业发服务券。

11日 新冠肺炎疫情形势依然严峻,为保障全力做好疫情防控,北京市经济和信息化局经研究决定,第三批北京市中小企业公共服务示范平台、北京小型微型企业创业创新示范基地申报的截止日期延期至2020年3月6日。

13日 天津市科技局受理2019年度雏鹰企业贷款奖励申请。

13日 福建省科学技术厅组织申报第五批省级新型研发机构。

15日 广州市工业和信息化局开展征集市工业和信息化产业发展资金

项目财务专家。

15日 天津市工业和信息化局、市财政局联合发布《疫情防控急需医用物资生产企业复工扩能技改补贴申报指南的通知》。

17日 上海市文化和旅游局发布《全力支持服务上海市文化企业疫情防控平稳健康发展的若干政策措施》,将电影业列为重点扶持的对象。一方面补贴影院,依托国家电影事业发展专项资金,对因新冠肺炎疫情影响停业的电影院,予以适当的补贴和支持;另一方面帮扶重点电影企业和项目,依托促进上海电影发展专项资金,对反映防疫抗疫的优秀电影作品加大培育和扶持力度。对受新冠肺炎疫情影响较大的重点企业和重点项目、影视拍摄基地,予以适当的补贴和支持。

17日 为全面落实北京市、区关于新冠肺炎疫情防控工作部署,按照区人民政府办公室《关于支持企业应对新型冠状病毒感染的肺炎疫情稳定发展的若干措施》要求,推动新冠肺炎疫情防控相关新技术新产品(服务)落地,加快应用新冠肺炎疫情防控应用场景建设,北京市朝阳区人民政府面向区内各科技企业征集对新冠肺炎疫情防控具有明确效果的创新技术和应用产品。

18日 江苏省8部门联合推出的《关于支持全省电影业应对新冠肺炎疫情影响促进平稳健康发展的政策措施》提出,省级电影专项资金安排1000万元,用于对符合条件的电影企业贷款贴息。同时,江苏省还减轻企业负担,从减免房租、援企稳岗、社保缴费、技能培训等方面出台措施,对承租国有(集体)资产类经营用房的中小电影企业减免房租;面临暂时性困难且恢复有望的参保电影企业,失业保险稳岗返还期限延长至年底;不裁员或少裁员的参保电影企业,参照困难企业标准给予1~3个月的失业保险稳岗返还补贴;暂时无力缴纳社会保险的电影企业,可缓缴养老保险、失业保险和工伤保险费,缓缴期最长6个月,缓缴期间免收滞纳金;影院放映员职业技能培训享受政府补贴;电影制作发行放映单位在停工期间组织职工参加省电影局认可的线上培训,按实际培训发生费用的95%给予补贴。

18日 为认真贯彻落实习近平总书记重要指示精神，按照工业和信息化部党组统筹疫情防控与企业复工复产工作的统一部署，中国工业互联网研究院第一时间组织团队，运用大数据等技术手段支撑工业和信息化部中小企业局开展相关工作。

19日 为深入贯彻习近平总书记关于坚决打赢新冠肺炎疫情防控阻击战的重要指示精神，进一步激发创业创新活力，推动中小企业高质量发展，工业和信息化部、财政部将共同举办2020年"创客中国"中小企业创新创业大赛。

19日 为深入贯彻习近平总书记关于疫情防控工作的重要指示精神和党中央决策部署，迅速落实《工业和信息化部关于应对新型冠状病毒肺炎疫情帮助中小企业复工复产共渡难关有关工作的通知》，进一步激发创业创新活力，推动中小企业高质量发展，工业和信息化部、财政部联合印发《工业和信息化部 财政部关于举办2020年"创客中国"中小企业创新创业大赛的通知》，共同举办2020年"创客中国"大赛。

19日 北京市文化改革和发展领导小组印发《关于应对新冠肺炎疫情影响促进文化企业健康发展的若干措施》，明确了提前启动2020年度北京宣传文化引导基金（电影类、新闻出版类）项目申报工作，确保上半年资金拨付到位；增加特殊补贴申报，对2020年春节期间受新冠肺炎疫情影响未能如期上映的京产影片给予一次性宣传发行补贴，对2020年春节前后处于集中创作期，受新冠肺炎疫情影响而暂停的重点项目给予创作制作特殊补贴。提前启动2020年度市级电影专项资金项目申报工作，确保上半年资金拨付到位；加大对全市影院放映国产影片补贴力度，扩大资助覆盖面；重点支持受新冠肺炎疫情影响经营困难的中小型影院。

20日 山东省人民政府办公厅发布《关于应对新冠肺炎疫情支持生活服务业批发零售业展览业及电影放映业健康发展的若干意见》，对承租国有企业经营性房产的企业，可以减免或减半收取1～3个月房租；对存在资金支付困难的企业，可以延期收取租金，具体收取期限由双方协商决定；对承租机关和事业单位等其他公有房产的企业和个体工商户，免收2020年

2月、3月房租；经营确有困难的，可减半收取2020年4—6月租金。

24日 浙江省委宣传部印发《关于积极应对疫情推动文化企业平稳健康发展的意见》，提出了依托电影事业发展专项资金，优先落实2019年度奖励放映国产影片成绩突出的影院和第四批乡镇电影院建设补助资金，安排1000万元对因受新冠肺炎疫情影响停业的电影院、线予以适当补贴，加大对防疫抗疫主题优秀电影作品宣传发行的扶持力度。对因疫情防控暂缓创作生产的重点电影、电视剧和网络视听项目，按照"特事特办、急事急办"原则，加大培育扶持，加快审批节奏，确保如期上映、播出。省内各级各类频道、平台要优先选播浙产影视作品。要积极创造条件，加大对横店影视文化产业集聚区、象山影视城等重点影视基地的扶持。

24日 上海市经济和信息化委员会开展2020年度上海市工业互联网创新发展专项资金（平台推广和服务能力方向）申报工作。

27日 深圳市科技创新委员会发布《深圳高新技术产业园区打造科技资源支撑型特色载体推动中小企业创新创业升级专项资金申请指南的通知》。

27日 国务院举行新闻发布会，请工业和信息化部副部长张克俭，中国人民银行副行长刘国强，国家市场监督管理总局副局长唐军，中国银行保险监督管理委员会首席风险官肖远企介绍支持中小微企业发展和加大对个体工商户扶持力度的有关情况，并答记者问。

28日 湖南省电影局发布了《应对新冠肺炎疫情影响促进电影业平稳健康发展的措施》，明确对省内影院按照银幕数量，结合2019年同期上缴电影事业专项资金额度、观影人数和国产影片的放映场次等因素给予补贴；按照国家有关规定，延缓征缴和减免电影事业专项资金。两项硬核措施推出，电影业将从中享受到1亿元左右的政策红利。

3月

3日 上海市经济和信息化委员会组织开展2020年上海市产业转型升

级发展专项资金（生产性服务业和服务型制造发展）项目申报工作；开展2020年度上海市软件和集成电路产业发展专项资金（软件和信息服务业领域）项目申报工作；开展2020年度上海市工业互联网创新发展专项资金（平台推广和服务能力方向）申报工作。

3日 为深入贯彻落实党中央、国务院决策部署，在做好疫情防控的同时，有序推进中小企业复工复产工作，按照工业和信息化部企业复工复产工作领导小组的安排，工业和信息化部党组成员、副部长辛国斌主持召开部分省市中小企业复工复产工作视频会议，听取中小企业复工复产情况、存在的问题困难和意见建议，推动具备条件的中小企业尽快复工复产，在保障安全的前提下恢复正常经济秩序。

5日 中共四川省委宣传部、四川省电影局制定出台四川省《关于应对新冠肺炎疫情支持电影业健康发展的十条措施》，规定对影院进行补贴，延期征缴或减免电影专项资金，对2020年新建县城影院、乡镇影院给予补贴，对深度贫困县影院进行专门补助。对决胜全面小康、决战脱贫攻坚、庆祝建党100周年、反映抗疫精神等重点题材影片，给予财政资助、创作指导、摄制支持等全方位保障服务，确保进度不滞后、质量不降标。资助每部符合条件的重点电影最高至300万元，奖励相关电影剧本最高至15万元。给予在川立项备案、取得《电影公映许可证》、2020年12月31日前首次公映的电影一次性宣传发行资助每部20万元。

9日 广东省广州市科学技术局组织开展2020年科技型中小企业评价工作。

9日 广东省工业和信息化厅印发《关于开展2020年中小微企业服务券发放工作的通知》，明确2020年继续在广州、珠海、汕头、佛山等17个地级以上市发放中小微企业服务券。服务券在省中小企业公共服务平台服务券管理系统上以电子券形式发放。服务券发放时间由广东省各地市自行确定。

10日 为了解应对疫情帮扶中小企业政策落实情况，工业和信息化部中小企业局开展专项问卷调查，掌握政策落实情况、进一步研究制定中小企业帮扶政策。

10日 江西省高企认定工作领导小组开展2020年高新技术企业认定工作。

10日 河南省委宣传部、省发展和改革委员会、省财政厅、省人力资源社会保障厅、省国有资产监督管理委员会、省地方金融局、省税务局、中国人民银行郑州中心支行8部门联合发布《河南省应对疫情影响促进电影业平稳健康发展政策措施》，在财税扶持方面明确提出落实相关税收优惠，重点支持受新冠肺炎疫情影响经营困难的影院企业，给予贷款贴息以及帮扶重点电影企业和项目等。加快拨付中央财政电影奖补专项资金，对纳入中央财政补助范围的电影企业或项目，省级财政按照国家有关规定予以配套。另外，按有关规定对电影精品创作生产给予经费支持，对反映防疫抗疫的优秀电影作品加大培育和扶持力度。对受疫情影响较大的重点企业和重点项目、电影基地予以适当补贴和支持。

13日 为进一步促进中小企业转型升级、提升中小企业综合竞争力，指导相关企业申报北京市"专精特新"中小企业，根据《关于推进北京市中小企业"专精特新"发展的指导意见》等文件要求，北京市经济和信息化局开展北京市"专精特新"中小企业自荐工作。

18日 为进一步贯彻落实北京市支持中小企业发展的政策措施，改善中小企业融资环境，支持中小企业特别是小微企业融资，根据《北京市财政局 北京市经济和信息化委员会关于印发〈北京市支持中小企业发展资金管理暂行办法〉的通知》要求，开展2020年支持中小企业发展资金融资环境奖励项目补充申报工作。

18日 江苏省工业和信息化厅启动2020年度首批省星级上云企业认定工作。

19日 工业和信息化部办公厅下发《关于组织推荐2020年度国家小型微型企业创业创新示范基地的通知》。

19日 为深入贯彻习近平总书记关于统筹推进新冠肺炎疫情防控和经济社会发展工作的重要指示精神，工业和信息化部实施《中小企业数字化赋能专项行动方案》，以数字化赋能中小企业，助力新冠肺炎疫情防控、复工复产和可持续发展。

20日 中共广东省委宣传部、广东省文化和旅游厅、广东省体育局联合印发《关于积极应对新冠肺炎疫情影响促进文化旅游体育业平稳健康发展扩大市场消费的若干政策措施》，提出各级宣传文化旅游体育部门要会同财政部门根据本地情况，合理调整2020年部门预算相关专项经费使用方向和范围，扩大普惠面，积极帮扶受新冠肺炎疫情影响严重的文旅体业恢复生产经营。统筹安排4亿元省级财政资金专项用于支持文旅企业应对新冠肺炎疫情、缓解生产经营困难，加快恢复发展，刺激消费和振兴市场。重点支持住宿业、旅行社、景区、度假区、文化娱乐场所、广播电视、电影、新闻出版、演艺、文化产品批发零售等，并对相关企业给予贷款贴息支持。对文艺院团、演出场馆因新冠肺炎疫情影响取消的演出活动给予停演补贴。

20日 福建省工业和信息化厅组织申报2020年（第八批）省级工业设计中心。

23日 为贯彻落实《中共郑州市委 郑州市人民政府关于促进民营经济健康发展的若干意见》中"力争到2020年培育中小企业示范服务机构100家"的精神和各级促进中小企业发展的政策措施，推动郑州市中小企业公共服务体系建设，支持中小企业健康持续发展，依据《工业和信息化部关于印发〈国家中小企业公共服务示范平台认定管理办法〉的通知》要求，结合郑州市中小企业公共服务机构发展实际情况，郑州市中小企业服务局组织申报市级中小企业公共服务示范平台。

23日 陕西省工业和信息化厅组织推荐国家小型微型企业创业创新基地和申报陕西省小型微型企业创业创新基地。

23日 工业和信息化部中小企业局推动落实《工业和信息化部办公厅关于实施〈中小企业数字化赋能专项行动方案〉的通知》，提出集聚一批面向中小企业的数字化服务商，培育推广一批符合中小企业需求的数字化平台、系统解决方案、产品和服务，开展线上线下对接活动，以数字化、网络化、智能化赋能助力中小企业应对新冠肺炎疫情，实现快速安全复工复产和转型成长。

24日 为深入贯彻习近平总书记在统筹推进新冠肺炎疫情防控和经济社会发展工作部署会议上的重要讲话精神，落实国务院常务会议关于进一步畅通产业链资金链、推动各环节协同复工复产的要求，进一步了解中小企业复工复产情况和存在的困难，研究推进相关工作，工业和信息化部召开中小企业复工复产有关情况视频会，部党组成员、副部长张克俭出席会议并讲话。

24日 福建省工业和信息化厅组织申报2020年度国家小型微型企业创业创新示范基地。

24日 北京市商务局组织申报2020年度外经贸发展资金项目。

25日 陕西省文化和旅游厅组织开展第七届丝绸之路国际艺术节展览项目申报工作。

27日 为缓解中小微企业贷款难问题，按照郑州市政府有关工作部署，根据《郑州市人民政府办公厅关于印发郑州市支持转型发展攻坚战若干财政政策的通知》《关于支持中小微企业贷款财政补贴工作实施细则》要求，郑州市中小企业服务中心与交通银行高新区支行、中国邮政储蓄银行众意路支行、民生银行航海路支行等银行合作，支持中小微企业以优惠利率进行贷款融资。

29日 深圳市工业和信息化局发布《深圳市新冠肺炎疫情防控重点物资生产企业技术改造项目申请指南的通知》。

30日 为支持中小企业开展创新活动，深入落实省政府稳企稳岗决策部署，通过帮助科技型中小微企业纾困解难、稳岗促就业，提振发展信心。黑龙江省科学技术厅、黑龙江省财政厅组织开展2020年度黑龙江省科技创新券申领兑付工作。

31日 福建省工业和信息化厅组织申报2020年福建省工业和信息化省级龙头企业。

4月

1日 按照《关于促进中小企业"专精特新"发展的意见》有关要求，为进一步引导河北省中小企业走"专精特新"发展之路，推动中小企业转型升级和创新发展，河北省工业和信息化厅组织2020年度"专精特新"中小企业培育库入库申报工作。

2日 工业和信息化部中小企业局副局长秦志辉主持召开推动中小企业公共服务体系助力复工复产视频会，研究进一步发挥中小企业公共服务体系作用，助力中小企业复工复产和转型升级。

2日 为做好2020年国家科技型中小企业评价工作，根据河北省科学技术厅《关于组织开展第二批国家科技型中小企业评价工作的通知》要求，石家庄科学技术局进行第二批科技型中小企业评价工作。

2日 为深入落实创新驱动发展战略，推进企业技术创新体系建设，依据《黑龙江省技术创新示范企业认定管理办法（试行）》，黑龙江省科学技术厅组织开展2020年省技术创新示范企业认定工作。

2日 浙江省开展2020年浙江省首版次软件产品申报工作，开展省级特色小镇第六批创建、第五批培育对象申报工作。

3日 根据《科技部关于组织推荐"科技助力经济2020"重点专项项目的通知》精神，围绕助力经济复苏，积极有序推动甘肃省企业复工复产，结合区域发展需求，重点聚焦市场应用前景好、可带动产业集群发展的项目和部省会商议定的重点任务，甘肃省科技厅组织重点专项项目申报工作。

3日 为贯彻落实工业和信息化部办公厅《关于印发中小企业数字化赋能专项行动方案的通知》，强化专业服务机构技术支撑，以数字化、网络化、智能化赋能中小企业，助力中小企业复工复产和数字化转型，河南省工业和信息化厅公开面向社会征集中小企业数字化服务商。

4日 为贯彻落实党中央、国务院和河北省委、省政府关于统筹抓好新冠肺炎疫情防控和经济社会发展重点工作的决策部署，积极有序推动企业复工复产，根据《科技部关于组织推荐"科技助力经济2020"重点专项项目的通知》要求，河北省科学技术厅组织开展国家重点研发计划"科技助力经济2020"重点专项项目组织申报推荐工作。

7日 山东省委经济运行应急保障指挥部印发《关于加快企业项目全面复工达产的若干政策措施及实施细则》，进一步加大新冠肺炎疫情防控期间房产租金减免政策力度。对承租房屋所有权属于政府机关、事业单位和国有企业的经营性房产的，包括租户不直接与房屋所有权属单位签订房屋租赁合同而是通过第三方签订租赁合同的租户，免收2020年一季度房产租金，减半收取二季度房产租金。

8日 浙江省经济和信息化厅开展制造业高质量发展示范创建县（市、区）产业链协同创新项目库建设。

8—9日 为深入贯彻落实党中央、国务院决策部署，推动各省（区、市）促进中小企业发展工作领导小组办公室发挥主导作用，将惠企政策落实到位，工业和信息化部副部长辛国斌分别主持召开了东中部9省（市）、西部9省（区）和新疆生产建设兵团支持中小企业政策落实情况电视电话会议，听取各地落实应对新冠肺炎疫情支持中小企业政策落实情况和有关举措，以及下一步工作考虑和建议。

10日 为深入贯彻落实党中央、国务院关于统筹推进新冠肺炎疫情防控和经济社会发展工作的决策部署，推动中小企业健康发展，工业和信息化部印发《工业和信息化部办公厅关于开展2020年中小企业公共服务体系助力复工复产重点服务活动的通知》，推动发挥中小企业公共服务体系作用，解难点、除痛点、疏堵点、补盲点，为中小企业恢复生产经营和可持续发展提供有力支撑和保障。

13日 工业和信息化部中小企业局召开发动电商平台助力中小企业降成本、拓市场、稳就业视频会。工业和信息化部中小企业局局长梁志峰出席会议并讲话，会议由工业和信息化部中小企业局副局长秦志辉主持。

16日 国务院联防联控机制举行新闻发布会，工业和信息化部产业政策与法规司司长许科敏、中小企业局副局长秦志辉出席，介绍民营企业、中小企业有序推进复工复产情况，并答记者问。

21 日 为减轻小微企业和个体工商户房租负担，国务院常务会议确定，推动对承租国有房屋的服务业小微企业和个体工商户，免除2020年上半年3个月租金。

22 日 国家税务总局纳税服务司副司长、一级巡视员韩国荣表示，"银税互动"运用税收数据，将企业的纳税信用转化为融资信用，解决了银行和企业之间的信息不对称问题，非常适合帮助轻资产的小微企业来解决融资难题。

23 日 人力资源和社会保障部、财政部联合印发《关于发布就业补贴类政策清单及首批地方线上申领平台的通知》，梳理形成了现行鼓励企业（单位）吸纳就业和支持劳动者就业创业的就业补贴类政策清单，并汇总了各地线上申领平台。其中，鼓励企业（单位）吸纳就业政策包含职业培训补贴、社会保险补贴、公益性岗位补贴、就业见习补贴、一次性吸纳就业补贴5类。

26 日 云南省人民政府印发《关于支持实体经济发展的若干措施的通知》，鼓励减免房租。2020年，全面落实国有资产减租政策，对承租国有企业、机关事业单位经营性房产的市场主体，在减免一个季度房租的基础上，扩展至减免全年房租。充分发挥龙头商业企业减免经营户租金的示范引领作用，鼓励5000平方米以上商场经营主体减免全年租金。鼓励非国有商品交易市场减免经营户全年摊位租金。

27 日 为深入贯彻落实习近平总书记关于统筹推进疫情防控和经济社会发展工作的重要指示精神和《国务院办公厅关于应对新冠肺炎疫情影响强化稳就业举措的实施意见》（国办发〔2020〕6号）部署，进一步引导和鼓励高校毕业生到中小企业工作，优化中小企业人才结构，加快恢复和稳定就业，工业和信息化部、教育部决定联合举办2020年全国中小企业网上百日招聘高校毕业生活动。

5 月

8 日 工业和信息化部、教育部联合发文部署，2020 年全国中小企业网上百日招聘高校毕业生活动于 2020 年 5 月 11 日拉开帷幕。活动前夕，工业和信息化部中小企业局负责人就"百日招聘"活动相关问题进行解答。

8 日 为进一步支持广大个体工商户和小微企业全面复工复业，财政部、国家税务总局印发公告，明确《财政部 税务总局关于支持个体工商户复工复业增值税政策的公告》规定的税收优惠政策实施期限延长到 2020 年 12 月 31 日。

9 日 为进一步支持广大个体工商户和小微企业全面复工复业，财政部、国家税务总局联合发布公告，将《财政部 税务总局关于支持个体工商户复工复业增值税政策的公告》（财政部 税务总局公告 2020 年第 13 号）规定的税收优惠政策实施期限延长到 2020 年 12 月 31 日。

14 日 面对新冠肺炎疫情带来的巨大影响，财政部、国家电影局联合发布公告，明确为支持电影行业发展，暂免征收国家电影事业发展专项资金。根据公告，湖北省自 2020 年 1 月 1 日至 2020 年 12 月 31 日免征国家电影事业发展专项资金；其他省、自治区、直辖市自 2020 年 1 月 1 日至 2020 年 8 月 31 日免征国家电影事业发展专项资金。

14 日 财政部、国家税务总局联合发布公告，明确电影等行业税费支持政策。自 2020 年 1 月 1 日至 2020 年 12 月 31 日，对纳税人提供电影放映服务取得的收入免征增值税。

19 日 国家税务总局印发《关于小型微利企业和个体工商户延缓缴纳 2020 年所得税有关事项的公告》。小型微利企业所得税延缓缴纳政策方面，2020 年 5 月 1 日至 2020 年 12 月 31 日，小型微利企业在 2020 年剩余申报期按规定办理预缴申报后，可以暂缓缴纳当期的企业所得税，延迟至 2021 年首个申报期内一并缴纳。在预缴申报时，小型微利企业通过填写预缴纳税申报表相关行次，即可享受小型微利企业所得税延缓缴纳政策。

19 日 为贯彻落实党中央、国务院关于促进中小企业健康发展的决策部署，进一步加强中小企业公共服务体系建设，强化对中小企业复工复产和转型升级的服务支撑，助力做好"六稳"工作、落实"六保"任务，工业和信息化部办公厅印发《关于组织推荐 2020 年度国家中小企业公共服务示范平台的通知》。

22 日 《政府工作报告》提出，加大减税降费力度。继续执行去年出台的下调增值税税率和企业养老保险费率政策，新增减税降费约 5000 亿元。前期出台 2020 年 6 月前到期的减税降费政策，包括免征中小微企业养老、失业和工伤保险单位缴费，减免小规模纳税人增值税，免征公共交通运输、餐饮住宿、旅游娱乐、文化体育等服务增值税，减免民航发展基金、港口建设费，执行期限全部延长到 2020 年年底。小微企业、个体工商户所得税缴纳一律延缓到 2021 年。

25 日 在第十三届全国人民代表大会第三次会议第二次全体会议结束后，工业和信息化部部长苗圩走上"部长通道"，就促进中小企业发展、推进新能源汽车发展、发挥 5G 辐射带动作用等热点问题回答媒体记者提问。

29 日 财政部、国家税务总局联合发布公告，明确支持疫情防控保供等税费政策，以支持疫情防控、企业纾困和复工复产，《财政部 税务总局关于支持新型冠状病毒感染的肺炎疫情防控有关税收政策的公告》《财政部 税务总局关于支持新型冠状病毒感染的肺炎疫情防控有关捐赠税收政策的公告》《财政部 税务总局关于支持新型冠状病毒感染的肺炎疫情防控有关个人所得税政策的公告》《财政部国家发展改革委关于新型冠状病毒感染的肺炎疫情防控期间免征部分行政事业性收费和政府性基金的公告》规定的税费优惠政策，执行至 2020 年 12 月 31 日。

29 日 财政部、国家税务总局联合发布公告，明确依法成立且符合条件的集成电路设计企业和软件企业，在 2019 年 12 月 31 日前自获利年度起计算优惠期，第一年至第二年免征企业所得税，第三年至第五年按照 25%的法定税率减半征收企业所得税，并享受至期满为止。

6月

1日 中国人民银行、中国银行保险监督管理委员会、国家发展和改革委员会、工业和信息化部、财政部、国家市场监督管理总局、中国证券监督管理委员会、外汇局联合发布《关于进一步强化中小微企业金融服务的指导意见》（以下简称《意见》），为推动金融支持政策更好适应市场主体的需要，《意见》从落实中小微企业复工复产信贷支持政策、开展商业银行中小微企业金融服务能力提升工程、改革完善外部政策环境和激励约束机制、发挥多层次资本市场融资支持作用、加强中小微企业信用体系建设、优化地方融资环境、强化组织实施七个方面，提出了30条政策措施。

1日 中国人民银行、中国银行保险监督管理委员会、财政部、国家发展和改革委员会、工业和信息化部联合发布《关于进一步对中小微企业贷款实施阶段性延期还本付息的通知》，为缓解中小微企业年内还本付息资金压力，要求对于2020年年底前到期的普惠小微贷款本金、2020年年底前存续的普惠小微贷款应付利息，银行业金融机构应根据企业申请，给予一定期限的延期还本付息安排，最长可延至2021年3月31日，并免收罚息。对于2020年年底前到期的其他中小微企业贷款和大型国际产业链企业（外贸企业）等有特殊困难企业的贷款，可由企业与银行业金融机构自主协商延期还本付息。

1日 中国人民银行、中国银行保险监督管理委员会、财政部、国家发展和改革委员会、工业和信息化部联合发布《关于加大小微企业信用贷款支持力度的通知》，为缓解小微企业缺乏抵押担保的痛点，提高小微企业信用贷款比重，明确自2020年6月1日起，人民银行通过创新货币政策工具使用4000亿元再贷款专用额度，购买符合条件的地方法人银行2020年3月1日至12月31日期间新发放普惠小微信用贷款的40%，以促进银行加大小微企业信用贷款投放，支持更多小微企业获得免抵押担保的信用贷款支持。

2日 四川省成都市市场监督管理局等8部门联合印发《关于扶持小微企业保市场主体稳定发展的政策措施》，明确小微企业承租国有企业经营性物业，在2020年2月租金全免、3月和4月租金减半的基础上，再减半收取5—7月房租（含摊位费）；转租、分租国有房屋的，要确保免租惠及最终承租人，因减免租金影响国有企事业单位业绩的，在考核中根据实际情况予以认可；鼓励、倡导非国有大型商务楼宇、商场、创业载体、综合性市场运营主体带头减免或减半收取承租小微企业房租，出租人减免租金的可按规定减免当年房产税、城镇土地使用税。

5日 山东省人民政府办公厅印发《关于抓好保居民就业、保基本民生、保市场主体工作的十条措施的通知》，明确延长房租减免。对承租国有资产类经营性房产的个体工商户和小微企业，在落实已经出台的减免或减半征收房租的优惠政策基础上，再将减半征收房租期限延长至2020年12月31日。对交通运输、餐饮、住宿、旅游、展览、电影放映六类行业纳税人租用其他经营用房的，鼓励业主（房东）减半收取2020年12月31日前的房租，当地财政给予补贴或按规定减免业主（房东）相关税费。

18日 《中共中央 国务院关于新时代加快完善社会主义市场经济体制的意见》正式发布，就如何在更高起点、更高层次、更高目标上推进经济体制改革及其他各方面体制改革，构建更加系统完备、更加成熟定型的高水平社会主义市场经济体制，提出关键领域的改革举措。健全支持民营经济、外商投资企业发展的市场、政策、法治和社会环境，进一步激发活力和创造力；建立以企业为主体、市场为导向、产学研深度融合的技术创新体系，支持大中小企业和各类主体融通创新，创新促进科技成果转化机制，完善技术成果转化公开交易与监管体系，推动科技成果转化和产业化。

22日 人力资源和社会保障部、财政部、国家税务总局印发《关于延长阶段性减免企业社会保险费政策实施期限等问题的通知》，明确延长阶段性减免企业基本养老保险、失业保险、工伤保险单位缴费政策实施期限。

22日 第十三届全国人民代表大会第三次会议在北京人民大会堂开幕，国务院总理李克强作政府工作报告，提出加大宏观政策实施力度，着力稳企业保就业。保障就业和民生，必须稳住上亿市场主体，尽力帮助企业特别是中小微企业、个体工商户渡过难关。

28 日 中共中央政治局常委、国务院总理李克强主持召开稳外贸工作座谈会。李克强指出，要按照保就业保民生保市场主体的要求，抓紧抓实抓好政府工作报告提出的各项助企纾困政策，在积极扩大内需的同时，研究出台稳外贸稳外资的新措施，尤其要加大支持力度保住中小微企业和劳动密集型企业，并助力大型骨干外贸企业破解难题，更好支撑就业稳定。

7月

2 日 商务部新闻发言人高峰在发布会上表示，在稳外贸方面，将继续围绕保居民就业、保基本民生、保市场主体的要求，抓好已出台政策落实，陆续出台相关政策，加大支持力度保住中小微和劳动密集型外贸企业。

3 日 人民银行南宁中心支行等部门联合印发通知，进一步发展和推广"政采贷"融资模式，加快推进核心企业系统对接应收账款融资服务平台，拓展中小微企业融资渠道，加大金融支持力度。

3 日 工业和信息化部、财政部、国家统计局、国家发展和改革委员会等十七部门颁布《关于健全支持中小企业发展制度的若干意见》，提出形成支持中小企业发展的常态化、长效化机制，促进中小企业高质量发展。

6 日 河北省印发《河北省区块链专项行动计划（2020—2022 年）》，提出到2022年末，区块链相关领域领军企业和龙头企业达到20家，培育一批区块链应用产品，力争打造出 1~3 个全国知名区块链品牌，形成 3 个具有区域影响力的区块链产业集聚园区，区块链产业竞争力位居国内前列。

7 日 工业和信息化部开展 2020 年国家中小企业公共服务示范平台（技术类）享受科技创新进口免税政策资格申报和复审工作。

8 日 工业和信息化部组织开展第二批专精特新"小巨人"企业培育工作。

15 日 四川省纪律检查委员会、四川省监察委员会印发《关于服务保障民营经济健康发展的十八条措施的通知》，明确了 7 个方面 18 条举措保障民营经济健康发展，包括推动惠企政策落地、持续优化营商环境、引导政商亲清交往、联动处置信访举报、保护干事创业激情等。

15 日 福建省首次向全省小微企业和个体户发放"无接触贷款"免息券，总额 1 亿元。每人可领 1 张，每张代表 1 万元贷款的 1 个月免息权利。福建省成为全国第一个在全省范围发放免息券的省份。

16 日 商务部新闻发言人高峰表示，下一步将抓紧研究出台新一批稳外贸政策，持续为外贸企业减负助力，持续加大对中小微外贸企业的支持，千方百计稳住外贸外资基本盘。

16 日 国有资产监督管理委员会新闻发言人彭华岗表示，支持中小企业发展，央企一是要加大基础供应力度，保障基础供应；二是要继续贯彻降费让利政策；三是要加强和各类企业特别是产业链、供应链中小企业的合作。

16 日 国家中小企业发展基金有限公司在注册地上海正式揭牌。工业和信息化部党组成员、副部长王江平，财政部党组成员、副部长余蔚平，上海市委常委、副市长吴清出席仪式并致辞。

17 日 工业和信息化部副部长王江平、司法部立法二局局长刘长春、工业和信息化部产业政策与法规司司长许科敏参加国务院政策例行吹风会，工业和信息化部中小企业局局长梁志峰介绍《保障中小企业款项支付条例》有关情况，并答记者问。

17 日 农业农村部印发《全国乡村产业发展规划（2020—2025 年）》，鼓励和支持农民合作社、家庭农场和中小微企业等发展农产品产地初加工，减少产后损失，延长供应时间，提高质量效益。

20 日 广东省在"金融暖企"上进一步发力，通过率先构建"数字政府+金融科技"模式，进一步降低综合融资成本，助力中小企业生产经营和社会经济有序稳定复苏。

20 日 贵州省人民政府印发《贵州省进一步稳定和促进就业若干政策

措施》，提出对中小微企业招用毕业年度高校毕业生稳定就业3个月以上且签订1年以上劳动合同并按规定缴纳社会保险费的，给予800元/人一次性吸纳就业补贴。

21日 宁夏回族自治区发展和改革委员会等八部门联合印发通知，明确对承租国有房屋（包括国有企业和政府部门、高校、研究院所等行政事业单位房屋）用于经营、出现困难的服务业小微企业和个体工商户，上半年免除房租时段总计不得少于3个月。

21日 习近平总书记主持召开企业家座谈会并发表重要讲话，指出市场主体是我国经济活动的主要参与者、就业机会的主要提供者、技术进步的主要推动者，在国家发展中发挥着十分重要的作用。新冠肺炎疫情发生以来，在各级党委和政府领导下，各类市场主体积极参与应对疫情的人民战争，团结协作、攻坚克难、奋力自救，同时为疫情防控提供了有力物质支撑。习近平向广大国有企业、民营企业、外资企业、港澳台资企业、个体工商户为疫情防控和经济社会发展做出的贡献，表示衷心的感谢。

22日 为促进中小企业健康发展，工业和信息化部与光大集团共同签署《促进中小企业发展战略合作协议》。这是贯彻落实习近平总书记企业家座谈会重要讲话精神的具体举措。

22日 为贯彻落实党中央、国务院关于保市场主体、激发市场主体活力的决策部署，进一步了解新冠肺炎疫情以来金融惠企政策落实情况以及中小微企业信贷获得和融资成本情况，工业和信息化部中小企业局开展中小微企业融资情况问卷调查。

23日 为规范西藏自治区中小企业发展专项资金，发挥财政资金的杠杆放大效应，西藏近日出台《西藏自治区中小企业发展专项资金管理办法》。专项资金规模每年3亿元，连续五年，按照填补齐的原则，实行滚动使用。

24日 为迅速贯彻习近平总书记7月21日在企业家座谈会上的重要讲话精神，落实党中央、国务院关于促进中小企业健康发展和提升中小企业专业化能力的决策部署，深入实施《中小企业数字化赋能专项行动方案》，助力做好"六稳"工作、落实"六保"任务，激发市场活力和企业创造力，以新动能支撑保就业保市场主体，工业和信息化部征集筛选稳就业促就业、产融对接、供应链对接、数字化运营、上云用云、数字化平台、数字化物流、网络和数据安全共 8 大类、105 家服务商的 117 项服务产品及活动，形成《中小企业数字化赋能服务产品及活动推荐目录（第二期）》。

26 日 北京市发放 150 万张政企消费券，其中包括线下餐饮购物券 100 万张、智能产品券 50 万张。此次重启消费季，政府增加投入，降低企业配资，加强经济运行调度，一系列配套举措将帮助相关领域中小微企业渡过难关。

27 日 重庆市公布《进一步助力市场主体健康发展政策措施》，从加大减税降费力度、降低生产经营成本、强化稳企金融支持、促进稳岗就业创业、提振消费扩大内需、稳定产业链供应链 6 个方面提出 45 条政策措施，助力市场主体健康发展。

28 日 北京市十五届人民代表大会常务委员会第二十三次会议听取审议《北京市促进中小企业发展条例（修订草案）》，拟通过首贷续贷服务、政策性融资担保等方式促进中小企业持续健康发展；同时将对相关领域、特殊时期的中小企业给予应急救助支持。

29 日 国务院总理李克强主持召开国务院常务会议，部署进一步扩大开放稳外贸稳外资，决定深化服务贸易创新发展试点。会议指出，支持发展跨境电商、海外仓、外贸综合服务企业等新业态，扩大市场采购贸易方式试点，带动中小微企业出口。

29 日 为进一步激发民间投资活力，充分发挥民间投资在优化供给结构、推动高质量发展中的重要作用，河南省发展和改革委员会印发《关于进一步激发民间投资活力的实施方案》，明确将通过 7 项任务、22 条具体措施推动民间投资持续健康发展。

30 日 中共中央政治局召开会议，分析研究当前经济形势，部署下半年经济工作。会议指出，要确保宏观政策落地见效；货币政策要更加灵活适度、精准导向；要确保新增融资重点流向制造业、中小微企业。

30 日 国务院办公厅印发意见，从 6 个方面提出 18 项措施，着力提升

"大众创业、万众创新"示范基地带动作用,进一步促改革稳就业强动能。如,落实创业企业纾困政策,强化"双创"复工达产服务,构建大中小企业融通创新生态。

30日 按照《中华人民共和国中小企业促进法》《中共中央办公厅 国务院办公厅关于促进中小企业健康发展的指导意见》《关于健全支持中小企业发展制度的若干意见》有关要求,工业和信息化部开展2020年度中小企业发展环境第三方评估工作。

31日 《山西省促进中小企业发展条例》将于10月1日起施行,《山西省实施〈中华人民共和国中小企业促进法〉办法》同时废止。将山西省行之有效的制度成果上升为法规,有助于解决中小企业发展中存在的突出矛盾和问题。

31日 上海市经济和信息化委员会等部门联合印发《关于加大支持本市中小企业平稳健康发展的22条政策措施》,主要通过"延期""加码""创设"等方式,加大对中小企业的支持。"22条"既是新冠肺炎疫情期间"惠企28条"的"加长版",也是"后疫情"时期支持中小企业的"升级版"。

8月

1日 山东省人民政府办公厅发布《关于印发推动政府性融资担保机构支持小微企业和"三农"发展的实施意见》,明确重点支持单户担保金额1000万元及以下的小微和"三农"主体,力争3~5年内实现支小支农担保业务占比达到80%以上。

4日 国务院印发《新时期促进集成电路产业和软件产业高质量发展的若干政策》,制定出台财税、投融资、研究开发、进出口、人才、知识产权、市场应用、国际合作8个方面40条政策措施。集成电路和软件企业将获得大力度的税费优惠政策。

4日 人力资源和社会保障部、教育部等7部门印发《关于进一步加强就业见习工作的通知》，提出2020年、2021年两年持续扩大见习规模，见习岗位总量不低于上年，提高见习质量，把有需求的青年都组织到见习活动中，最大程度发挥就业见习稳定就业、促进就业作用。

4日 河南省人民政府办公厅印发《进一步加强政府性融资担保体系建设支持小微企业和"三农"发展的实施意见》，提出加强政府性融资担保体系建设，切实发挥政府性融资担保机构作用，缓解小微企业和"三农"等普惠领域融资难、融资贵问题。

7日 黑龙江省工业和信息化厅等5部门印发《关于组织民营企业和"老字号"企业申报2020年加强标准体系建设补助资金项目的通知》，将对申报企业资质及标准实施审核，公示后予以奖补，企业最高可领50万元。

8日 商务部部长钟山表示，商务部将加大政策支持力度，推动出台和落实出口退税、外贸信贷、出口信保、出口转内销等系列稳企纾困政策，让政策惠及更多外贸企业，鼓励企业创新发展，激发企业活力。

10日 济南市工业和信息化局最新消息，2020年度第二批专项服务券将于8月21日上午10:00发放。第二批专项服务券共计2600张，分5类发放；中小微企业最多可以获得14张专项服务券（含第一批专项服务券）。

11日 河北省财政厅发文强调，各部门在编制2021年政府采购预算时，应按要求填报专门面向中小企业、小微企业的政府采购预留份额。预留比例达不到要求的，将无法通过财政部门的政府采购预算审核。

14日 工业和信息化部副部长辛国斌表示，"六保"任务中保市场主体的关键是保中小企业生存与发展，工业和信息化部将抓好"政策惠企、环境活企、服务助企"工作，支持中小企业稳定健康发展。

14日 海关总署发布公告，决定进一步扩大跨境电子商务企业对企业出口（简称"跨境电商B2B出口"）监管试点范围。在现有试点海关基础上，增加上海、福州、青岛、济南、武汉、长沙、拱北、湛江、南宁、重庆、成都、西安12个直属海关开展跨境电商B2B出口监管试点。

19日 为有效缓解小微企业融资难、融资贵问题，引导鼓励金融机构加大无还本续贷业务发放力度，青岛市地方金融监管局会同市财政局、人民银行青岛市中心支行、青岛银保监局制定发布《青岛市小微企业无还本续贷业务奖励办法》。

19日 工业和信息化部发布修订后的《新能源汽车生产企业及产品准入管理规定》（简称《规定》），自2020年9月1日起正式实施。《规定》中最大的变化是删除申请新能源汽车生产企业准入有关"设计开发能力"的要求；将新能源汽车生产企业停止生产的时间由12个月调整为24个月。

19日 甘肃省兰州市对2019年6月开始试行的《兰州市小微企业服务补贴券管理办法（暂行）》进行了修订完善，正式出台《兰州市中小微企业服务补贴券管理办法》，并追加500万元专项资金，加强对中小微企业服务券项目的资金支持。

24日 甘肃省研究制定出台《切实保护和激发市场主体活力 促进民营经济持续健康发展的若干措施》，在进一步放开民营企业市场准入、降低民营企业生产经营成本、鼓励引导民营企业改革创新等10大方面，推出49条针对性举措。

24日 中共中央政治局委员、国务院副总理胡春华在山东省青岛市主持召开北方地区部分重点省市稳外贸稳外资座谈会。他强调，要扎实做好"六稳"工作，全面落实"六保"任务，想方设法化解各种不利因素影响，切实稳住外贸外资基本盘。

24日 第四届金砖国家工业部长会议以视频方式举行。工业和信息化部部长肖亚庆强调，在当前形势下，金砖国家应更紧密地团结在一起，发扬金砖精神，深化金砖合作，把握发展机遇，共同迎接挑战。例如，合作促进数字化转型，加强5G、人工智能、数字经济等领域合作，促进企业数字化转型，增强企业创新能力，推动经济社会可持续发展。

25日 中国银行保险监督管理委员会普惠金融部主任李均锋表示，小微企业贷款风险水平总体可控。随着经济金融形势变化，小微企业不良贷款2021年可能会有所增加，但是对增加的不良贷款，中国银行保险监督管理委员会和银行业金融机构有足够的能力和工具，来应对不良贷款率上升的压力。

25 日 为减轻新冠肺炎疫情影响,激发市场主体活力,贵州省陆续出台实施 258 条惠企政策"大礼包",从税收、用能、财政、社保等 8 个方面给予企业支持,帮助企业渡过难关。其中,落实减税降费政策、下拨财政专项资金、阶段性减免企业社会保险费等措施,有效减轻了企业负担。

26 日 上海市经济和信息委会员联合京东企业购正式启动上海市中小企业超省月专项服务。双方将充分发挥京东的平台优势,通过拓销路、降成本、数字化、金融支持四大举措促进上海市中小企业平稳健康发展和数字化转型,共同探索大中小企业融通发展的新路径。

27 日 成都市教育局、成都市住房和城乡建设局等 8 部门联合印发《成都市民办学校证照申领便民举措》,进一步优化民办教育机构证照申领流程,"可以凭批文应急领证""预先核名指导""消防验收分类审批+承诺制",打通了民办教育机构审批"堵点"。

27 日 重庆市出台《支持民营企业改革发展若干措施》,从支持民营企业公平参与市场竞争、完善有利于激发民营企业活力的政策环境、鼓励引导民营企业改革创新、服务民营企业健康发展、强化组织保障 5 个方面提出了 20 条措施。

28 日 商务部、科学技术部调整发布《中国禁止出口限制出口技术目录》,共涉及 53 项技术条目。其中删除微生物肥料技术、咖啡因生产技术、核黄素生产工艺、维生素发酵技术 4 项禁止出口的技术条目;新增空间材料生产技术、大型高速风洞设计建设技术、航空航天轴承技术、激光技术等 23 项限制出口的技术条目。

28 日 财政部预算司司长李敬辉表示,中央直达资金的作用主要体现在五个方面。其中之一是重点支持帮扶企业保市场主体。包括综合采取贷款贴息、援企稳岗、补贴补助等措施,落实纾困惠企政策。据不完全统计,上述政策措施已支出资金超过了 140 亿元,惠及中小企业近 8 万家,个体工商户超过 6 万户。

30 日 李克强总理在国务院第三次廉政工作会议上讲话强调,"要狠抓减税降费让利等助企纾困政策落实，严肃查处乱收税费和信贷套利等行为""各级政府要把该减的税坚决减到位，该降的费坚决降到位""帮助企业纾困不能仅靠财税政策，金融支持和银行让利也要到位"。

31 日 山东省青岛市在 15 个副省级城市中率先制定出台《关于支持民营企业和中小企业发展的实施意见》，从优化公平竞争的市场环境、完善精准有效的政策环境、鼓励引导民营企业改革创新、构建亲清政商关系、组织保障五部分提出了 28 项政策措施。

9 月

1 日 《青岛市科技创新券管理实施细则（试行）》印发，以推动科技资源开放共享，激发中小企业创新创业活力。按照细则，对符合创新券支持范围的服务项目，按单个项目实际支付服务费最高 50%的比例予以兑付，单个企业年兑付不超过 20 万元。

3 日 浙江省公布"2020 浙江省民营企业 100 强"榜单。浙江省工商联相关负责人表示，关注的重点应从榜单"头部"企业的变化转向浙江营商环境的持续优化，致力于形成一个培育"小而美"到发展"大而强"的企业发展闭环，浙江经济要站上新台阶，必须构建一种大企业引领、中小企业协同发展的新格局。

4 日 深圳市工业和信息化局下发《关于发布 2021 年民营及中小企业创新发展培育扶持计划国内市场开拓项目申请指南的通知》，从 2020 年 9 月 7 日起，深圳市工业和信息化局开始受理 2021 年民营及中小企业创新发展培育扶持计划国内市场开拓项目的申报，该专项年度资助比例最高 50%，每年每家企业最高资助额不超过 50 万元。

8 日 国家发展和改革委员会、科学技术部、工业和信息化部、财政部印发《关于扩大战略性新兴产业投资 培育壮大新增长点增长极的指导意见》，提出了扩大战略性新兴产业投资、培育壮大新增长点增长极的 20 个重点方向和支持政策，推动战略性新兴产业高质量发展。

8 日 甘肃首贷服务中心打通小微企业融资"最先一公里",首贷服务中心依托于地方政府金融综合服务平台搭建,通过引导金融机构入驻,在线上推出多种特色信贷产品,提高融资对接效率,降低小微企业融资成本。截至目前,甘肃省已成立了 5 家首贷服务中心,增加首贷户 6928 户。

10 日 国务院办公厅发布《关于深化商事制度改革进一步为企业松绑减负激发企业活力的通知》,推出推进企业开办全程网上办理、推进注册登记制度改革取得新突破、简化相关涉企生产经营和审批条件、加强事中事后监管四方面共 12 条具体举措。

10 日 由中华全国工商业联合会主办,国家市场监督管理总局、国务院扶贫办和中国工商银行支持的 2020 中国民营企业 500 强峰会在中华全国工商业联合会举行。峰会发布了 2020 中国民营企业 500 强榜单和 2020 中国民营企业 500 强调研分析报告。

11 日 新冠肺炎疫情发生以来,辽宁省财政厅发挥财政职能作用,从阶段性减税降费、下达纾困资金、提供财政金融政策支持等多方面、多途径帮助企业渡过难关,用"真金白银"支持中小企业保经营、稳发展。

14 日 河南省印发《河南省企业家参与涉企政策制定暂行办法》,明确规定在研究制定和实施涉企政策过程中须充分听取企业家的意见建议,建立政府重大经济决策主动向企业家问计求策的规范程序,构建企业家参与涉企政策制定的长效机制。其中,参与涉企政策制定的企业家代表原则上民营企业家比例不低于 70%。

14 日 在企业复工率稳步提升,但中小企业发展仍然面临着复杂和严峻的局面下。福建省电力公司积极探索,通过提供电力客户数据应用服务,助力银行精准放贷,在扶持中小微企业快速融资的同时,也为金融业健康发展提供决策参考。

15 日 国家统计局新闻发言人付凌晖表示,小企业虽然在恢复发展,但确实存在着小企业 PMI 低于荣枯线的状况。同时,随着经济的恢复,大企业的带动作用在增强。从 2020 年 8 月来看,规模以上工业当中小企业的生产也在加快。后期推动小企业发展,一方面要进一步加大金融支持的力度，疏通小微企业发展的融资支持；另一方面要继续给予相关政策性帮助，推动小企业稳定发展。

17日 国务院总理李克强主持召开国务院常务会议，确定政务服务"跨省通办"和提升"获得电力"服务水平的措施，持续优化企业和群众办事创业环境；要求按照"两个毫不动摇"支持国有企业和民营企业改革发展。我国全面推广居民和小微企业低压用电报装"零上门、零审批、零投资"。

17日 浙江省民营企业产业工人队伍建设改革工作现场推进会在宁波召开，会议表示今后将集中精力、集中力量加快推进民营企业产业工人队伍建设改革工作，提高民营企业职工特别是农民工的综合素质，着力建设一支宏大的产业工人队伍，在忠实践行"八八战略"、奋力打造"重要窗口"中发挥产业工人主力军作用，为浙江省统筹推进新冠肺炎疫情防控和经济社会发展做出新的贡献。

17日 贵州省贵阳市以改善电力接入用户体验为切入点，出台举措简化办事流程、缩短办理时间，优化全市电力接入营商环境，推动经济社会更好更快发展。持续实行用电容量200千伏安及以下非居客户（小微企业）采用低压供电报装"零收费"，进一步减轻小微企业"获得电力"成本。

18日 辽宁省印发《2020年度外经贸发展专项资金（第二批）项目实施方案》，将重点支持服务外包产业发展、外贸综合服务企业发展、企业开拓国际市场、跨境电商综合试验区建设等九大领域，进一步改善外经贸发展环境，推动外贸提质增效。

18日 中国人民银行、工业和信息化部等8部门出台《关于规范发展供应链金融 支持供应链产业链稳定循环和优化升级的意见》，从六个方面提出23条政策要求和措施，明确供应链金融应坚持提高供应链产业链运行效率，降低企业成本，服务于供应链产业链完整稳定，支持产业链优化升级和国家战略布局。

21日 国务院办公厅颁布《关于以新业态新模式引领新型消费加快发展的意见》（以下简称《意见》），为更好地释放新型消费潜力，提出了15项有针对性的政策措施。值得注意的是，一系列配套措施将加快落地，支持《意见》实施，助推新型消费成为中国经济的"加速器"。

22日 湖南省岳阳市人民政府第43次常务会议召开，会议研究决定，设立岳阳市财金中小企业应急转贷基金。转贷基金坚持公益和普惠，聚焦民营和小微企业，着力解决中小企业"转贷难、成本高"问题。转贷基金首期规模1.3亿元。

23日 河北省委常委、统战部部长冉万祥强调，中小企业走"专精特新"的发展路子是河北省民营企业转型升级的一个重要方向。河北省加快构建新发展格局，进一步健全产业链供应链，为民营中小企业走向"专精特新"提供了广阔空间。下一步要引导民营中小企业在开发新产品、应用新工艺、发展新业态上下功夫，努力把企业做强做优。

24日 中国人民银行广州分行以地方政府鼓励在工业园区推广使用标准厂房为契机，指导清远辖内金融机构创新推出"工业厂房按揭贷"模式支持中小微企业购置工业厂房，通过拉长贷款期限减轻企业购置生产场所的压力。

24日 山东省工业和信息化厅在高密市组织举办首场中小企业对标学习活动。山东省计划3年内组织开展10场左右对标学习活动，助推1000家中小企业转型升级、加快发展；3年内省市结合共组织开展对标学习活动100场左右，带动1万家企业学习赶超。

24日 为了解当前中小企业生产经营情况，工业和信息化部中小企业局二级巡视员王岩琴带队赴河北开展专题调研，河北、山西、辽宁、江苏、浙江、山东、河南、广东、重庆、陕西10个省（市）中小企业主管部门的同志参加了调研座谈，共同就2020年前三季度中小企业生产经营基本情况和发展趋势、当前中小企业发展面临的主要困难和问题、各项惠企政策落实情况以及促进中小企业发展的政策建议进行研讨。

25日 河北省工商业联合会发布了2020河北省民营企业100强、民营企业制造业100强、民营企业服务业100强榜单。这3份最新出炉的榜单，展示了河北省民营企业"雁阵"的最新变化，也透露出求新谋变的发展趋势。

25日 为贯彻落实《国家中长期人才发展规划纲要（2010—2020年）》和中共中央办公厅、国务院办公厅《关于促进中小企业健康发展的指导意见》，深入实施企业经营管理人才素质提升工程，提高中小企业经营管理水平，引导中小企业高质量发展，工业和信息化部决定开展2020—2021年度中小企业经营管理领军人才培训。

27日 四川省财政厅等八部门联合推出"稳保贷"业务，以财政资金为引导，通过贷款贴息和增量奖励政策，实现贷款资金精准投向，帮助需要重点支持的企业特别是中小微企业走出困境。

27日 中共中央政治局委员、国务院副总理胡春华在上海考察时强调，要加快培育外贸新业态新模式，促进外贸稳定发展和质量提升，为推动形成以国内大循环为主体、国内国际双循环相互促进的新发展格局做出积极贡献。

27日 四川省财政厅牵头推出"稳保贷"，帮助需要重点支持的企业特别是中小微企业走出困境。据初步测算，2020年7—12月，各级财政资金将给予"稳保贷"支持超过5亿元，撬动信贷资金投入近3000亿元，预计"稳保贷"加权平均利率较2019年末普惠小微贷款利率下降2.5%。

28日 文化和旅游部资源开发司副司长单钢新表示，下一步，还将多措并举持续加大工作力度，进一步助力市场恢复振兴。其中，国庆中秋"双节"期间，将坚持以扩大内需、促进消费为着力点，进一步丰富优质的文化和旅游产品供给。

28日 湖北省武汉市出台推动产业高质量发展"黄金十条"，包括大力发展总部经济、突破性发展数字经济、快速发展线上经济等10个方面，对经认定的武汉总部企业，按一定标准给予支持政策。其中，落户奖励、投资奖励、经营贡献奖励最高2000万元，企业壮大奖励最高1000万元。

29日 自然资源部印发通知，就落实《保障中小企业款项支付条例》，进一步防范拖欠民营企业中小企业账款有关事项提出要求。通知明确，各单位不得以主要负责同志变更、履行内部付款流程，或者合同未作约定的情况下以等待竣工验收批复、决算审计等为由，拒绝或者迟延支付民营企业中小企业账款。

29日 甘肃省科技厅公布了2020年第六批科技型中小企业名单，本批次入库科技型中小企业114家。截至目前，甘肃省入库科技型中小企业数量达到1024家，较2019年同期增长83.18%。

30日 重庆市印发《关于进一步推动小额贷款公司做好实体经济金融服务的通知》，鼓励小额贷款公司推出更多针对小微企业的信用贷产品，为企业纾困，为"稳企业保就业"提供助力。

10月

9日 人力资源和社会保障部印发通知，决定于2020年10月下旬至12月底，集中开展"2020年职业技能提升攻坚行动"。其中提出，要激发以工代训政策新动能，发挥专账资金稳定和扩大就业的积极作用，全力支持中小微企业以及外贸、住宿餐饮、文化旅游、交通运输、批发零售等行业的各类企业开展以工代训。

9日 工业和信息化部中小企业局副局长王海林表示，要以产业链为依托，加大对中小企业融资的支持力度，推动产业政策与金融政策衔接，发展供应链金融业务，围绕产业链部署创新链，围绕创新链完善资金链，进一步加强对重点产业链、上下游中小企业以及先进制造业集群中小企业的支持力度，实施好保障中小企业款项支付条例。

9日 在天津市高级人民法院与天津市委统战部、市工商业联合会联合召开的司法服务保障企业健康发展座谈会上，天津高院与市工商业联合会联合签署《关于发挥商事调解优势推进民营经济领域多元化解机制建设的实施意见》，实现人民法院调解平台与商会调解服务平台对接。

10日 广东省中山市印发《关于推动中山市中小企业公共技术服务示范平台数字化应用实施方案》，中山市将搭建"中山企业服务云平台"，在云端实现公共技术服务平台服务集约化，集中为中小微企业提供在线咨询、在线接单、售后跟踪管理服务。

12日 习近平总书记到潮州三环（集团）股份有限公司视察。他走进公司展厅、实验室和生产车间，察看特色产品，了解企业核心技术攻关等情况。习近平强调，自主创新是增强企业核心竞争力、实现企业高质量发展的必由之路。希望你们聚焦国内短板产品，在自主研发上加倍努力，掌握更多核心技术、前沿技术，增强企业竞争和发展能力。面对世界百年未有之大变局，面对国内外发展环境发生的深刻复杂变化，我们要走一条更高水平的自力更生之路，实施更高水平的改革开放，加快构建以国内大循环为主体、国内国际双循环相互促进的新发展格局。

12日 中共中央政治局常委、国务院总理李克强主持召开部分地方政府主要负责人视频座谈会。李克强指出，减税降费让利是助企纾困的重要支撑，是当前经济稳定恢复的关键举措。要继续狠抓后几个月政策落实，更精准用好财政直达资金，承诺的都要确保兑现到市场主体身上，决不打折扣，增强他们的发展能力。各级政府要坚持过紧日子，坚决防止搞集中清欠税收、乱收费削减政策红利。扩大普惠金融覆盖面，为更多中小微企业和困难行业提供有效金融服务。

14日 国家发展和改革委员会、教育部等14部门出台《近期扩内需促消费的工作方案》，共分四大方面、19条具体措施，覆盖了线上消费、服务消费、实物消费、制造业等消费重点领域。其中提出，鼓励增加制造业中长期贷款和信用贷款，加大对民营企业、小微企业和外资企业的支持力度。

14日 国家发展和改革委员会、科学技术部、工业和信息化部等6部门联合印发《关于支持民营企业加快改革发展与转型升级的实施意见》，从切实降低企业生产经营成本、强化科技创新支撑、完善资源要素保障、着力解决融资难等方面提出38条具体举措。

15日 由工业和信息化部、财政部共同主办的2020年"创客中国"中小企业创新创业大赛全国总决赛在河南洛阳启动，这也是"2020年全国大众创业万众创新活动周"的重要配套活动之一，是为中小企业和创客量身打造的交流展示平台、产融对接平台、项目孵化平台。

15日 中共中央政治局常委、国务院总理李克强出席"2020年全国大众创业万众创新活动周"时表示，要落实好规模性纾困政策，加大对广大中小微企业、个体工商户和双创主体的帮扶。大企业要发挥优势，搭建更多双创平台，与中小微企业和创客融通创新，提高双创质量和效率。

16日 浙江省温州市在省内率先探索小微企业资产授托代管融资，为稳企业保就业，作为全国首个金融综合改革试验区，温州市积极探索，从"资产"认定入手，将资产信用化、信用资金化，延伸抵押贷款和信用贷款受益范围，打通小微企业缺少抵押品、担保费用高等融资堵点。

22日 安徽省银保监局、省地方金融监管局等9厅局联合下发通知，部署在全省开展中小企业应急贷款试点工作。应急贷款试点重点面向由于缺少抵押物或担保等难以获得贷款，但救助后有望恢复正常经营，在增加担保体系提供风险分担后可给予支持的中小企业，引导信贷资金精准支持。

23日 亚太经合组织第26次中小企业部长会议以视频方式举行。会议主题为"适应新常态：利用数字化、创新和技术振兴中小微企业"。工业和信息化部党组成员、副部长王江平率团出席会议并发言。

24日 为做好高新技术企业引进和培育工作，推动海南省高新技术产业高质量发展，海南省人民政府印发《海南省支持高新技术企业发展若干政策（试行）》，从享受政策、研发经费、减免相关税费等九大方面进行有关工作部署。其中，整体迁入海南省的高新技术企业最高可奖500万元。

26日 湖北省举行线上银税互动签约活动，省税务局与9家银行联合签署"线上银税互动"合作协议。2020年前三季度，全省4.19万户小微企业获得"银税互动"贷款296.79亿元，同比增长58.22%。

26日 工业和信息化部中小企业局负责人秦志辉表示，工业和信息化部推动民营中小企业转型升级创新发展，主要是做好以下三个方面的具体工作：一是引导中小企业"专精特新"发展；二是实施数字化赋能专项行动；三是加强对创新创业的支持。

26日 中国人民银行西安分行开展了2020年三季度小微、民营企业信贷政策导向效果评估。评估结果显示，金融机构支持小微、民营企业的优秀类家数双双上升，小微贷款、普惠小微贷款、非国有控股小微企业贷款保持高速增长，信贷支持小微、民营企业效果得到显著提升。

26日 国务院新闻办公室举行国务院政策例行吹风会，请国家发展和改革委员会副秘书长赵辰昕，工业和信息化部中小企业局负责人秦志辉，全国工商业联合会经济部部长林泽炎介绍《关于支持民营企业加快改革发展与转型升级的实施意见》有关情况，并答记者问。

27日 河南省应急管理厅出台文件明确小微企业双重预防体系建设方向，要求通过"一图三单、一题一卡、一企一档一码"，做到"三有、五化"，使双重预防体系建设做到"看得见、摸得着、说得清、做得到、管得住"，充分调动小微企业隐患排查的积极主动性。

27日 中国人民银行昆明中心支行在发布会上表示，云南小微企业凡是从事生产经营性贷款且金额在1000万元以下的，受新冠肺炎疫情影响可申请延期还款，金融部门将实行"应延尽延"政策，免除小微企业后顾之忧，保障其正常运转。

27日 江西省出台《关于健全支持中小企业发展制度的若干措施》，通过进一步健全完善基础性制度、建立健全创新发展制度、完善优化公共服务体系、建立健全合法权益保护制度等方面的25条举措，形成支持中小企业发展的常态化、长效化机制，促进中小企业高质量发展。

28日 湖北省六部门联合印发《湖北省完善残疾人就业保障金制度更好促进残疾人就业的实施方案》的通知，要求暂免征收小微企业残保金。自2020年1月1日起至2022年12月31日，在职职工人数在30人（含）以下的企业，暂免征收残保金。值得关注的是，方案要求加大对用人单位安排残疾人就业的激励力度。

28日 第11次中欧中小企业政策对话会议以视频方式举行。工业和信息化部党组成员、副部长王江平，欧盟委员会企业工业总司副总司长休伯特·冈布分别率团出席会议并致辞。

29日 云南省助力民营企业健康发展座谈会召开，云南省委常委、常务副省长、省促进民营经济暨中小企业发展工作领导小组组长宗国英表示，要加大金融支持民营企业发展力度，支持企业上市倍增计划，构建"亲清"

政商关系，当好民营企业"服务员"，推进"放管服"改革政策落实。

29日 山东省烟台市委宣传部、市政府新闻办、烟台市工业和信息化局联合主办的"2020烟台制造业高质量发展"新闻发布会暨"新动能·新烟台——云端聚焦制造业创新"全国媒体烟台采风行启动仪式举行。烟台市工业和信息化局表示，推动民营企业高质量发展，要重点做好三篇文章：一是做好"减法"，让企业轻装上阵；二是用好"加法"，引导企业力争上游。烟台市制定实施了《关于促进高成长创新型企业加快发展的奖励办法》，对认定的"瞪羚""隐形冠军""专精特新""小巨人""独角兽"等企业给予最高1000万元奖励；三是发挥好改革"乘数"效应，激发主体活力。

30日 《浙江省小微企业和个体工商户"首贷户拓展三年行动"方案（2020—2022年）》印发，提出首贷户拓展7项行动措施。其中，中国人民银行杭州中心支行与浙江省市场监管局将联合推出"贷款码"。小微企业和个体工商户在登记注册和年报公示时可通过"贷款码"线上填报融资需求，经省企业信用信息服务平台推送至相关金融机构，促进金融机构与首贷户精准对接。

11月

1日 国家烟草专卖局、国家市场监督管理总局联合发布《关于进一步保护未成年人免受电子烟侵害的通告》（简称《通告》），指出自《通告》印发之日起，敦促电子烟生产、销售企业或个人及时关闭电子烟互联网销售网站或客户端；敦促电商平台及时关闭电子烟店铺，并将电子烟产品及时下架；敦促电子烟生产、销售企业或个人撤回通过互联网发布的电子烟广告。

2日 国家税务总局广州市税务局推出了支持民营企业高质量发展的十条措施，为促进民营经济高质量发展加力赋能。十条措施具体包括：深入落实相关税收政策、持续落实费金减免措施、加强沟通促进税费政策直达快享、深化"银税互动"缓解融资难题、提升缴纳税费事项办理便利度、减免社保费无感办理有感享受、支持民营经济新业态新模式发展、打造公平税收法治环境、加强民营企业合法权益保障、大力支持民营企业外贸出口。

4日 商务部宣布在全国设立10个进口贸易促进创新示范区，包括上海市虹桥商务区、辽宁省大连金普新区、江苏省昆山市、浙江省义乌市、安徽省合肥经济技术开发区、福建省厦门湖里区、山东省青岛西海岸新区、广东省广州南沙区、四川省天府新区、陕西省西安国际港务区。

4日 山西省地方金融监督管理局、省小企业发展促进局对企业在资本市场直接融资实施奖励。四类企业可申请奖励，分别为：2019年10月31日以来，在本省行政区域内注册，在沪深港三地主板、中小企业板、创业板、科创板上市的山西省企业；在"新三板"挂牌的山西省企业；在山西股权交易中心挂牌、进行股份制改造并融资成功的山西省中小微企业；在山西股权交易中心"晋兴板"挂牌的山西省中小微企业。

9日 安徽省"专精特新"中小企业联盟在合肥市成立，该联盟将进一步发挥"专精特新"中小企业的"排头兵"作用，促进中小企业转型升级。安徽省将持续开展"专精特新"企业培育行动。力争"十四五"末，"专精特新"企业总数达到4000户左右。

10日 甘肃省委办公厅、甘肃省人民政府办公厅联合印发《关于加强金融服务民营企业的若干措施的通知》，从改善融资服务、降低融资门槛、拓宽融资渠道、支持融资纾困等7个方面加强金融服务，支持民营企业发展。

10日 国务院减轻企业负担部际联席会议、国务院促进中小企业发展工作领导小组办公室在北京召开全国减轻企业负担和促进中小企业发展专项督查动员培训会议，工业和信息化部副部长辛国斌出席会议并作动员讲话。

10日 博鳌亚洲论坛国际科技与创新论坛大会在澳门举行。本次大会由博鳌亚洲论坛秘书处和澳门特区政府联合主办，主题为"创新赋能可持续发展"。工业和信息化部副部长王志军出席大会开幕式并致辞。

13日 中国银行保险监督管理委员会对"关于建立中小企业发展政策性银行的提案"给予答复。中国银行保险监督管理委员会表示，从新设银行的财务可持续性、新设银行需要政府财政性资金的持续投入、新设银行的人员设置和网点布局、新设银行的服务对象等多方面考量，新设中小企业发展政策性银行条件和时机尚不成熟，需进一步深入充分研究论证。

13日 四川省经济和信息化厅发布《关于做好2021年四川省中小企业发展专项资金项目申报工作的通知》。提出2021年四川省中小企业发展专项资金项目重点支持方向为中小企业公共服务体系建设、提升发展能力。符合入库申报条件的主体应于2020年11月18日前完成项目入库申报。

15日 针对外贸小微企业海外经验不足、资金短缺、风险管控能力弱等特点，海南省采取系列措施支持外贸小微企业发展，充分发挥出口信用保险作用，引导外贸小微企业用好用足信用保险金融产品。

16日 山东省人民政府常务会议审议通过《山东省民营经济高质量发展三年行动计划（2020—2022年）》，决定在全省开展政策落实、数字化赋能、产业升级、市场主体培育、供应链提升、融资促进6个专项行动，进一步推动民营经济高质量发展。

16日 《江西省中小企业促进条例》（简称《条例》）2020年12月1日起实施。《条例》从财税支持、融资促进、创业扶持、创新发展、市场开拓、服务措施、权益保护等方面，优化中小企业经营环境，保障中小企业公平参与市场竞争，维护中小企业合法权益，支持中小企业创业创新，促进中小企业健康发展。

18日 青海省加快中小企业非公有制经济发展工作领导小组办公室印发文件，要求青海省各相关单位认真学习并贯彻落实《保障中小企业款项支付条例》（简称《支付条例》），尽快制定《支付条例》实施方案和工作举措，切实加强《支付条例》的组织领导，将工作落到实处。

18日 江苏省12345"一企来"企业服务热线正式开通运行。即日起，企业特别是中小微企业如有生产经营方面的诉求,可直接拨打12345"一企来"服务热线,省市两级政府的1378名"政策专员",将通过热线予以权威精准解答,帮助企业解决"急难愁盼"。这标志着江苏省建立起集成式企业诉求"一号响应"机制,在全国属首创。

18日 为深入推进"一带一路"合作倡议,全面贯彻落实中共中央办公厅、国务院办公厅《关于促进中小企业健康发展的指导意见》,工业和信息化部同意设立"一带一路"(青岛)中小企业合作区。

19日 由工业和信息化部和山东省人民政府共同主办的中国中小企业国际合作交流大会暨2020中德中小企业合作交流大会在济南举行。工业和信息化部总经济师许科敏出席开幕式并致辞,提出4点倡议:一是要落实中小企业合作机制,推动工业和信息化部与德国经济和能源部签署的中小企业合作谅解备忘录落实;二是拓宽中小企业合作领域,充分挖掘合作潜力,拓展合作空间,丰富合作内容;三是构建中小企业合作平台,充分依托构建多种平台,鼓励中小企业服务机构、行业协会、科研院所等中介组织加强沟通联系;四是营造中小企业合作环境,破除阻碍人才、技术、资本等创新要素流动的壁垒,促进双边贸易投资自由化便利化,为中小企业互利合作创造更为开放的贸易投资环境。

21日 2020年度辽宁省中小企业"专精特新"名单出炉,393项产品(技术)入围,146家企业获评,其中49家企业跻身专精特新"小巨人"之列。目前,辽宁省共有中小企业"专精特新"产品(技术)890项,"专精特新"中小企业352家,专精特新"小巨人"企业79家。

23日 甘肃省高级人民法院发布了该院为涉诉中小微企业新冠肺炎疫情防控期间开辟"绿色通道"的意见要求,建立民营企业、中小微企业立审执"绿色通道",完善诉讼机制,依法加快涉企案件诉讼进程,做到快受理、快立案、快审理、快执行,为民营企业、中小微企业发展提供有力的司法保障。

24日 住房和城乡建设部副部长易军表示,将大幅压减企业资质类别和等级,建设工程企业现有的593项企业资质类别和等级将压减至245项;

同时将进一步精简企业资质审批条件，特别是要精简资质标准。

25 日 湖南省将进一步清理规范涉企收费，全面落实对小微企业的普惠性税费减免政策，认真实施《保障中小企业款项支付条例》，抓好清理政府部门和国有企业拖欠中小企业账款工作，加快推进无分歧欠款清零。

25 日 湖南省十三届人民代表大会常务委员会第二十一次会议分组审议的《湖南省实施〈中华人民共和国中小企业促进法〉办法（修订草案·三次审议稿）》中，进一步强化了政府对中小企业特别是小微企业的扶持。其中，关于"融资促进"的相关举措共 8 条，着力从政府的金融会商协调、融资服务平台、产融合作白名单机制到银行金融机构、担保机构支持再到直接融资支持，多措并举优化中小企业融资环境。

26 日 商务部在北京召开消费升级行动计划推进现场会。会议强调，要促进城市和乡村消费扩容提质，加速商品和服务消费潜力释放，推动传统和新型消费创新融合，营造安全和放心消费良好环境。稳定和扩大汽车消费，提振家电家具消费，扩大进口商品消费，促进餐饮消费，创新开展消费促进活动。

26 日 由中国中小企业发展促进中心、中国中小企业国际合作协会联合北京金融科技产业联盟、中信云网共同主办的 2020 中国中小企业融资高峰论坛在北京举行。工业和信息化部党组成员、副部长王江平表示，中小企业存在融资难等问题，工业和信息化部将优化发展环境与健全服务体系相结合，完善优质中小企业梯度培育与解决突出问题相结合，不断激发市场主体活力，促进中小企业高质量发展。

26 日 "上海市中小企业服务专员平台系统"正式启动。上海将推动建立本市中小企业服务专员工作制度，2020 年年底前，将在全市范围内选设 5000 名中小企业服务专员，力争覆盖 10 万家左右企业，优先覆盖"专精特新"、高新技术以及各区、各委办局确定的重点企业。

27 日 《湖南省实施〈中华人民共和国中小企业促进法〉办法》于 2020 年 11 月 27 日经湖南省第十三届人民代表大会常务委员会第二十一次会议修订通过，自 2021 年 1 月 1 日起施行。

30日 黑龙江省哈尔滨市工业和信息化局印发《贯彻落实哈尔滨市人民政府关于支持民营经济和中小企业发展的若干意见实施细则》。其中，对缓解融资难融资贵、企业创新发展、完善公共服务体系3个方面共4项政策进行细化落实。

12月

1日 工业和信息化部中小企业局有关负责人表示，下一步将结合《关于健全支持中小企业发展制度的若干意见》和已出台的助企纾困各项政策，进一步推动降低中小企业的融资成本，促进大中小企业融通发展，支持中小企业拓展国际市场，帮助中小企业渡过难关，实现稳定健康发展。

1日 中国人民银行发布2020年第三季度货币政策执行报告专栏：直达实体经济的货币政策工具落地见效。中国人民银行指出，下一步将继续按步骤实施好直达实体经济的货币政策工具，切实缓解小微企业还本付息压力，提高信用贷款比重，增强对稳企业、保就业的金融支持力度。

2日 中国汽车流通协会表示，从整体汽车市场运行情况来看，随着国内新冠肺炎疫情影响消除，海外新冠肺炎疫情形势趋缓，进出口贸易回稳，宏观经济快速恢复，消费信心加强，且在年末旺销的驱动下，整体乘用车市场预期2020年11—12月市场零售将继续实现理想地增长。

3日 第29届中国食品博览会暨2020食品工业"三品"成果展在湖北省武汉市举办，工业和信息化部总经济师许科敏出席开幕式，并在同期举行的"食品工业扩内需促循环发展高峰会议"上发表主旨演讲。

4日 第三届中俄（工业）创新大赛总决赛在西安市西咸新区成功举办。工业和信息化部总经济师许科敏出席大赛，俄罗斯工业和贸易部无线电电子工业司司长史帕克·瓦西里通过视频连线出席大赛。

7日 辽宁省人民政府办公厅发布《关于充分发挥政府性融资担保作用支持小微企业和"三农"主体发展的实施意见》，提出2021年年底前市级政府性融资担保机构全覆盖，争取到2022年年底，全省实现政府性融资担保机构在保业务余额 500 亿元以上，支小支农业务占比 80%以上。

8 日 商务部对外贸易司司长李兴乾表示，2020 年 1—11 月我国外贸持续向好，有望实现全年"促稳提质"目标。在困境和压力之下，我国外贸产业创新能力持续增强，外贸主体规模不断壮大。民营企业出口增长12.2%，拉高整体增速 6.2%。

8 日 由工业和信息化部、厦门市人民政府、金砖国家智库合作中方理事会共同主办的 2020 金砖国家新工业革命伙伴关系论坛在厦门举行，会议期间举行了金砖国家新工业革命伙伴关系创新基地启动仪式。

8 日 为维护中小企业合法权益，优化营商环境，增强中小企业获得感，推动全区中小企业高质量发展，广西壮族自治区近日印发《广西保障中小企业款项支付工作方案》，将对拒绝或迟延支付中小企业款项的机关、事业单位和国有大型企业，在公务消费、办公用房、经费安排等方面采取必要的限制措施。

13 日 天津市人民政府办公厅印发《天津市深化商事制度改革进一步为企业松绑减负激发企业活力若干措施》，共 4 个方面 20 条措施，统筹推进商事制度改革，"放管服"结合，放出竞争力和活力，管出秩序和公平，服出便捷和实惠，为企业发展减负、铺路、赋能。

14 日 2020 年亚太经合组织中小企业工商论坛在深圳举行。工业和信息化部党组书记、部长肖亚庆在视频致辞中表示，要减轻中小企业负担，缓解中小企业资金链紧张问题，开展中小企业数字化赋能专项行动，推动中小企业数字化、网络化、智能化转型，构建优质企业梯度培育体系，促进中小企业"专精特新"发展。工业和信息化部党组成员、副部长王江平出席论坛并作主旨发言。

14 日 全国中小企业发展宣传报道优秀作品发布活动在深圳举办。工业和信息化部党组成员、副部长王江平出席活动并致辞，指出党中央、国务院深入研判新冠肺炎疫情对中小企业的影响，研究出台了各项惠企政策。目前，随着各项惠企政策加快落实，中小企业生产经营情况出现积极变化。在这一过程中，全国涌现出大量报道中小企业发展现状的新闻宣传作品。

广大新闻媒体工作者对中小企业发展的新闻报道，进一步推动了全社会对中小企业工作的重视和支持，也为我国中小企业发展营造出更为有利的社会舆论环境。

15日 山西省出台《关于推动供应链金融发展的实施意见》，支持金融机构对企业实行"一企一策"，打造"1+N"全方位金融服务方案。例如，山西省内金融机构、核心企业等可积极与应收账款融资服务平台对接，减少应收账款确权的时间和成本，支持中小微企业高效融资。

15日 山东省工业和信息化厅表示，"十四五"时期，山东省将构建大中小企业融通发展新生态，通过引进、新建、改造、重组、整合等方式，打造一批销售收入千亿级、万亿级"领航型"企业。同时，推动非公有制经济高质量发展，培育一批在行业细分领域有国际影响力的"单项冠军"和"瞪羚""独角兽"企业，促进产业链上下游协同、协作、协调发展。

15日 2020年"创客中国"国际中小企业创新创业大赛总决赛在深圳举办。工业和信息化部中小企业局副局长叶定达出席活动并致辞，指出在新冠肺炎疫情对中小企业造成巨大冲击以及当前境外新冠肺炎疫情依然严峻的背景下，2020年的大赛采取线上路演、线下评审相结合的方式，探索出了适应新冠肺炎疫情常态化形势下办赛的新模式，对持续连接更多全球创新资源、推动项目产业化发挥了积极的促进作用。

17日 商务部办公厅、中国银行保险监督管理委员会办公厅联合印发《关于贯彻落实国务院部署给予重点外资企业金融支持有关工作的通知》，提出要强化金融支持稳外资作用，进一步提高金融支持政策精准性、直达性，帮助重点外资企业应对新冠肺炎疫情冲击、化解融资难题。

18日 为贯彻落实《关于促进中小企业健康发展的指导意见》，发挥政府采购政策功能，促进中小企业发展，根据《中华人民共和国政府采购法》《中华人民共和国中小企业促进法》等法律法规，财政部、工业和信息化部制定了《政府采购促进中小企业发展管理办法》。

18日 陕西省财政下达9927万元，连续3年对陕西省融资担保机构的小微企业融资服务业务实行降费奖补。近3年已累计下达中央奖励资金

3.75 亿元，引导陕西省担保机构扩大小微企业担保业务规模，降低担保费率，为陕西省小微企业融资送去"及时雨"。

18 日 中国人民银行党委召开扩大会议，传达学习中央经济工作会议精神，研究部署贯彻落实工作。会议强调，2021 年要着重抓好 4 项工作任务。其中包括：进一步加大对重点领域和薄弱环节的金融支持；做好稳企业保就业纾困政策的适当接续，继续支持民营小微企业发展；用好再贷款再贴现政策，引导金融机构加大对科技创新、绿色发展、制造业等领域的信贷投放。

22 日 "十四五"期间，北京市将立足支持中小企业科技创新发展，推动中小企业"专精特新"升级，加强中小企业梯队建设。2021 年计划新认定北京市"专精特新"中小企业 1000 家，向国家推荐新认定专精特新"小巨人"企业 100 家，同时培育一批"隐形冠军"企业，并通过上市培育、服务券支持等"专精特新"服务包，打造贴合中小企业特质的发展环境。

22 日 截至 2020 年 10 月底，北京市拖欠民营中小企业约 1.5 亿元无分歧欠款均已全部清偿。展望"十四五"，北京市将全面深化"放管服"改革，持续推进市场监管创新，持续关注中小企业账款清欠事项，切实加大中小企业知识产权保护力度，保障中小企业合法权益，着力改善营商环境。

22 日 由中国国际贸易促进会主办的联合国贸法会观察员专家团成立大会在北京举行。中国国际贸易促进会副会长卢鹏起、最高人民法院民事审判第四庭庭长王淑梅、工业和信息化部中小企业局副局长叶定达分别致辞。指出中小企业是国民经济的基石，发挥着不可替代的作用，希望观察员专家团在参与国际贸易规则制定中就帮助中小企业融入全球价值链、营造有利环境、完善公共服务体系等议题凝聚共识、提出建议，呼吁各方共同维护多边主义和自由贸易规则，保护我国中小企业合法权益，同时，积极推广国外有关中小企业立法方面的先进经验做法，为进一步完善我国中小企业政策体系提供借鉴。

24 日 湖南省发布《湖南省中小企业"两上三化"三年行动计划（2021—

2023年)》，提出通过三年努力，全省中小企业"上云上平台"领域全面拓展，新一代信息技术运用能力不断增强，数字化、网络化、智能化发展深入推进，数据驱动型核心竞争力显著提升。其中，每年推动10000户以上企业深度"上云"，推动5000户以上企业"上平台"。

26日 2020中国中小企业融资高峰论坛在北京举行。论坛围绕"产融合作数字赋能，促进中小企业融资"主题开展了深度讨论和交流。工业和信息化部党组成员、副部长王江平出席论坛并致辞。

29日至30日 工业和信息化部党组书记、部长肖亚庆赴河北石家庄调研"专精特新"中小企业和创新型龙头企业。肖亚庆强调，要坚决贯彻落实习近平总书记重要指示批示精神和党中央、国务院决策部署，坚定不移建设制造强国。

反侵权盗版声明

电子工业出版社依法对本作品享有专有出版权。任何未经权利人书面许可，复制、销售或通过信息网络传播本作品的行为；歪曲、篡改、剽窃本作品的行为，均违反《中华人民共和国著作权法》，其行为人应承担相应的民事责任和行政责任，构成犯罪的，将被依法追究刑事责任。

为了维护市场秩序，保护权利人的合法权益，我社将依法查处和打击侵权盗版的单位和个人。欢迎社会各界人士积极举报侵权盗版行为，本社将奖励举报有功人员，并保证举报人的信息不被泄露。

举报电话：（010）88254396；（010）88258888
传　　真：（010）88254397
E-mail：　dbqq@phei.com.cn
通信地址：北京市万寿路 173 信箱
　　　　　电子工业出版社总编办公室
邮　　编：100036